U0783483

浙江财经大学重点教材建设项目资助

民事诉讼法
实用教程
（在线教学版）

MINSHI SUSONG FA SHIYONG JIAOCHENG

孟涛◎主编

中国政法大学出版社

2019·北京

声　明　　1. 版权所有，侵权必究。

　　　　　2. 如有缺页、倒装问题，由出版社负责退换。

图书在版编目（ＣＩＰ）数据

民事诉讼法实用教程/孟涛主编. —北京：中国政法大学出版社，2019.8
ISBN 978-7-5620-9107-3

Ⅰ.①民… Ⅱ.①孟… Ⅲ.①民事诉讼法—中国—教材 Ⅳ.①D925.1

中国版本图书馆CIP数据核字(2019)第170584号

出　版　者	中国政法大学出版社
地　　　址	北京市海淀区西土城路25号
邮寄地址	北京100088信箱8034分箱　邮编100088
网　　　址	http://www.cuplpress.com（网络实名：中国政法大学出版社）
电　　　话	010-58908586(编辑部)　58908334(邮购部)
编辑邮箱	zhengfadch@126.com
承　　　印	北京中科印刷有限公司
开　　　本	720mm×960mm　1/16
印　　　张	17
字　　　数	280千字
版　　　次	2019年8月第1版
印　　　次	2019年8月第1次印刷
定　　　价	49.00元

前 言

　　本书以我国 2017 年修订的《中华人民共和国民事诉讼法》为立法依据，结合民事诉讼法学专业理论，向学习者呈现民事诉讼法学的基本概念、基本原理，引导学习者进行民事诉讼法学技能训练。

　　本书是民事诉讼法学立体化教学资源的"纸质部分"，编者将探索互联网＋教学环境下教材编写的一种崭新模式。编者拟通过嵌入二维码的形式，以纸质教材为载体，结合教学视频、实务模拟训练系统、测试系统等数字资源，实现立体化教学。民事诉讼法学的多元化学习资源，包括但并不限于：本书中归纳的知识重点、相关民事诉讼法学教材和参考书、民事诉讼法学教学平台的视频和案例教学资源、民事诉讼法相关法律和司法解释等。在学习纸质教材的过程中，读者可以通过本书提供的二维码或网址进行适应学习，扩展学习视野。本书根据不同内容所嵌入的学习资源，读者可以通过电脑输入网址或者手机端扫描二维码使用。各类视频学习资源，也可以由读者登录软件后根据学习情况灵活选择使用。

　　本书由浙江财经大学 2018 年重点建设教材项目资助，浙江财经大学法学院孟涛博士主编，同时负责编写第 1 章至第 9 章内容，并统筹本教材配套的互联网平台资源。中国计量大学法学院谢绍静博士，负责编写第 10～12 章内容。浙江财经大学法学院李辉博士，负责编写第 13～14 章内容。杭州法源软件开发有限公司陈浩先生，协助平台软件的调试和数据维护。

"民事诉讼法通达翻转教学平台软件" 使用说明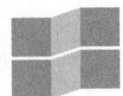

一、平台地址

本书配套在线学习平台：民事诉讼法通达翻转教学平台软件（国家版权局软件著作权证书编号：2995757）。

平台网址：

如使用电脑登录，请将上述二维码显示的网址复制到浏览器地址栏中。

二、平台登录

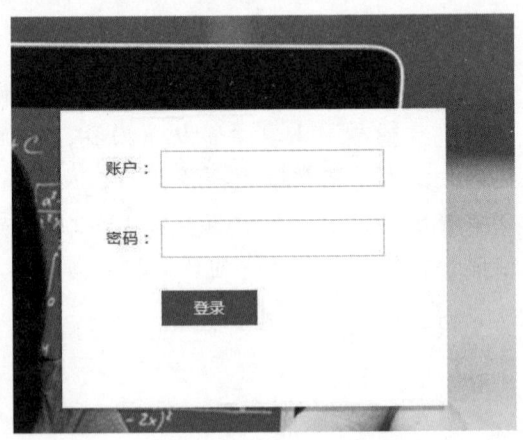

本书为读者使用上述学习平台配置了账户和密码（粘贴在本书封底），读者登录后可进行在线学习、浏览学习资源。用户账号不可更改，密码可以自行更改，请务必牢记密码，如有需要找回密码，请联系杭州法源软件开发有

限公司。用户登录软件后,可以进行视频学习、练习与考试、诉讼实务训练、其他教学资源检索。进入软件后,学生页面如下图所示:

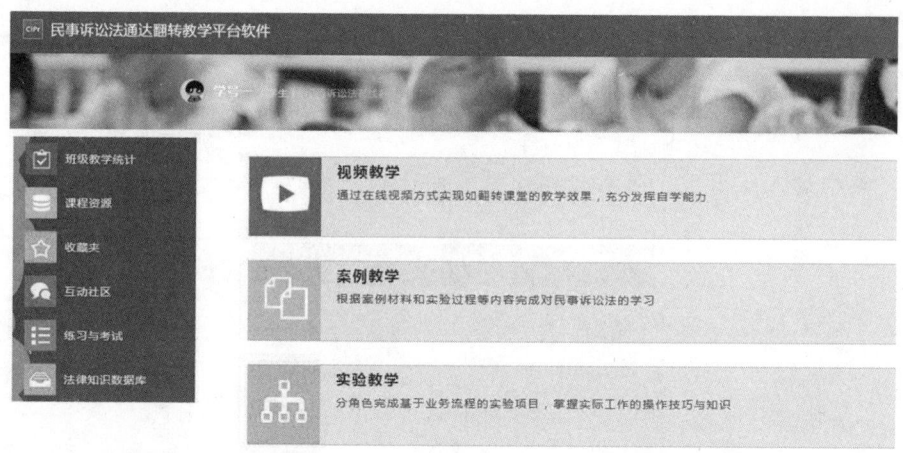

三、视频学习

读者点击学生首页中的【视频教学】,进入视频教学实验模块,点击"开始学习"进行在线视频学习。如下图:

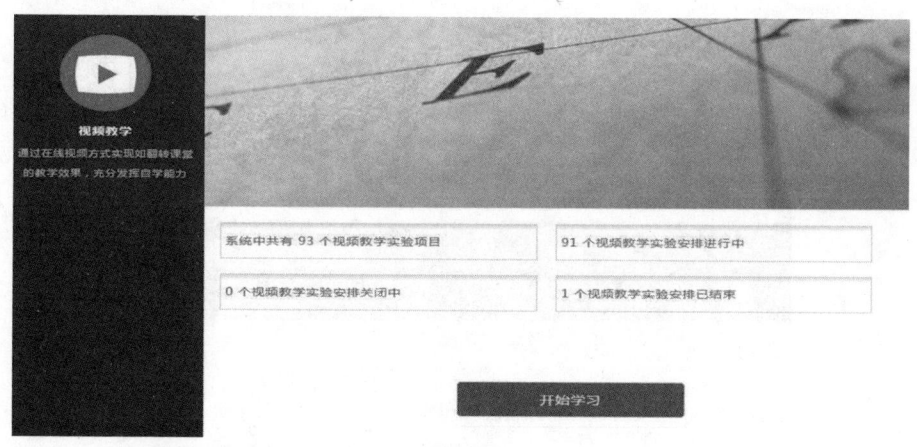

四、在线测试与练习

本书每章都配套有练习试卷,读者可以进行在线测试。读者点击【练习与考试】进入"练习试卷"页面，显示可练习的试卷，如下图：

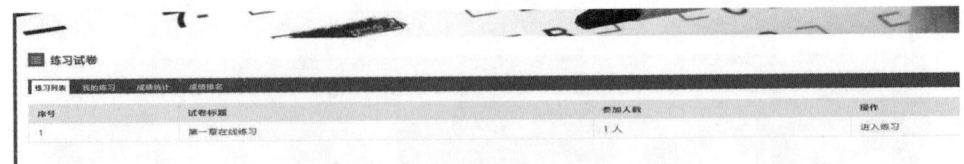

点击进入练习后，可直接在选择题的选项上进行单击选择，如下图：

在做题过程中可以选择"保存下次做"或者"交卷"进行提交。如下图：

为了达到练习效果，读者在提交后可以查看或者重做该试卷。如下图：

第一章在线练习

查看试卷　重做练习

五、诉讼实务训练

本教材每章都配套有诉讼实务训练题目，读者可以通过点击【实验教学】针对特定的案例进行法律文书的制作训练，提升民事诉讼法的实战技能。如下图：

1 个实验教学实验安排进行中

0 个实验教学实验安排关闭中

0 个实验教学实验安排已结束

开始学习

目 录
CONTENTS

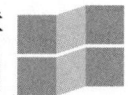

第一章
民事纠纷多元解决机制

学习目标

对民事和解、民事调解的法律性质有正确的认识，了解和解、民事调解、民事仲裁与民事诉讼的关系，理解人民法院对民事和解、民事调解和民事仲裁的司法监督和审查制度，掌握调解协议的司法确认程序和仲裁协议抗辩程序的运行。

结合各类学习资料，建议本章自学时间不少于6小时。

视频资源

登录"民事诉讼法通达翻转教学平台软件"，通过"视频教学"进行本章视频学习。

参考法律文件　　　　　参考法律文书　　　　　参考判例

一、民事纠纷解决机制的多元化

本章的标题为民事纠纷多元解决机制。读者学习本章内容之前，首先应当对什么是"民事纠纷"有一个准确的理解。民事纠纷作为一个法律概念，其基本含义为平等主体的公民、法人或其他组织之间产生的民事权利义务争议。这其中需要注意民事纠纷的两个主要特点：第一，民事纠纷的主体是平等民事主体，包括公民、法人和其他组织。如果非平等主体之间的争议，则可能是刑事法律关系或者行政法律关系；第二，民事争议必须具有民事权利义务内容，如果是平等主体之间因道德、学术观点、宗教事务等方面产生的争议，因为不具有民事法律的权利义务内容，因此不属于民事纠纷的范畴。民事纠纷的诉讼法意义，主要体现在两方面：第一，民事纠纷是民事诉讼法解决的主要案件范畴，人民法院的大多数民事案件，都是属于民事纠纷的范畴。刑事关系、行政关系的案件则不属于法院能够受理的民事案件，应该通过刑事诉讼或者行政诉讼来解决；第二，民事纠纷在民事诉讼中的具体表现是各类民事案件，包括因民法、商法、婚姻家庭等实体法原因产生的纠纷。除此之外，人民法院按照民事诉讼程序受理的案件还包括劳动争议案件、经济纠纷案件以及不具有纠纷性质的非诉讼案件（例如，宣告失踪、宣告死亡案件、督促程序案件等，详见本书第十二章内容）。因此，我国的民事诉讼程序其实是广义的民事审判活动：既包括"民事"案件，还包含了"劳动"案件和"经济"案件；既包括具有对立双方的"纠纷"案件，也包括法定类型的"非纠纷"案件（非诉讼案件）。

读者在了解民事纠纷的含义之后，需要了解其"多元解决机制"问题。所谓多元解决机制，可以被理解为解决民事纠纷的不同方法、不同程序和不同制度。不同形式的纠纷解决机制，主要分为诉讼和非诉讼两大类型。这是因为，只有诉讼程序才属于真正意义的国家救济途径，非诉讼救济并不具有当然的强制性纠纷解决效力。非诉讼纠纷解决机制，主要包括仲裁、行政调解、人民调解、商事调解、行业调解等解决方式。从本书角度讲，同学们主要应当掌握民事和解、民事调解、民事仲裁和民事诉讼四种纠纷解决途径。民事和解属于纠纷主体的私力救济范畴，不依靠社会和国家力量介入；民事调解和民事仲裁属于依靠社会的救济力量解决民事纠纷的方式；民事诉讼被称为国家救济，是指国家专设的审判机构在国家强制力保障下通过法定程序解决纠纷的救济方式。

二、民事和解

民事和解是一个比较简单的法律概念，是纠纷主体通过对话、协商或者谈判的形式解决民事纠纷的方法。由于没有任何第三方的介入，民事和解是一种低成本的当事人协商式的纠纷解决方式，在生活中较为常见。民事和解是双方当事人自愿选择的结果，如果能够达成和解协议，则这种纠纷解决方式会带来比较高的执行率。除了民事和解的概念，读者还需要明确民事和解达成的和解协议的法律属性问题。

第一，民事和解属于民事法律行为，和解协议本身是具有法律效力的民事合同。既然是一种民事合同，和解协议就需要满足民事合同的各类法律属性要求，例如意思自治原则、诚信原则、处分原则等。因此，和解协议达成之后是否有效，与一般的民事合同是否有效的法律问题完全相同。根据我国合同法，民事合同分为有效合同、无效合同和可撤销合同三种类型，因此民事和解协议也相应存在有效协议、无效协议和可撤销协议三种情况，读者需要有针对地结合我国合同法相关民事法律内容进行学习。

第二，民事和解协议的法律效力，仅仅表现为民法的合同效力，不具有诉讼法效果。具体而言，有效的和解协议仅对双方当事人之间有效，对第三人和其他机关没有法律上的约束力。如果在达成和解协议后，一方或者双方没有按照协议内容履行义务的话，仅仅承担民法上的违约责任，而不会承担诉讼法上的责任。也就是说，民事和解协议无论是否有效，对法院没有任何诉讼效果：法院既不会根据和解协议内容进行裁判，也不会对和解协议进行强制执行。可以这样理解：民事和解协议的达成仅仅是当事人的私人行为，和解协议对第三人包括人民法院都没有诉讼法上的效力，自然也没有向法院申请执行的法律效果。但是值得注意的是，围绕民事和解协议可能会产生新的纠纷。例如双方围绕和解协议效力发生争议、一方或双方不履行和解协议内容发生争议，上述争议仍然可以通过各种纠纷解决方式进行处理，即当事人达成新的和解协议、请求人民调解、申请民事仲裁或者直接向人民法院提起民事诉讼（和解协议可作为诉讼重要证据）。

参考法律文书：和解协议范文。

三、民事调解

（一）诉讼调解和非诉讼调解

诉讼调解是指人民法院在诉讼过程中通过劝说、说服、教育、沟通等方式，促成当事人达成调解协议，从而解决民事纠纷的审判活动；非诉讼调解主要是指除了人民法院之外的社会团体或者个人对民事纠纷进行的调解行为，例如人民调解委员会调解、行政机关主持的调解或者行业协会（如仲裁委员会)、个人主持进行的调解。法院的诉讼调解作为一种诉讼原则，也是人民法院重要的审判案件形式，调解过程和调解结果都是以审判权为保障的，因此法院调解之后形成的调解书作为一种裁判文书，具有国家强制执行力。但是非诉讼调解并非国家审判行为，调解结果仅仅是当事人之间在第三方主持和协调之下达成的解决民事纠纷的协议，其调解过程和程序要求与诉讼调解着有极大的差异。那么我们就应当有意识地区分法院主持的调解和非法院主持的调解，并对二者的调解行为、调解过程以及调解结果等方面要有所区别。法律效力方面，非诉讼调解还可以进一步区分为仲裁调解和非仲裁调解。仲裁调解，主要是各类仲裁委员会对申请仲裁的案件受理之后，进行的调解活动。仲裁调解达成协议后，仲裁委员会制作的调解书生效后具有一定的终局性效力，并且具有强制执行力。例如根据《仲裁法》第51条第2款规定："调解达成协议的，仲裁庭应当制作调解书或者根据协议的结果制作裁决书。调解书与裁决书具有同等法律效力。"因此，当事人不履行调解书确定的义务的，对方当事人可以申请人民法院强制执行。由于仲裁调解具有法院执行依据的效力，因此我们应当将其与非仲裁调解进行区分对待。以下所讨论的民事调解，主要是指非仲裁调解。

民事调解协议或者调解书，在哪些方面可以与人民法院发生联系？对此问题，本书主要总结以下四个方面：

（1）具有给付内容的民事调解协议或调解书达成后，当事人可以共同向公证机关申请办理具有强制执行效力的公证债权文书，义务方不履行的，权利方可以向有管辖权的人民法院申请强制执行。

（2）当事人请求履行调解协议、请求变更、撤销调解协议或者请求确认调解协议无效的，可能产生相关的争议，对此一方当事人可以向人民法院提起诉讼。

（3）具有金钱或有价证券给付内容的民事调解协议或调解书生效后，义务方不履行的，权利方可以向有管辖权的人民法院申请支付令，启动督促程序。

（4）双方当事人申请人民法院确认调解协议或调解书的效力的程序，即调解协议的司法确认程序。

参考法律文书：调解协议书。

（二）特邀调解、委派调解和委托调解

1. 特邀调解

特邀调解是指人民法院吸纳符合条件的人民调解、行政调解、商事调解、行业调解等调解组织或者个人成为特邀调解组织或者特邀调解员，接受人民法院立案前委派或者立案后委托依法进行调解，促使当事人在平等协商基础上达成调解协议、解决纠纷的一种调解活动。我国人民法院开展特邀调解工作应当建立特邀调解组织和特邀调解员名册。建立名册的法院应当为入册的特邀调解组织或者特邀调解员颁发证书，并对名册进行管理。上级法院建立的名册，下级法院可以使用。依法成立的人民调解、行政调解、商事调解、行业调解及其他具有调解职能的组织，可以申请加入特邀调解组织名册。品行良好、公道正派、热心调解工作并具有一定沟通协调能力的个人可以申请加入特邀调解员名册。人民法院可以邀请符合条件的调解组织加入特邀调解组织名册，可以邀请人大代表、政协委员、人民陪审员、专家学者、律师、仲裁员、退休法律工作者等符合条件的个人加入特邀调解员名册。特邀调解组织应当推荐本组织中适合从事特邀调解工作的调解员加入名册，并在名册中列明；在名册中列明的调解员，视为人民法院特邀调解员。有关特邀调解的程序、特邀调解员的权利义务，请参考《最高人民法院关于人民法院特邀调解的规定》。

2. 委派调解

根据《最高人民法院关于人民法院进一步深化多元化纠纷解决机制改革的意见》第28条规定，"对当事人起诉到人民法院的适宜调解的案件，登记立案前，人民法院可以委派特邀调解组织、特邀调解员进行调解。委派调解达成协议的，当事人可以依法申请司法确认。当事人明确拒绝调解的，人民法院应当依法登记立案"。该条所规定的委派调解，是指在人民法院登记立案前将纠纷委派给特邀调解组织或特邀调解员进行民事调解的行为。委派调解的调解行为，因发生于法院登记立案前，因此本质上仍然属于人民调解的范畴，其调解结果仅具有民事合同效力，因此当事人可以依法对调解协议向调解组织所在地或委派调解的基层人民法院申请司法确认。立案前的委派调解，核心目的是通过民事调解活动，将民事纠纷解决在诉讼之外，为当事人提供便捷、高效和低成本的纠纷解决途径。但需要注意的问题是，由于委派调解本质上等同于一般的民事调解，因此可能会出现达成调解协议后当事人之间的争议仍然存在的情况。《最高人民法院关于人民法院特邀调解的规定》第25条第1款规定："委派调解达成调解协议后，当事人就调解协议的履行或者调解协议的内容发生争议的，可以向人民法院提起诉讼，人民法院应当受理。一方当事人以原纠纷向人民法院起诉，对方当事人以调解协议提出抗辩的，应当提供调解协议书。"

3. 委托调解

委托调解是指人民法院登记立案后或者在审理过程中，人民法院认为适宜调解的案件，经当事人同意，可以委托给特邀调解组织、特邀调解员或者由人民法院专职调解员进行调解的活动。由于委托调解发生于法院立案之后，因此该调解行为本质上属于法院诉讼活动的范畴之内，调解达成的协议并非单纯的民事合同，而具有一定的诉讼法上的效力。委托调解如果达成协议，一种可能是经法官审查后人民法院依法出具调解书，此时委托调解相当于法院组织进行调解的审理活动。另一种可能是当事人达成了调解协议，原告申请撤诉，人民法院依法作出裁定准许，此时不需要制作调解书。

关于委派调解和委托调解的期限问题，最高人民法院有明确的相关司法解释规定。根据《最高人民法院关于人民法院特邀调解的规定》第27条第1、2款规定："人民法院委派调解的案件，调解期限为30日。但是双方当事人同意延长调解期限的，不受此限。人民法院委托调解的案件，适用普通程序的调解期限为15日，适用简易程序的调解期限为7日。但是双方当事人同意延长调解期限的，不受此限。延长的调解期限不计入审理期限。"

参考判例：证券期货纠纷多元化解典型案例。

四、调解协议的司法确认程序

前已述及，非仲裁调解的调解结果没有诉讼法上的强制执行力，但是为了实现调解与诉讼的联动机制，针对在人民调解委员会等调解组织协调下当事人达成的调解协议，我国民事诉讼法设置了"司法确认程序"。通过该程序，相应的民事调解协议或调解书经人民法院司法确认之后，具有诉讼法上的效力。司法确认程序属于我国民事诉讼法中的一种非诉讼程序（特别程序），是人民法院对非诉讼调解进行司法监督的重要表现形式。

参考法律文书：申请书（申请司法确认调解协议）。

参考判例：吴××、陈××申请确认人民调解协议效力。

（一）司法确认的申请条件

根据《民事诉讼法》第194条规定："申请司法确认调解协议，由双方当事人依照人民调解法等法律，自调解协议生效之日起三十日内，共同向调解组织所在地基层人民法院提出。"《最高人民法院关于适用〈中华人民共和国民事诉讼法〉的解释》（以下简称《民事诉讼法解释》）第353~354条规定，申请司法确认调解协议的，双方当事人应当本人或者由符合《民事诉讼法》第58条规定的代理人向调解组织所在地基层人民法院或者人民法庭提出申请。两个以上调解组织参与调解的，各调解组织所在地基层人民法院均有管辖权。双方当事人可以共同向其中一个调解组织所在地基层人民法院提出申请；双方当事人共同向两个以上调解组织所在地基层人民法院提出申请的，由最先立案的人民法院管辖。

我们可以发现，双方当事人应当在法定期限内向有管辖的人民法院提出书面申请，那么对于该条所规定的形式条件，同学们必须了解和掌握。

（二）人民法院对司法确认申请的裁判

根据民事诉讼法和民事诉讼司法解释相关条款，当事人提出司法确认申请后，人民法院可能根据不同情况作出如下裁判：

1. 裁定不予受理

法院为何会裁定不予受理申请呢？诉讼法理论方面，可以理解为人民法院认为当事人提出的司法确认申请没有满足一般性的形式条件。例如，当事人的司法确认申请不符合《民事诉讼法》第194条规定的申请条件，收到申请的人民法院便可能会作出不予受理的裁定。值得注意的是，根据《民事诉讼法解释》第357条，人民法院基于其他原因也会裁定不予受理，主要包括：①不属于人民法院受理范围的；②不属于收到申请的人民法院管辖的；③申请确认婚姻关系、亲子关系、收养关系等身份关系无效、有效或者解除的；④涉及适用其他特别程序、公示催告程序、破产程序审理的；⑤调解协议内容涉及物权、知识产权确权的。

第一，不属于人民法院受理范围的。对不属于人民法院受理民事案件范围的，人民法院应当告知当事人按照相应的程序解决纠纷。有观点认为，根据《人民调解法》的规定，人民调解委员会调解的民间纠纷既包括民事案件，也包括部分轻微刑事案件。因此，双方当事人对人民调解委员会主持轻微刑事案件调解达成的调解协议，也可以申请司法确认。笔者认为，申请司法确认的案件必须属于人民法院受理民事案件的范围，应局限于"民事调解协议"，故轻微刑事案件不应包括在内。对不属于人民法院受理民事案件范围的，应当告知当事人按照相应的程序解决纠纷。

第二，不属于收到申请的人民法院管辖的。双方当事人向调解组织所在地基层人民法院申请确认调解协议，由调解组织所在地基层人民法院管辖。对不属于本院管辖的，人民法院应告知当事人向有管辖权的人民法院提出申请。

第三，申请确认婚姻关系、亲子关系、收养关系等身份关系无效、有效或解除的。公民之间的身份、收养、婚姻等法律关系比较复杂，而且影响重大，不仅关系到双方当事人的利益，也可能影响到第三人的利益，甚至影响到社会公共利益和公序良俗等。因此，对于这类调解协议不能简单地通过司法确认程序解决，而应通过诉讼或其他法定方式解决。

第四，涉及适用其他特别程序、公示催告程序、破产程序审理的。因为这类纠纷属于法律规定的特定程序处理的案件，不可适用司法确认程序处理。

第五，调解协议内容涉及物权、知识产权确权的。物权确权之争指的是因物权的归属、内容发生争议的，利害关系人要求法院确认其物权的情况，涉及当事人的重大利益。物权确权之诉是确认之诉的一种形态，在性质上是民事诉讼，即由平等主体之间的一方当事人针对另一方当事人就物权的权属争议提起的诉讼。物权的确认包括两方面的内容：一是对物权归属的确认。它既是保护物权的前提，也是对他物权的确认。二是对物的内容的确认。就是指当事人对物权的内容发生争议时，请求人民法院对物权的内容加以确认。同时物权确权问题涉及较为复杂的法律关系和较多的证据材料，双方当事人的争议也可能比较多，需要适用诉讼程序审理，才能承载人民法院对事实审查的需要。知识产权的"确权"问题专业性强，需由有权机关根据法律的规定确认权利的存在及其效力。知识产权的确权，既包括对权利的审查与授予，也包括授予之后对权利效力的再次确认。调解协议的内容涉及知识产权确权的，人民法院在审查时受两个方面的限制。一是管辖权的限制。因为司法确认案件均由基层人民法院或其派出法庭管辖，但并不是所有的基层人民法院都有知识产权案件的管辖权。故对于那些没有知识产权管辖权的法院来说，它们是不能受理这类案件的。二是审理方式的限制。因为知识产权确权问题比较复杂，人民法院一般应适用普通程序对其进行审查，有的还要采取证据保全等诉讼措施，适用司法确认程序达不到法院审理该类案件的基本程序要求。

> **参考法律文书：民事裁定书（对申请司法确认调解协议不予受理）。**

从程序角度讲，不予受理应当是人民法院受理司法确认申请之前作出的裁判。根据《最高人民法院关于人民调解协议司法确认程序的若干规定》，人民法院决定受理的，应当编立"调确字"案号，并及时向当事人送达受理通知书。双方当事人同时到法院申请司法确认的，人民法院可以当即受理并作出是否确认的决定，但人民法院在受理了司法确认申请之后，才发现案件存在不应受理的法定情形的，根据《民事诉讼法解释》第357条，应当作出驳回申请的裁定。

2. 裁定驳回申请及其司法救济

根据前面的内容，我们已经发现在受理司法确认申请后，人民法院发现有不予受理情形的，要作出裁定驳回当事人的申请。另外，根据《民事诉讼法解释》第360条规定，裁定驳回申请的原因主要集中在调解协议内容方面，即调解协议违反法律强制性规定的；损害国家利益、社会公共利益、他人合法权益的；违背公序良俗的；违反自愿原则的；内容不明确的；其他不能进行司法确认的情形。所以，对裁定驳回申请的原因，我们需要注意区分不同法条的不同情况。裁定驳回申请的原因和裁定不予受理的原因，从法条上看具有一定的重合性，但是区别在于前者是人民法院受理申请后作出的，后者是人民法院受理申请前作出的。当事人对法院驳回申请的裁定，不得提起上诉，也不得申请再审，另外根据《民事诉讼法》第195条规定，"当事人可以通过调解方式变更原调解协议或者达成新的调解协议，也可以向人民法院提起诉讼"。因此，司法确认案件裁定驳回申请后的救济主要体现在两个方面：

第一，当事人可以通过调解组织重新对纠纷进行调解，在双方自愿的基础上变更原调解协议或者就有关争议达成新的调解协议，然后再向人民法院申请确认变更后的或者新达成的调解协议。

第二，当事人可以向法院提起诉讼。需要进一步研究的问题是，上述条款中"向人民法院提起诉讼"的具体含义，一般是指当事人之间就原纠纷向法院提起的诉讼，也包括当事人请求履行调解协议的给付之诉；请求变更、撤销调解协议的形成之诉；请求确认调解协议无效的确认之诉。需要注意的是，法院受理以上诉讼申请之后，审理范围限于调解协议本身，还是应扩展到当事人之间的原纠纷，笔者认为这主要取决于当事人的诉讼请求。例如甲乙之间的 1 万元借款债务纠纷，双方就达成的调解协议向法院申请司法确认，法院裁定驳回了确认申请，当事人如何提起民事诉讼？这一问题应当做如下区分：

首先，当事人可能就原民事纠纷而绕过调解协议向人民法院提起诉讼，例如乙向甲起诉要求返还借款 1 万元。此时人民法院审理的案件将涉及甲乙之间的原民事纠纷，而不直接针对调解协议进行裁判。当然，在此诉讼中，对方当事人可能提出调解协议的抗辩，人民法院也应当据此审查调解协议是否有效的问题。

其次，人民法院并未就调解协议的效力直接作出裁判，因此该调解协议是否有效仍然有可能出现争议（例如甲认为调解协议无效，而不需要履行其中的义务）。此时，当事人可以向人民法院提起诉讼，请求撤销或者变更调解协议。关于当事人请求变更、撤销调解协议的形成之诉，如果当事人请求人民法院对调解协议加以变更，或者撤销调解协议，一般情况下应限定于调解协议本身的诉讼标的，不宜扩展到对原来的纠纷进行审理。需要注意的是，其一，如果法院经审理判决驳回原告变更、撤销调解协议的诉讼请求，原则上可视为对调解协议本身效力的司法确认。但由于形成的判决不具有执行力，如果被告向法院申请强制执行调解协议，还需另行提起给付之诉。被告也可以自行或者经法院释明而以反诉的方式提起请求执行调解协议的给付之诉，在诉讼中一并解决。其二，如果人民法院判决支持原告变更、撤销调解协议的请求，可以根据当事人的主张对原来的纠纷进行审理和裁判，此时案件的审理范围从调解协议扩展到原来的纠纷。其三，当事人可能就调解协议的给付内容向法院提起给付诉讼。例如调解协议确定乙应当偿还甲 1 万元，甲凭该调解协议向法院提起偿还 1 万元的诉讼。原告请求履行调解协议，被告以调解协议可撤销或者无效为由抗辩时，法院的审理范围应以调解协议本身为限。但经法院审理后认为，被告关于调解协议可撤销或者无效的抗辩成立的，即可依双方当事人的主张将审理范围扩展到原纠纷。如果原告以原纠纷起诉，而被告则以调解协议的存在作为抗辩的，人民法院也不宜将审理范围限定于调解协议本身，而应在原纠纷的范围内审理为宜。总之，基于彻底解决纠纷的目的，实现案结事了，对于当事人请求履行调解协议的给付之诉在诉讼标的以及审理范围上应当根据案件的具体情况确定。

最后，当事人可以提起请求确认调解协议无效的确认之诉。如果法院审理之后驳回原告的诉讼请求，该裁判可以视为对调解协议的司法确认。如果法院经审理认为原告的请求正当应予以支持，则裁判确认调解协议无效。此后，当事人既可以双方和解、重新达成新的调解协议，或根据仲裁协议申请仲裁，也可以直接向人民法院提起诉讼。

> 参考法律文书：民事裁定书（驳回司法确认调解协议申请）。
>
> 参考判例：周××诉徐××确认人民调解协议效力纠纷。

3. 人民法院不直接确认调解协议无效

人民法院经审查作出驳回申请裁定时，应当在裁定中写明原因和理由，裁定中不宜对调解协议效力作出评价。人民法院作出驳回申请裁定后，可根据情况告知当事人有权再次通过人民调解方式变更原调解协议或者达成新的调解协议，也可以向人民法院提起诉讼，而不应直接对该调解协议效力作出评价，否则不利于当事人后期的处理。之所以如此安排，主要是考虑到以下原因：

第一，当事人申请确认调解协议效力，并未申请确认其无效。法院直接确认无效，不符合司法被动性的要求。

第二，未经当事人申请，法院就确认调解协议无效，这将导致当事人不能就相关事项充分表达意见，其诉讼权利难以得到有效保障。

第三，由人民法院直接认定调解协议无效，意味着法院需要进行更多的实体法审查，将在司法确认程序中投入更多的司法资源，这与司法确认程序便捷的特点不符，不利于发挥司法确认程序的优势。

第四，人民法院裁定驳回当事人申请后，当事人对调解协议还有补救措施，可以再次协商变更原协议或者达成新的调解协议。如果当事人不愿继续调解，也可以向人民法院提起诉讼。所以，裁定驳回当事人的申请而不直接认定调解协议无效，是为当事人预留了进一步通过调解解决纠纷的空间。

4. 裁定确认调解协议有效

根据《民事诉讼法》第 195 条规定，"人民法院受理申请后，经审查，符合法律规定的，裁定调解协议有效，……"法院认定调解协议形式与内容符合法定条件，便可通过裁定形式确认该调解协议的法律效力。由于司法确认案件属于人民法院审理的特别程序，因此根据《民事诉讼法》第 180 条规定，人民法院应当在立案之日起 30 日内审结完毕。经过人民法院裁定有效后，民事调解协议或调解书便不仅仅具有实体法效果，而是也具备了诉讼效力。《民事诉讼法》第 195 条进一步规定，人民法院裁定调解协议有效，一方当事人拒绝履行或者未全部履行的，对方当事人可以向人民法院申请执行。因此，经过了司法确认（有效裁定）之后，原本是民事实体法上的调解协议，当事人便可以向人民法院申请强制执行了。有关申请强制执行问题，本书第十三章将做具体阐述。

> 参考法律文书：民事裁定书（司法确认调解协议有效）。

对于人民法院裁定确认有效的调解协议，我们还应当注意当事人和案外人的相应救济途径。一种情况是，根据《民事诉讼法解释》第 374 条，人民法院裁定确认调解协议有效后，当事人认为该裁定违法的，应当自收到裁定之日起 15 日内提出异议，申请撤销调解协议确认裁定。另一种情况是，案外人（即利害关系人）认为法院确认调解协议有效的裁定侵害了自己的合法权益的，也可以提出异议，其法律后果等同于当事人提出的异议。案外人提出异议的时间是自其知道或者应当知道其民事权益受到侵害之日起 6 个月内，该期间为除斥期间，不适用期间的延长、中止和中断的情形。

人民法院经审查，异议成立或者部分成立的，作出新的判决、裁定撤销或者改变原判决、裁定；异议不成立的，裁定驳回。

> 参考法律文书：申请书（申请撤销确认调解协议裁定）。
> 参考判例：张某某与齐某甲司法确认调解协议案。

五、民事仲裁

读者们需要通过检索相关视频学习资源，了解民事仲裁的定义、特点和特征。当然，除了解决民商事纠纷的民事仲裁之外，我国还有劳动争议仲裁、人事争议仲裁、农村土地承包仲裁等特殊的仲裁制度。

（一）注意民事仲裁的几个特殊问题

（1）民事仲裁的仲裁机构，即仲裁委员会，既不是行政机关也不是司法机关，而是具有民间协会性质的中立机构。因此，民事仲裁还不能理解为是国家机关解决纠纷的裁判活动。但是不同于民事和解和民事调解的方面在于，民事仲裁具有较为严格的程序规范，我国也制定了相应立法来保障仲裁活动的合法性，因此学习民事仲裁程序，我们依然要关注比较重要的法律文件，例如仲裁法和最高人民法院关于民事仲裁的相关司法解释。此外，民事仲裁的裁决结果，并非完全与民事和解协议、民事调解协议相同，仲裁裁决具有一定的强制力，这是因为仲裁裁决作出后，当事人可以申请人民法院强制执行，但是和解协议和民事调解协议就不具有这样的强制力。

（2）民事仲裁体现了当事人双方的意思自治原则。这主要体现在：是否将争议提交仲裁机构进行仲裁、将哪些争议提交仲裁、提交给哪一个仲裁委员会仲裁，以及仲裁庭的组成、仲裁的方式等，都由双方当事人选择。民事仲裁的意思自治原则集中体现在当事人签订的仲裁协议。所谓仲裁协议，是指当事人双方将他们之间可能发生的或者已经发生的民事争议，提交仲裁委员会解决达成的协议。根据我国《仲裁法》第16条规定，仲裁协议包括合同中订立的仲裁条款和以其他书面方式在纠纷发生前或者纠纷发生后达成的请求仲裁的协议。同时《仲裁法》第17条规定，仲裁协议独立存在，合同的变更、解除、终止或者无效，不影响仲裁协议的效力。

（3）民事仲裁的案件，具有一定的范围。根据我国《仲裁法》第2条规定，平等主体的公民、法人和其他组织之间发生的合同纠纷和其他财产权益纠纷，当事人可以申请仲裁。另外根据《仲裁法》第3条规定，婚姻、收养、监护、扶养、继承纠纷；依法应当由行政机关处理的行政争议不可以申请仲裁。仲裁委员会发现当事人申请的仲裁案件不满足上述法定要求，自然不受理仲裁申请。另外需要注意的是，如果当事人的争议不属于仲裁范围的，又签订了仲裁协议，则该仲裁协议也是无效的，当事人只能选择通过其他方式解决该民事纠纷。

（4）人民法院对仲裁具有司法审查权。人民法院对仲裁的司法审查，主要包括：申请确认仲裁协议效力案件，申请执行我国内地仲裁机构的仲裁裁决案件，申请撤销我国内地仲裁机构的仲裁裁决案件，申请认可和执行我国香港特别行政区、澳门特别行政区、台湾地区仲裁裁决案件，申请承认和执行外国仲裁裁决案件等。上述司法审查案件的具体程序，参见《最高人民法院关于审理仲裁司法审查案件若干问题的规定》的有关内容。

（二）民事仲裁协议的法律效力

有关民事仲裁协议的法律效力，要通过以下两个方面来学习。

一方面，当事人签订有效的仲裁协议，是申请仲裁委员会受理仲裁申请的前提条件（《仲裁法》第21条）。因此当事人之间没有签订仲裁协议或者仲裁协议无效的，仲裁委员会不受理仲裁申请。但是值得注意的是，即使当事人没有签订仲裁协议，仍然可以申请仲裁委员会进行调解。例如《最高人民法院关于建立健全诉讼与非诉讼相衔接的矛盾纠纷解决机制的若干意见》第9条规定："没有仲裁协议的当事人申请仲裁委员会对民事纠纷进行调解的，由该仲裁委员会专门设立的调解组织按照公平中立的调解规则进行调解后达成的有民事权利义务内容的调解协议，经双方当事人签字或者盖章后，具有民事合同性质。"因此，没有仲裁协议的情况下，仲裁委员会进行的调解，与仲裁委员会根据有效仲裁协议受理仲裁申请后进行的调解，具有完全不同的法律效力：前者属于民事合同，后者则具有与仲裁裁决相同的法律效果。

另一方面，我国仲裁法以及相关司法解释，都明确规定了仲裁协议的有效条件。这一点，读者们需要通过查阅相关法律文件来进行了解。有效的仲裁协议，既要满足形式上的有效条件（即书面要求），又要满足协议内容方面的有效条件。我国《仲裁法》第16条至第18条主要规范了仲裁协议有效以及无效的法定情形。仲裁协议应当具有下列内容：①请求仲裁的意思表示；②仲裁事项；③选定的仲裁委员会。有下列情形之一的，仲裁协议无效：①约定的仲裁事项超出法律规定的仲裁范围的；②无民事行为能力人或者限制民事行为能力人订立的仲裁协议；③一方采取胁迫手段，迫使对方订立仲裁协议的。仲裁协议对仲裁事项或者仲裁委员会没有约定或者约定不明确的，当事人可以补充协议；达不成补充协议的，仲裁协议无效。

围绕着仲裁协议法律效力问题，会出现三种可能性：

1. 仲裁协议无效

仲裁协议无效，首先排除了仲裁委员会受理仲裁申请的可能性，当事人即使提出了申请，仲裁委员会也不会受理。当然需要注意的是，有效的仲裁协议并非仲裁委员会受理仲裁申请的唯一条件。《仲裁法》第21条至第23条详细列举了仲裁委员会需要审查的申请内容和文件，这些都是属于当事人申请仲裁所需要满足的法定要求。当事人申请仲裁应当符合下列条件：①有仲裁协议；②有具体的仲裁请求和事实、理由；③属于仲裁委员会的受理范围。当事人申请仲裁，应当向仲裁委员会递交仲裁协议、仲裁申请书及副本。仲裁申请书应当载明下列事项：①当事人的姓名、性别、年龄、职业、工作单位和住所，法人或者其他组织的名称、住所和法定代表人或者主要负责人的姓名、职务；②仲裁请求和所根据的事实、理由；③证据和证据来源、证人姓名和住所。

根据《最高人民法院关于适用〈中华人民共和国仲裁法〉若干问题的解释》（以下简称《仲裁法解释》）第3条至第7条，我们需要注意当事人仲裁协议约定不明确时的法定处理方式：仲裁协议约定的仲裁机构名称不准确，但能够确定具体的仲裁机构的，应当认定选定了仲裁机构。仲裁协议仅约定纠纷适用的仲裁规则，视为未约定仲裁机构，但当事人达成补充协议或者按照约定的仲裁规则能够确定仲裁机构的除外。仲裁协议约定两个以上仲裁机构的，当事人可以协议选择其中的一个仲裁机构申请仲裁；当事人不能就仲裁机构选择达成一致的，仲裁协议无效。仲裁协议约定由某地的仲裁机构仲裁且该地仅有一个仲裁机构的，该仲裁机构视为约定的仲裁机构。该地有两个以上仲裁机构的，当事人可以协议选择其中的一个仲裁机构申请仲裁；当事人不能就仲裁机构选择达成一致的，仲裁协议无效。当事人约定争议可以向仲裁机构申请仲裁也可以向人民法院起诉的，仲裁协议无效。但一方向仲裁机构申请仲裁，另一方未在《仲裁法》第20条第2款规定期间内提出异议的除外。

参考判例：香港百×公司诉苏州×华置业公司等涉合资公司股权及经营权归属争议管辖纠纷案。

2. 仲裁协议有效

有效的仲裁协议，将会排除法院受理案件，这体现了民事仲裁的"或裁或审原则"。或裁或审原则的具体含义体现为两个方面：其一，对于通过仲裁还是诉讼解决纠纷，当事人拥有选择权；其二，当事人选择仲裁或者诉讼两者之间具有一定的排斥性。根据《仲裁法解释》第7条，当事人约定争议可以向仲裁机构申请仲裁也可以向人民法院起诉的，仲裁协议无效。法院如果在当事人提起诉讼后，在审查起诉材料过程中发现当事人之间有有效的仲裁协议的，法院将裁定不予受理。根据《民事诉讼法》第124条第（二）项规定，依照法律规定，双方当事人达成书面仲裁协议申请仲裁、不得向人民法院起诉的，告知原告向仲裁机构申请仲裁；《民事诉讼法解释》第215条规定："依照民事诉讼法第一百二十四条第二项的规定，当事人在书面合同中订有仲裁条款，或者在发生纠纷后达成书面仲裁协议，一方向人民法院起诉的，人民法院应当告知原告向仲裁机构申请仲裁，其坚持起诉的，裁定不予受理，但仲裁条款或者仲裁协议不成立、无效、失效、内容不明确无法执行的除外。"反之，如果当事人选择了起诉，则不得再通过民事仲裁途径解决纠纷。

法院受理案件后才发现仲裁协议的情况如何处理？事实上法院在审查起诉材料中很有可能没有发现当事人之间的仲裁协议，既可能是因为原告隐瞒了仲裁协议材料，也可能因为法院疏忽遗漏了仲裁协议事实。那么由此可能产生的问题是，法院在案件受理后，如何处理新发现的仲裁协议？在这个问题上，读者们不要想当然地认为，法院在这种情况下仍要作出不予受理的裁判。这是因为：案件一旦被法院受理，仲裁协议的事项就成了被告的抗辩事项，即被告是否在法定时间之前提出仲裁协议的抗辩，决定了法院处理该案件的不同结局。

首先，根据《民事诉讼法解释》第216条："在人民法院首次开庭前，被告以有书面仲裁协议为由对受理民事案件提出异议的，人民法院应当进行审查。经审查符合下列情形之一的，人民法院应当裁定驳回起诉：（一）仲裁机构或者人民法院已经确认仲裁协议有效的；（二）当事人没有在仲裁庭首次开庭前对仲裁协议的效力提出异议的；（三）仲裁协议符合仲裁法第十六条规定且不具有仲裁法第十七条规定情形的。"

显然，如果被告能够在"法院首次开庭前"以仲裁协议为理由对法院受理案件提出异议，法院需要审查仲裁协议效力问题：如果审查符合法定情况的，则裁定驳回起诉；如果审查仲裁协议不符合法定情况的，则会继续审理案件。法院首次开庭，根据《仲裁法解释》第14条，是指答辩期满后人民法院组织的第一次开庭审理，不包括审前程序中的各项活动。

其次，法院之所以能够进行仲裁协议效力审查，有一个重要的前提是被告在法院首次开庭前提出仲裁协议抗辩。如果被告没有在法定的时间之前提出仲裁协议抗辩，法院便不会再审查仲裁协议效力，而将继续审理案件。例如甲公司和乙公司之间签订过书面仲裁协议，但甲公司向法院提起了诉讼，法院受理案件后，被告乙公司并没有及时提出仲裁协议抗辩，直到法院开庭后才主张仲裁协议的，法院并不会围绕仲裁协议进行审查，可以这样认为，被告在人民法院开庭后就失去了主张仲裁协议抗辩的权利。

　　总结：对于法院已经受理案件后，仲裁协议可能发生的影响这一问题，同学们要考虑以下两个关键因素：其一，被告是否在法院首次开庭前提出仲裁协议抗辩？如果被告没有在法院首次开庭前提出仲裁协议抗辩，即意味着被告失去了主张抗辩的权利，或者可以视为被告默认了放弃仲裁协议，人民法院即取得了案件的管辖权。其二，被告提出有效抗辩后，法院审查仲裁协议效力结果如何？如果被告在法院首次开庭前主张了仲裁协议抗辩的，人民法院则需要审查仲裁协议的效力：仲裁协议有效的，将驳回原告起诉；仲裁协议无效或失效的，则应当继续审理案件。对于不同的情况，可能会发生法院裁定驳回起诉，或者继续审理的不同诉讼后果。

参考判例1：因仲裁协议抗辩被驳回起诉案。

参考判例2：江苏省××集团轻工纺织总公司诉（香港）×亿集团有限公司、（加拿大）×子发展有限公司侵权损害赔偿纠纷案。

　　3. 仲裁协议效力争议

　　根据《仲裁法》第20条："当事人对仲裁协议的效力有异议的，可以请求仲裁委员会作出决定或者请求人民法院作出裁定。一方请求仲裁委员会作出决定，另一方请求人民法院作出裁定的，由人民法院裁定。"我们可以看出，该条款提供给我们三个重要信息：当事人如果对仲裁协议效力有争议，可以将其作为独立的法律争议提交有关机关处理；能处理仲裁协议效力争议的机关有仲裁委员会也有人民法院；人民法院处理仲裁协议效力争议，是属于人民法院按照特别程序审理的案件，其效力优先于仲裁委员会的处理。另外根据《仲裁法解释》第12条规定，当事人向人民法院申请确认仲裁协议效力的案件，由仲裁协议约定的仲裁机构所在地的中级人民法院管辖；仲裁协议约定的仲裁机构不明确的，由仲裁协议签订地或者被申请人住所地的中级人民法院管辖。申请确认涉外仲裁协议效力的案件，由仲裁协议约定的仲裁机构所在地、仲裁协议签订地、申请人或者被申请人住所地的中级人民法院管辖。涉及海事海商纠纷仲裁协议效力的案件，由仲裁协议约定的仲裁机构所在地、仲裁协议签订地、申请人或者被申请人住所地的海事法院管辖；上述地点没有海事法院的，由就近的海事法院管辖。

> 参考法律文书：申请书（申请确认仲裁协议效力）。

《仲裁法解释》第13条对当事人申请法院审查仲裁协议效力设置了前提条件，"依照仲裁法第二十条第二款的规定，当事人在仲裁庭首次开庭前没有对仲裁协议的效力提出异议，而后向人民法院申请确认仲裁协议无效的，人民法院不予受理"。此外，仲裁机构对仲裁协议的效力作出决定后，当事人向人民法院申请确认仲裁协议效力或者申请撤销仲裁机构的决定的，人民法院不予受理。

读者们要注意《仲裁法》第20条的最后一款：当事人对仲裁协议的效力有异议，应当在仲裁庭首次开庭前提出。这个时间要求很好理解，但是如果当事人没有在"仲裁庭首次开庭前提出"，会出现什么法律后果呢？例如甲公司和乙公司合同纠纷，甲公司凭借仲裁协议申请A仲裁委员会仲裁，仲裁庭开庭后，乙公司才向仲裁委员会或者人民法院提出仲裁协议无效的请求。显然，乙公司没有在"仲裁庭首次开庭前"提出仲裁协议效力争议问题，结果是法院对仲裁协议效力争议问题不再进行处理。这种时间上的要求，目的是督促当事人尽早提交仲裁协议效力争议，如果在仲裁庭首次开庭前还没有提出，我们可以理解为当事人认可了仲裁协议的效力，自然在仲裁庭开庭后不能再提出相关的争议处理请求。

> 参考判例1：杭州×瑞置业有限公司申请确认仲裁协议效力案。
> 参考判例2：深圳市友×医药大药房连锁有限公司诉亳州市×刚饮片厂有限公司申请确认仲裁协议效力案。

（三）仲裁裁决的法律效力

民事仲裁的过程，读者可以参考我国《仲裁法》相关内容，篇幅所限这里不再赘述。提醒读者们注意的是，民事仲裁过程也需要建立在事实清楚、法律适用正确、程序合法的基础上，这一点和民事审判程序本质上并没有太大区别，所以也有人将民事仲裁称为"准司法"。只不过，民事仲裁程序在具体原则、具体制度上并没有民事诉讼程序那么复杂和繁琐。

仲裁庭经过法定程序仲裁后，作出了仲裁裁决结果，该裁决对当事人有什么样的法律效力？根据《仲裁法》第9条规定："仲裁实行一裁终局的制度。裁决作出后，当事人就同一纠纷再申请仲裁或者向人民法院起诉的，仲裁委员会或者人民法院不予受理。"很明显，仲裁裁决作出后立刻生效，仲裁委员会和人民法院都对同一纠纷不再受理。根据这一条款，读者们需要掌握仲裁裁决的以下法律后果：

第一，根据一事不再理原则，仲裁裁决作出后，当事人不可以再次对同一纠纷申请仲裁，也不可以向人民法院起诉，否则仲裁委员会或人民法院都不予受理。

第二，仲裁裁决生效后，不得向仲裁委员会提出复议申请，也不得向人民法院提起上诉、复议和再审。

第三，仲裁裁决生效后，一方当事人不履行裁决确定的义务的，对方当事人可以直接向人民法院申请强制执行，因此生效的仲裁裁决（包括仲裁调解书）具有强制执行效力。

第四，仲裁裁决作出后，当事人如果认为仲裁裁决违法的，可以依法进行救济：申请人民法院撤销仲裁裁决，或者申请人民法院不予执行仲裁裁决。

（四）申请撤销仲裁裁决与申请不予执行仲裁裁决

1. 申请撤销仲裁裁决

法律根据是《仲裁法》第58、59条。根据上述两条规定，当事人提出证据证明裁决有下列情形之一的，可以自收到裁决书之日起6个月内向仲裁委员会所在地的中级人民法院提出申请撤销裁决：没有仲裁协议的；裁决的事项不属于仲裁协议的范围或者仲裁委员会无权仲裁的；仲裁庭的组成或者仲裁的程序违反法定程序的；裁决所根据的证据是伪造的；对方当事人隐瞒了足以影响公正裁决的证据的；仲裁员在仲裁该案时有索贿受贿、徇私舞弊、枉法裁决行为的；裁决违背社会公共利益的。人民法院应当在受理撤销裁决申请之日起2个月内作出撤销裁决或者驳回申请的裁定。另根据《仲裁法》第61条以及《仲裁法解释》第21条，仲裁委员会所在地的中级人民法院在受理申请撤销仲裁裁决后，认为可以由仲裁庭重新仲裁的，裁定中止撤销程序，通知仲裁庭在一定期限内重新仲裁。仲裁庭拒绝重新仲裁或者在人民法院指定的期限内未开始重新仲裁的，裁定恢复撤销程序。

> 参考法律文书1：申请书（申请撤销仲裁裁决）。
> 参考法律文书2：民事裁定书（撤销仲裁裁决）。
> 参考法律文书3：民事裁定书（中止撤销程序）。
> 参考法律文书4：通知书（通知仲裁庭重新仲裁）。
> 参考法律文书5：民事裁定书（恢复撤销程序）。
> 参考法律文书6：民事裁定书（终结撤销程序）。

2. 申请人民法院不予执行仲裁裁决

法律根据是《民事诉讼法》第237条。根据该条，被申请执行人提出证据证明仲裁裁决有下列情形之一的，经人民法院组成合议庭审查核实，裁定不予执行：当事人在合同中没有签订仲裁条款或者事后没有达成书面仲裁协议的；裁决的事项不属于仲裁协议的范围或者仲裁机构无权仲裁的；仲裁庭的组成或者仲裁的程序违反法定程序的；裁决所根据的证据是伪造的；对方当事人向仲裁机构隐瞒了足以影响公正裁决的证据的；仲裁员在仲裁该案时有贪污受贿、徇私舞弊、枉法裁决行为的；执行该裁决违背社会公共利益的。

> 参考法律文书1：申请书（不予执行仲裁裁决）。
> 参考法律文书2：执行裁定书（审查不予执行国内仲裁裁决申请）。

人民法院一旦作出撤销仲裁裁决或者不予执行仲裁裁决的裁定书后，当事人的纠纷就恢复到尚未解决的状态，当事人不再受到仲裁裁决的约束，可以自愿选择各类纠纷解决途径来解决民事纠纷。例如《民事诉讼法》第237条最后一款规定："仲裁裁决被人民法院裁定不予执行的，当事人可以根据双方达成的书面仲裁协议重新申请仲裁，也可以向人民法院起诉。"《仲裁法》第9条第2款规定："裁决被人民法院依法裁定撤销或者不予执行的，当事人就该纠纷可以根据双方重新达成的仲裁协议申请仲裁，也可以向人民法院起诉。"

> 参考判例1：顾×诉安庆市天×装饰工程有限公司申请撤销仲裁裁决案。
> 参考判例2：海南美×集团公司申请不予执行仲裁裁决案。

（五）劳动争议调解与仲裁

1. 劳动争议调解

根据我国《劳动法》第 79 条规定："劳动争议发生后，当事人可以向本单位劳动争议调解委员会申请调解；调解不成，当事人一方要求仲裁的，可以向劳动争议仲裁委员会申请仲裁。当事人一方也可以直接向劳动争议仲裁委员会申请仲裁。对仲裁裁决不服的，可以向人民法院提起诉讼。"

需要注意的是，劳动争议调解并非劳动争议仲裁和劳动争议诉讼的前提条件，其性质等同于一般的民事调解，其调解协议具有劳动合同效力。劳动争议双方如果达成了劳动争议调解协议的法律后果是：

（1）一方当事人在协议约定期限内不履行调解协议的，另一方当事人可以依法申请仲裁。同时，因支付拖欠劳动报酬、工伤医疗费、经济补偿或者赔偿金事项达成调解协议，用人单位在协议约定期限内不履行的，劳动者可以持调解协议书依法向人民法院申请支付令。

（2）当事人在劳动争议调解委员会主持下仅就劳动报酬争议达成调解协议，用人单位不履行调解协议确定的给付义务，劳动者直接向人民法院起诉的，人民法院可以按照普通民事纠纷受理［《最高人民法院关于审理劳动争议案件适用法律若干问题的解释（二）》（以下简称《劳动争议解释（二）》）第 17 条］。

（3）当事人在劳动争议调解委员会主持下达成的具有劳动权利义务内容的调解协议，具有劳动合同的约束力，可以作为人民法院裁判的根据。

（4）在劳动争议仲裁期间，劳动争议仲裁委员会作出仲裁裁决前也应当进行调解。如果双方经劳动争议仲裁委员会调解达成协议的，仲裁委员会应当制作调解书，调解书自送达之日发生法律效力。调解书经过双方签收生效后，一方当事人反悔提起诉讼的，人民法院不予受理；已经受理的，裁定驳回起诉［《最高人民法院关于审理劳动争议案件适用法律若干问题的解释（三）》（以下简称《劳动争议解释（三）》）第 11 条］。如果当事人不履行调解书的，对方当事人可以直接向人民法院申请强制执行，而不需要进行调解书的司法确认程序。

2. 劳动争议仲裁

劳动争议仲裁本质上属于行政仲裁的范畴，并不需要当事人之间签订劳动仲裁协议即可单方向劳动争议仲裁委员会申请仲裁。劳动争议仲裁委员会由地方行政机关决定设立：省、自治区人民政府可以决定在市、县设立；直辖市人民政府可以决定在区、县设立。直辖市、设区的市也可以设立一个或者若干个劳动争议仲裁委员会。省、自治区、直辖市人民政府劳动行政部门对本行政区域的劳动争议仲裁工作进行指导。根据《劳动法》第82条规定，劳动争议产生后，当事人应当自劳动争议发生之日起60日内向劳动合同履行地或者用人单位住所地的劳动争议仲裁委员会申请仲裁。劳动争议当事人未申请劳动争议仲裁的，人民法院不受理该纠纷的诉讼。但根据有关司法解释，下列劳动争议案件无需经过劳动争议仲裁，当事人可以直接向人民法院提起诉讼：

第一，《劳动争议解释（三）》第1条规定："劳动者以用人单位未为其办理社会保险手续，且社会保险经办机构不能补办导致其无法享受社会保险待遇为由，要求用人单位赔偿损失而发生争议的，人民法院应予受理。"

第二，《劳动争议解释（二）》第2条规定："劳动者以用人单位的工资欠条为证据直接向人民法院起诉，诉讼请求不涉及劳动关系其他争议的，视为拖欠劳动报酬争议，按照普通民事纠纷受理。"

第三，《劳动争议解释（三）》第3条规定："劳动者依据劳动合同法第八十五条规定，向人民法院提起诉讼，要求用人单位支付加付赔偿金的，人民法院应予受理。"

对劳动争议仲裁委员会不予受理或者逾期未作出决定的，申请人可以就该劳动争议事项向人民法院提起诉讼（《劳动争议调解仲裁法》第29条）。当事人申请了劳动争议仲裁后，可能出现以下情况：

（1）劳动者对劳动争议仲裁终局和非终局的裁决不服的，可以自收到仲裁裁决书之日起15日内向人民法院提起诉讼（《劳动争议调解仲裁法》第48条、第50条）。用人单位对劳动争议仲裁非终局裁决，也可以自收到仲裁裁决书之日起15日内向人民法院提起诉讼。经过15日不起诉的，当事人不得再提起民事诉讼。根据《劳动争议调解仲裁法》第47条规定，属于终局裁决的范围主要包括：①追索劳动报酬、工伤医疗费、经济补偿或者赔偿金，不超过当地月最低工资标准12个月金额的争议；②因执行国家的劳动标准在工作时间、休息休假、社会保险等方面发生的争议。对于劳动争议仲裁终局裁决，用人单位不得直接向人民法院起诉。

（2）用人单位对劳动争议终局裁决可以自收到仲裁裁决书之日起30日内

向劳动争议仲裁委员会所在地的中级人民法院申请撤销裁决。用人单位对劳动争议终局裁决直接向人民法院起诉的，人民法院不予受理［《最高人民法院关于审理劳动争议案件适用法律若干问题的解释（四）》第2条］。对劳动争议仲裁非终局裁决，用人单位不得申请撤销。

（3）劳动争议仲裁终局裁决被人民法院裁定撤销的，当事人可以自收到裁定书之日起15日内就该劳动争议事项向人民法院提起诉讼（《劳动争议调解仲裁法》第49条）。

> 参考法律文书1：申请书（申请撤销劳动争议仲裁裁决用）。
> 参考法律文书2：民事裁定书（驳回撤销劳动争议仲裁裁决申请用）。
> 参考法律文书3：撤销劳动争议仲裁裁决民事裁定书。

（4）根据《第八次全国法院民事商事审判工作会议（民事部分）纪要》第26条："劳动人事仲裁机构作出仲裁裁决，当事人在法定期限内未提起诉讼但再次申请仲裁，劳动人事仲裁机构作出不予受理裁决、决定或通知，当事人不服提起诉讼，经审查认为前后两次申请仲裁事项属于不同事项的，人民法院予以受理；经审查认为属于同一事项的，人民法院不予受理，已经受理的裁定驳回起诉。"

> 参考判例：刘××诉新疆康×科技股份有限公司确认劳动关系纠纷案。

拓展思考题

1. 申请司法确认的调解协议，是否可以理解为除法院之外的社会组织或个人主持下达成的民事调解协议？

2. 如果只有甲公司一方向法院申请调解协议司法确认，法院征求了对方乙公司的意见，乙公司表示同意，是否视为双方当事人共同申请？

3. 如果甲公司和乙公司之间的经济纠纷属于当地中级人民法院管辖案件，该法院委派调解达成调解协议，向何法院申请司法确认？

4. 当事人在和解协议中约定，任何一方对该纠纷不得提起诉讼，该约定是否有效？

5. 甲公司申请司法确认调解协议，同时也向法院提起民事诉讼，如何处理？在甲公司和乙公司诉讼过程中，能否申请人民法院进行调解协议的司法确认？

6. 乙公司能否无视调解协议，直接就民事纠纷向人民法院提起诉讼？

7. 如果法院作出的调解协议司法确认裁定有错，可以如何处理？

8. 甲公司和乙公司合同中约定，可以向仲裁机构申请仲裁也可以向人民法院起诉，该协议是否有效？

9. 甲公司和乙公司约定仲裁协议中的仲裁机构不明确，怎么处理？

10. 仲裁机构或者案外人认为已经生效的仲裁裁决违法，有何救济途径？

11. 仲裁机构通过调解，使当事人甲公司和乙公司达成调解书，当事人可否就该调解书向法院申请撤销？可否申请执行？

12. 人民法院作出的确认仲裁协议效力的裁定，当事人可否提起上诉或者申请再审？

13. 对根据当事人提出的撤销仲裁裁决或者不予执行仲裁裁决的申请，人民法院作出的裁定，当事人能否上诉或者申请再审？

本章练习题

登录"民事诉讼法通达翻转教学平台软件"，通过"练习与考试"进行本章在线练习。

诉讼实务训练

登录"民事诉讼法通达翻转教学平台软件"，通过"实验教学"进行本章诉讼实务训练。

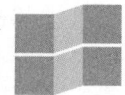

学习目标

了解民事诉讼基本原则的功能和意义，理解民事诉讼各个原则的基本内容，熟悉民事诉讼重要原则的基本理论依据和诉讼法依据；需要结合具体的民事诉讼行为和民事诉讼现象，找到相应的民事诉讼基本原则依据，并能够针对特定的民事诉讼程序，发现民事诉讼基本原则所发挥的重要作用。重点对辩论原则、处分权原则和法院调解原则在具体程序方面把握相应原则的诉讼以及审判过程。

结合各类学习资料，建议本章自学时间不少于 6 小时。

视频资源

登录"民事诉讼法通达翻转教学平台软件"，通过"视频教学"进行本章视频学习。

参考法律文件   **参考法律文书**   **参考判例**

一、民事诉讼法基本原则概述

（一）民事诉讼法基本原则的概念与性质

民事诉讼法基本原则是我国民事诉讼法在立法、审判和诉讼主体行为方面的根本性准则，是贯穿民事诉讼全过程，对民事诉讼主体活动起指导作用的根本性准则。民事诉讼法基本原则是制定民事诉讼法具体原则、具体制度的基础和根据，集中体现和反映了民事诉讼的本质特征，是制定和实施民事诉讼法的重要依据。在我国成文法的立法体系中，民事诉讼法的基本原则不同于民事诉讼法的一般规范以及基本制度，基本原则具有三个显著的特征：根本性、抽象性、宏观指导性。

民事诉讼法的基本原则是人民法院、当事人和诉讼参与人在诉讼中必须遵循的活动准则。由于其具有上述特征，基本原则在民事诉讼中具有重要作用：

第一，有利于完整准确地理解我国民事诉讼的各项程序制度的内在含义，完整准确地理解我国民事诉讼的各项程序制度的立法精神。

第二，有利于人民法院的审判人员正确认定案情和适用法律，及时处理民事纠纷；也有利于当事人和其他诉讼参与人积极行使诉讼权利、履行诉讼义务，协助法院查明案件事实，及时解决纠纷。

第三，有利于人民法院根据基本原则的立法精神和指导思想，正确解决民事审判实践中出现的新情况、新问题。

（二）民事诉讼法基本原则的功能

在我国这样一个成文法国家，法官审理具体案件并不会完全根据某一个法律原则进行裁判，这是因为基本原则具有一定的抽象性，无法在具体的民事案件中作为裁判依据。但是法律的基本原则的功能却不容忽视。我国民事诉讼基本原则实际上承担着在立法准则、行为准则和法官创造性司法三个方面的重要功能。

1. 立法准则功能

民事诉讼法的基本原则体现了该法的最根本性要求，集中反映着我国《民事诉讼法》立法的目的和价值追求。因此，民事诉讼法基本原则成为立法者立法时的基本参考依据，其具有立法准则的功能。各类不同的民事诉讼法基本原则，规范着民事诉讼法的具体原则、审理制度、程序设计以及诉讼行为。民事诉讼基本原则贯穿司法诉讼全过程，体现民事诉讼程序的价值取向和诉讼目的的要求，它蕴涵于具体的法律规定之中，决定着这些具体规定的走向，是各项具体制度和规范的基础和产生的依据。为此，立法者在制定这些具体规定时，必须以基本原则为根本前提和出发点，根据基本原则的精神实质演绎出司法救济机制即民事诉讼制度的全部内容。

2. 行为准则功能

民事诉讼基本原则的行为准则功能，表现为其可以为参与民事诉讼活动的主体提供稳定的模式，从而可以引导各类主体根据民事诉讼法从事诉讼和审判活动。尽管基本原则并不如具体程序规范那样具体和明确，但是其所表达出的指引或者方向，有利于帮助诉讼主体正确选择和实施诉讼行为和审判行为。与此同时，民事诉讼具体规范出现含义不明或者相互冲突时，基本原则能够对具体规范起到补充和协调作用，有效地引导诉讼主体对民事诉讼法的正确理解，选择正确的行为方向。

3. 裁判准则功能

作为成文法国家，立法内容尽管可以非常严谨和细致，难免出现模糊不清，遗漏、空隙等缺陷或者相对滞后情况，但是诉讼不能因此而停滞或终结，法院也不得以此为由而拒绝判决。此时解决的方法只能是根据基本原则所表达的价值取向，由办案法官自由裁量，或由最高司法机关作出司法解释。因此，基本原则可以弥补法律规定与社会生活之间的差距，遇有审判中出现的新情况、新问题，法官可根据基本原则的精神进行处理。可见，基本原则是法官进行创造性司法活动的理论依据和指导。根据《最高人民法院关于在审判执行工作中切实规范自由裁量权行使保障法律统一适用的指导意见》（以下简称《指导意见》）第1、2条，自由裁量权是人民法院在审理案件过程中，根据法律规定和立法精神，秉持正确司法理念，运用科学方法，对案件事实认定、法律适用以及程序处理等问题进行分析和判断，并最终作出依法有据、公平公正、合情合理裁判的权力。人民法院在审理案件过程中，对下列情形依法行使自由裁量权：①法律规定由人民法院根据案件具体情况进行裁量的；②法律规定由人民法院从几种法定情形中选择其一进行裁量，或者在法定的范围、幅度内进行裁量的；③根据案件具体情况需要对法律精神、规则或者条文进行阐释的；④根据案件具体情况需要对证据规则进行阐释或者对案件涉及的争议事实进行裁量认定的；⑤根据案件具体情况需要行使自由裁量权的其他情形。

人民法院行使自由裁量权时，不可避免地要运用法律解释方法，此时适用《指导意见》第6条规定，"行使自由裁量权，要结合立法宗旨和立法原意、法律原则、国家政策、司法政策等因素，综合运用各种解释方法，对法律条文作出最能实现社会公平正义、最具现实合理性的解释"。

尽管人民法院再具体案件的审理中，较少直接援引基本原则进行裁判，但从立法角度，任何一条民事诉讼法的具体规范，实际上都可以还原到某一个或者某几个民事诉讼法基本原则之上，我们应当有意识地注重具体法律规范所反映的诉讼基本原则。

二、民事诉讼法共有原则

《民事诉讼法》第一章规定的一系列基本原则，其中有一部分并非民事诉讼法特有的原则。这部分基本原则是根据宪法原则，参照人民法院组织法有关规定制定的基本原则，不仅适用于民事诉讼，而且也适用于刑事诉讼和行政诉讼，正因为如此，这些原则就成为宪法、法院组织法、刑事诉讼法、行政诉讼法的共有原则，简称共有原则。民事诉讼法共有原则主要包括：审判独立原则、同等对等原则、民族语言文字原则、事实为根据法律为准绳原则、检察监督原则。

（一）审判独立原则

《民事诉讼法》第6条规定："民事案件的审判权由人民法院行使。人民法院依照法律规定对民事案件独立进行审判，不受行政机关、社会团体和个人的干涉。"我国民事诉讼审判独立原则可以通过以下方面进行理解：

第一，审判权由人民法院统一行使。首先，民事审判权是我国司法主权不可分割的组成部分，只能由人民法院代表国家行使，任何外国政府和机关不能干涉或者分割。其次，人民法院有权依法定程序确定自己对某一个民事案件是否享有管辖权，对此，其他国家机关、社会团体或者个人都不得干涉。最后，人民法院统一行使民事审判权必须符合法律规定。人民法院审理民事诉讼案件的全部过程，从最初对起诉的受理，到审前准备、开庭审理、调解等程序，都要严格依照法律进行，并依法接受法律监督。

第二，合议庭审判独立。即合议庭在具体办理和审判案件的过程中非依法定程序不受来自法院内部和外部的各种影响。合议庭的裁判即视为人民法院的裁判，因此人民法院独立行使审判权原则的第二层次的内容是合议庭独立进行审判，既不受行政机关、社会团体和个人的干涉，也不受审判委员会、院长或庭长的干涉。对于重大疑难民事案件，如果合议庭经开庭审理不能作出判决，应当通过法定程序提交审判委员会决定。

第三，审判人员独立。即审判人员参加合议庭审判和审判委员会议决时，不受来自法院内部和外部的干涉或者指使，独立进行判断，发表自己的意见，并完全按照自己的意志表决。

（二）同等、对等原则

《民事诉讼法》第 5 条第 1 款规定，我国法律对在人民法院进行民事诉讼的外国人、无国籍人、外国企业和组织，赋予他们同我国公民、法人和其他组织同等的诉讼权利义务，这就是同等原则。也就是说，我国民事诉讼法给予在人民法院起诉、应诉的外国人、无国籍人、外国企业和组织与中华人民共和国公民、法人和其他组织同样的待遇。这种对外国人、无国籍人、外国企业和组织既不优待，也不歧视，既不限制他们的诉讼权利，也不增加他们的诉讼义务的态度，符合当代民事诉讼立法的总趋势，有利于发展我国同世界各国人民之间的友好关系。

《民事诉讼法》第 5 条第 2 款规定："外国法院对中华人民共和国公民、法人和其他组织的民事诉讼权利加以限制的，中华人民共和国人民法院对该国公民、企业和组织的民事诉讼权利，实行对等原则。"实行对等原则，是维护国家主权的需要，也是保护我国公民、法人和其他组织合法权益的需要。在国际交往中，处理主要国家相互之间的关系，应当以平等互惠为基础。我国一贯奉行互相尊重主权和领土完整、互不侵犯、互不干涉内政、平等互利、和平共处五项基本原则，并在此基础上发展同世界各国的友好关系。在审理涉外民事案件时，我们绝不首先对外国公民、企业和组织的诉讼权利加以限制，而是依法确保外国当事人的诉讼权利得以实现。但是，如果外国法院对我国公民和法人在该国的民事诉讼权利加以限制，那么，我们也将对该国公民、企业和组织的民事诉讼权利采取相应的限制措施，以限制对抗限制，这样在司法上实现了国家之间的平等互利。

（三）民族语言文字原则

《民事诉讼法》第 11 条规定："各民族公民都有用本民族语言、文字进行民事诉讼的权利。在少数民族聚居或者多民族共同居住的地区，人民法院应当用当地民族通用的语言、文字进行审理和发布法律文书。人民法院应当对不通晓当地民族通用的语言、文字的诉讼参与人提供翻译。"

参考判例 1：青格××诉阎××民间借贷纠纷案。

参考判例 2：哈×与木垒县×开农资店买卖合同纠纷案。

（四）以事实为根据，以法律为准绳原则

《民事诉讼法》第 7 条规定："人民法院审理民事案件，必须以事实为根据，以法律为准绳。"

以事实为根据，就是不论进行何种诉讼，都必须以事实作为处理案件的根本依据，既不能搞刑讯逼供和主观归罪，也不能凭主观想象、推测或以无根据的推理、议论作为根据，其核心就是要重证据、重调查研究、不轻信口供，认定事实必须以查证属实的证据为根据，适用法律又必须以查明的事实为根据。人民法院审理民事案件，需要在事实调查清楚的基础上，正确适用法律。无论是第一审、第二审还是审判监督程序都要贯彻这一原则，例如第二审法院认为原审法院事实不清，依法撤销原判发回重审，就体现了以事实为根据的基本原则。但值得注意的是，以事实为根据中的"事实"不能简单被理解为客观事实，而应被理解为法律事实。所谓"客观事实"，就是已经客观发生的，不依赖人们的主观意识而存在的现实事实。在民事诉讼中，法官只能根据当事人提交的证据或者依职权调查取得的证据去不断接近案件的客观事实，并根据认定的事实进行裁判。任何民事案件发生的客观事实是不变的，但由于时间的不可逆转性，法院认定事实与客观事实之间是有距离的，甚至有非常大的距离，更有的完全背离客观事实的可能。以事实为根据中的"事实"，首先是指证据或证据事实。同时，它还指由证据事实所支撑的待证事实。在案件中，一个待证事实同时可能成为另一个待证事实的证据事实，而且，具体案件事实的相关性使它们相互间形成一种"链条"，除了少数单纯的证据事实或待证事实外，多数具体的案件事实既是证据事实又是待证事实。证据事实和待证事实属于案件的局部事实，各种局部事实则组合为案件的整体事实。在裁判过程中，"以事实为根据"的实现，应该是一个不断从证据事实到待证事实、从局部事实到整体事实的动态过程。

以法律为准绳，就是人民法院不论对案件进行程序处理或实体处理，都必须以法律规定和其他相关规定为标准，以法律规定作为评价已经查明的案件事实的尺度。坚持以法律为准绳，是保证处理案件尺度的统一和维护法制统一的需要。在民事诉讼中，法律为准绳中的"法律"应当做扩大解释，即应当包括法律、行政法规、地方性法规等广义的立法性文件，即规范性法律文件。根据《最高人民法院关于裁判文书引用法律、法规等规范性法律文件的规定》第 4 条和第 6 条规定，人民法院制作民事裁判文书应当引用的规范性法律文件包括两部分：法律、法律解释或者司法解释；应当适用的行政法规、地方性法规或者自治条例和单行条例，可以直接引用。对于上述规范性法律文件之外的规范性文件，根据审理案件的需要，经审查认定为合法有效的，可以作为裁判说理的依据。

参考判例：于某某诉孙某某土地承包合同纠纷案。

（五）检察监督原则

根据《民事诉讼法》第 14 条规定："人民检察院有权对民事诉讼实行法律监督。"人民检察院是我国国家法律监督机关。中华人民共和国设立最高人民检察院、地方各级人民检察院和军事检察院等专门人民检察院。人民检察院通过行使国家检察权来完成自己的任务，对于危害国家安全案、危害公共安全案、侵犯公民人身权利民主权利案和其他重大犯罪案件，行使检察权；对于公安机关侦查的案件进行审查，决定是否逮捕、起诉或者不起诉；对于刑事案件提起公诉、支持公诉；对于公安机关、人民法院和监狱、看守所、劳动改造机关的活动是否合法，实行监督。从民事案件的角度讲，人民检察院的法律监督权有着较为特殊的表现形式。

第一，《民事诉讼法》第 55 条第 1 款规定："对污染环境、侵害众多消费者合法权益等损害社会公共利益的行为，法律规定的机关和有关组织可以向人民法院提起诉讼。"人民检察院属于该条规定的法定机关，可以代表国家向人民法院提起民事公益案件的公诉。

第二，人民检察院对人民法院的审判活动进行法律监督。《民事诉讼法》第 208 条规定："最高人民检察院对各级人民法院已经发生法律效力的判决、裁定，上级人民检察院对下级人民法院已经发生法律效力的判决、裁定，发现有本法第二百条规定情形之一的，或者发现调解书损害国家利益、社会公共利益的，应当提出抗诉。地方各级人民检察院对同级人民法院已经发生法律效力的判决、裁定，发现有本法第二百条规定情形之一的，或者发现调解书损害国家利益、社会公共利益的，可以向同级人民法院提出检察建议，并报上级人民检察院备案；也可以提请上级人民检察院向同级人民法院提出抗诉。各级人民检察院对审判监督程序以外的其他审判程序中审判人员的违法行为，有权向同级人民法院提出检察建议。"根据《人民检察院民事诉讼监督规则（试行）》第 23 条规定，民事诉讼监督案件的来源包括：①当事人向人民检察院申请监督；②当事人以外的公民、法人和其他组织向人民检察院控告、举报；③人民检察院依职权发现。

第三，《人民检察院民事诉讼监督规则（试行）》第102条规定："人民检察院对人民法院在民事执行活动中违反法律规定的情形实行法律监督。"人民检察院对人民法院的执行监督，主要通过向人民法院提出检察建议的途径实现。

参考判例：山东省聊城市人民检察院诉路××民事公益诉讼案。

三、民事诉讼法特有原则

（一）平等原则

《民事诉讼法》第8条规定："民事诉讼当事人有平等的诉讼权利。人民法院审理民事案件，应当保障和便利当事人行使诉讼权利，对当事人在适用法律上一律平等。"这集中体现了民事诉讼中当事人之间的平等原则。实际上我们理解这一原则的理论依据是非常容易的，该原则就是民法上民事主体平等原则在民事诉讼程序中的必然延伸——民事主体地位的平等性，在诉讼程序中并没有发生改变。值得注意的是，当事人权利义务的平等，不能理解为当事人权利义务完全相同，这个原则所体现的，是人民法院要保障当事人之间攻击防御手段的基本平衡。具体而言民事诉讼平等原则主要体现在以下三个方面：

（1）双方当事人的诉讼地位完全平等。诉讼地位平等，也就是诉讼权利和义务平等。诉讼当事人在民事诉讼中，虽有原告、被告、第三人等不同的诉讼称谓，但在诉讼过程中当事人的诉讼地位是平等的，不分优劣和高低。民事诉讼当事人双方，在民事诉讼中平等地享有诉讼权利，平等地承担诉讼义务。当事人的诉讼权利平等，在民事诉讼中表现为两种情况：一是双方当事人享有相同的诉讼权利，如双方当事人都有委托代理、申请回避、提供证据、请求调解、进行辩论、提起上诉、申请执行等权利；二是双方当事人享有对等的诉讼权利，如原告有提起诉讼的权利，被告有提出反驳和反诉的权利。诉讼权利和诉讼义务是互相对应的，双方当事人的诉讼权利平等，承担的诉讼义务也平等，如双方当事人都必须依法行使诉讼权利、履行诉讼义务、遵守诉讼程序等。当然，无论是从诉讼权利还是从诉讼义务看，当事人双方平等都不意味着完全相同。

（2）双方当事人有平等地行使诉讼权利的手段，同时，人民法院平等地保障双方当事人行使诉讼权利。行使诉讼权利的手段，是实现诉讼权利的具体形式，没有同等地行使诉讼权利的手段，平等的诉讼权利就只是纸上谈兵，得不到实现。行使诉讼权利的具体形式，有口头的或书面的。例如，实现申请回避的权利，就要提出口头的或书面的申请，说明理由；为行使辩论权，就要在法庭上有充分的发言机会等。如果在民事诉讼中，只有一方当事人享有行使诉讼权利的手段，就无法保证双方当事人平等地行使诉讼权利。保障当事人平等地行使诉讼权利，是人民法院的职责。人民法院在民事诉讼中处于主导地位，起着组织、领导和决定性的作用，保障当事人平等地实现诉讼权利，是人民法院职务上的责任。我国民事诉讼法已对原告和被告双方当事人的权利和义务作了平等的规定，没有这种规定，就谈不上当事人平等地行使诉讼权利。在立法平等的前提下，人民法院为当事人创造平等地行使诉讼权利的机会，并且平等地要求当事人履行诉讼义务，不偏袒或者不歧视任何一方，这样做具有重要的意义。

（3）当事人在适用法律上一律平等。对一切诉讼当事人，不分民族、种族、性别、职业、社会出身、宗教信仰、受教育的程度、财产状况、居住期限，在适用法律上一律平等。任何公民，都应毫无例外地遵守法律，享受法律规定的权利，履行法律规定的义务。一切当事人的合法权利都应受到保护，一切当事人的违法行为都应受到制裁。只有这样，才能切实保护当事人的合法权益。

（二）辩论原则

《民事诉讼法》第 12 条规定："人民法院审理民事案件时，当事人有权进行辩论。"辩论原则，是指当事人在民事案件审理过程中有权就案件事实和争议问题相互辩论，人民法院通过当事人的辩论来明辨是非，从而作出裁判的一项诉讼原则。不要把辩论原则与刑事诉讼法中的辩护原则相混淆。辩护原则建立在公诉权与辩护权分立的基础之上，检察机关代表国家，以公诉人的身份对刑事被告人行使追诉权，被告人处于被控诉和受审判的地位，只能就自己是否犯罪和罪行轻重进行辩护。辩论原则建立在原告和被告诉讼地位平等而又彼此对立的基础之上，双方可以相互反驳、争辩，被告还有权对原告进行反诉。

读者们在以下方面准确把握民事诉讼辩论原则的内涵：

1. 辩论的主体是民事诉讼当事人，即原告、被告和第三人

当事人的诉讼代理人基于代理权，具有当事人的辩论权利，因此诉讼代理人进行辩论实际上就等于当事人在进行辩论。当事人之外的诉讼参与人，包括人民法院、证人、鉴定人、翻译人、勘验人等，是不能参与辩论的，不属于辩论的主体。

2. 辩论的内容广泛

当事人辩论的对象，既可能是事实问题，也可能是法律问题；既可能是实体法问题，也可能是诉讼法问题。一般来说，对实体问题的辩论往往是法庭认定事实的重要依据，例如法律关系是否存在、侵权是否成立、对方是否违约等。借助实体辩论过程，审判人员可以了解双方的观点及各自的论据，进而对当事人的民事争议进行裁判。诉讼法问题主要集中于程序方面，如当事人是否合格、当事人的某项诉讼行为是否符合法定要求以及代理人是否有代理权、法官是否回避等，当事人双方均可依据自己的意志提出否定的或者肯定的意见。

3. 辩论原则适用于民事诉讼的全过程

辩论的基本逻辑前提是当事人就有争议的事项进行辩论，因此只有在民事诉讼程序，即民事纠纷案件的审理过程中才有可能存在辩论行为；在非诉讼案件的审理过程中，由于法院并非在解决对立当事人之间的争议，因此也就不存在辩论的行为。非诉讼案件的审理，主要表现为特别程序、督促程序和公示催告程序，在上述程序审理过程中，由于不存在对立的双方当事人，因此并不适用辩论原则。在民事诉讼过程中，无论是一审、二审还是审判监督程序，都应当贯彻辩论原则。

4. 辩论可以是口头辩论也可以是书面辩论

当事人实现辩论权，可以通过书面材料的提交，例如起诉状、答辩状实现，也可以直接在诉讼阶段口头对对方的事实和法律观点提出辩驳。口头辩论主要集中在开庭审理阶段，当事人可以在该阶段的法庭辩论环节进行辩论。

5. 违法剥夺当事人辩论权属于严重的程序违法

《民事诉讼法解释》第 391 条规定："原审开庭过程中有下列情形之一的，应当认定为民事诉讼法第二百条第九项规定的剥夺当事人辩论权利：（一）不允许当事人发表辩论意见的；（二）应当开庭审理而未开庭审理的；（三）违

反法律规定送达起诉状副本或者上诉状副本，致使当事人无法行使辩论权利的；（四）违法剥夺当事人辩论权利的其他情形。"

违法剥夺当事人辩论权的现象，既是作为当事人申请再审的法定事由，同时也可以成为第二审法院撤销原判发回重审的法定事由。

> 参考判例1：赵××与河南锦××丰实业有限公司等追偿权纠纷案。
>
> 参考判例2：谷×强与凉山州××建设有限责任公司等不当得利纠纷案。

（三）处分权原则

1. 处分权的含义及其表现形式

《民事诉讼法》第13条第2款规定："当事人有权在法律规定的范围内处分自己的民事权利和诉讼权利。"

处分原则是民事诉讼的特有原则，当事人有权在法律规定的范围内自主决定行使还是不行使自己享有的诉讼权利和实体权利，其处分行为受到人民法院的普遍尊重。

在民事诉讼中，当事人处分的权利对象主要分为两大类：一是基于实体法律关系而产生的民事实体权利；二是基于民事诉讼法律关系所产生的诉讼权利。对实体权利的处分主要表现在三个方面：其一，诉讼主体在起诉时可以自由地确定请求司法保护的范围和选择保护的方法。在民事权利发生争议或受到侵犯后，权利主体有权决定自己请求司法保护的范围。不仅如此，权利主体还可以在一定程度上自行选择所受保护的方法。例如，在侵害身体健康权的纠纷中，被损害者有权就全部损害或者一部分损害提出赔偿要求。其二，诉讼开始后，原告可以变更诉讼请求，即将诉讼请求部分或全部撤回，代之以另一诉讼请求；也可以增加或减少原来的请求范围。其三，在诉讼中，原告可全部放弃其诉讼请求，被告可部分或全部承认原告的诉讼请求。

诉讼权利是当事人处分的另一重要对象，主要体现在以下四个方面：

第一，诉讼发生后，当事人可依自己的意愿决定是否行使起诉权。当事人在其实体权利受到侵犯或就某一实体权利与他人发生争议时，是否诉诸法院，由当事人自行决定。只有在当事人起诉的情况下，诉讼程序才能开始，法院既不强令当事人起诉，更不能在当事人不起诉的情况下主动进行审理。

第二，在诉讼过程中，原告可以申请撤回起诉、变更诉讼请求、增加诉讼请求或放弃诉讼请求；被告有权反驳原告的诉讼请求，也可以承认原告的诉讼请求，决定是否提出反诉来主张自己的实体权利，借以对抗原告的诉讼请求。当事人双方都有权请求法院进行调解，请求以调解方式解决纠纷；当事人还能够依其意愿决定是否行使提供证据的权利。当事人双方都有权进行辩论，承认或否认对方提出的事实。

第三，人民法院审理案件受当事人诉讼请求的范围限制。尽管人民法院审理民事案件，审理范围限于当事人主张的请求和法律关系，但经常会出现人民法院所认定的法律关系与当事人主张的法律关系不一致的情况。对这一问题，《最高人民法院关于民事诉讼证据的若干规定》第35条第1款规定："诉讼过程中，当事人主张的法律关系的性质或者民事行为的效力与人民法院根据案件事实作出的认定不一致的，不受本规定第三十四条规定的限制，人民法院应当告知当事人可以变更诉讼请求。"从文意上理解，该条款规定了针对当事人所主张的法律关系的性质或者民事行为的效力，在人民法院根据案件事实作出的认定不一致的情况下，人民法院应当告知当事人可以变更诉讼请求。换言之，人民法院并非绝对受到当事人自己主张的诉讼请求的限制。对于该条款的理解，存在一个实际的问题是，如果当事人坚持不变更，人民法院该如何处理。如果当事人坚持不变更诉讼请求的，法院还是应当就当事人所主张的法律关系进行审理并根据实际情况判决驳回其诉讼请求。从我国最高人民法院对相关案件的裁判内容来看，人民法院不宜对当事人坚持不变更的诉讼请求强行改变，从而进行实体判决，而是应当对当事人所坚持的原诉讼请求进行裁判。

> 参考判例：北京新××经济发展有限责任公司、海南××（集团）有限公司与华××地（北京）股份有限公司房地产项目权益纠纷案。

第四，在一审判决作出后，当事人可以对未生效的判决提起上诉或不提起上诉；对于已生效的判决或调解书认为确有错误时，当事人有权提出申请，请求再审，由法院决定是否再审；对生效判决或者其他具有执行力的法律文书享有权利的当事人，有权决定是否申请强制执行。

需要注意的是，我国民事诉讼中当事人的处分权是绝对的，我国法律在赋予当事人处分权的同时，也要求当事人不得违反法律规定，不得损害国家的、社会的、集体的和公民个人的利益，否则，人民法院将代表国家实行干预，即通过司法审判确认当事人某种不当的处分行为无效。例如，当事人申请撤诉的，应经人民法院审查同意；当事人达成的调解协议，人民法院审查认为其中内容不符合法律规定的，不予准许。

此外，在处分形式上，该原则可分为单方处分行为和双方处分行为。单方处分行为是指当事人一方就可以自己处分的权利，不需要经对方当事人的同意，大多数的民事诉讼行为都属于单方处分范畴，例如起诉、上诉、申请再审、提交证据、变更诉讼请求等；双方处分行为是指必须由当事人双方合意，才能发生诉讼效果的处分行为，在学理上也被称为诉讼契约。典型的诉讼契约主要有：①协议管辖；②诉讼和解；③双方确定举证期限；④双方协议选择简易程序；⑤双方协商确定鉴定人；⑥双方就诉讼费用达成合意；⑦执行和解。

除此以外当事人之间达成的有关诉讼上的合意，由于没有明确的法律依据不发生诉讼效力。

> 参考判例：陈×诉湄潭县洗×镇潘××村村民委员会确认合同有效纠纷案。

2. 当事人处分权的合理限制

民事诉讼法规定，当事人自己处分的实体权利和诉讼权利，应在法律准许的范围内进行。实际上个人权利的形式，在任何法律部门中都要求不得损害国家、集体和社会的利益，也不得损害其他公民的合法权利。我国民事诉讼法在确立处分原则的同时还确立了国家干预制度，即在民事诉讼中国家依法对当事人的诉讼进行监督，具体表现为人民法院对当事人自己处分的实体权利和诉讼权利实行监督。主要表现有以下五个方面：

第一，对当事人撤诉的限制。《民事诉讼法》第145条第1款规定："宣判前，原告申请撤诉的，是否准许，由人民法院裁定。"显然，人民法院有权驳回当事人撤诉的申请，而使诉讼继续进行。《民事诉讼法解释》第238条规定，当事人申请撤诉或者依法可以按撤诉处理的案件，如果当事人有违反法律的行为需要依法处理的，人民法院可以不准许撤诉或者不按撤诉处理。《民事诉讼法解释》第338条规定，在第二审程序中，原审原告申请撤回起诉，经其他当事人同意，且不损害国家利益、社会公共利益、他人合法权益的，人民法院可以准许。

第二，人民法院可以在当事人未提出申请的情况下启动特定程序。例如

《民事诉讼法》第81条第1款规定："在证据可能灭失或者以后难以取得的情况下，当事人可以在诉讼过程中向人民法院申请保全证据，人民法院也可以主动采取保全措施。"再如《民事诉讼法》第100条第1款规定，人民法院对于可能因当事人一方的行为或者其他原因，使判决难以执行或者造成当事人其他损害的案件，根据对方当事人的申请，可以裁定对其财产进行保全，责令其作出一定行为或者禁止其作出一定行为；当事人没有提出申请的，人民法院在必要时也可以裁定采取保全措施。

第三，对当事人诉讼请求范围的限制。根据处分原则，诉讼请求的范围由当事人自己决定。这既包括一审起诉时当事人提出的诉讼请求范围，也包括上诉审法院在审理上诉案件时，必须在上诉人提出的上诉请求范围内进行审理并作出上诉审判决。但《民事诉讼法解释》第323条规定："第二审人民法院应当围绕当事人的上诉请求进行审理。当事人没有提出请求的，不予审理，但一审判决违反法律禁止性规定，或者损害国家利益、社会公共利益、他人合法权益的除外。"

第四，对当事人之间达成的诉讼契约进行审查。例如当事人调解协议内容应当符合法律规定，当事人协议管辖需要满足法定条件，当事人自认（承认对方提出的事实）显然与事实不符的，人民法院不予准许等。

第五，按照民事诉讼法的规定，当生效判决、裁定确有错误时，当事人可以通过申请再审，要求法院启动审判监督程序。但法律也规定，即使没有当事人的申请，法院也可以在自己发现判决、裁定确有错误时，主动进行再审，人民检察院也可以主动提起抗诉以及审判监督程序。因此审判监督程序在保障当事人处分权的同时，也存在依职权主动纠正裁判错误的机制。

（四）诚实信用原则

《民事诉讼法》第13条第1款规定："民事诉讼应当遵循诚实信用原则。"

诚实信用原则首先是民法的重要原则，甚至被称为"帝王条款"，2012年修改的《民事诉讼法》正式将其作为民事诉讼法原则。该原则应当贯穿整个民事诉讼的过程，包括依法行使诉讼权利，履行诉讼义务，遵守诉讼秩序，自觉履行生效文书等。需要注意的是，民事诉讼法并没有将该原则的适用主体限于当事人，因此所有参与民事诉讼的主体都应当遵守诚实信用原则。《民事诉讼法》有关诚实信用原则的具体立法条款主要围绕对诉讼参与人诉讼权利的合理限制以及对法院自由裁量权的规范两个方面，主要解决现实社会中虚假诉讼、恶意诉讼、拖延诉讼、伪造证据、滥用自由裁量权等诉讼问题，强调各类诉讼参与人和裁判者在民事诉讼中的行为义务，保障诉讼秩序，提高诉讼效率。

诚实信用原则在民事诉讼中，主要表现在当事人的诉讼行为上，具体包括以下方面：

第一，当事人的真实义务，要求当事人在诉讼中陈述案件事实时应当符合真实案情，不得虚构事实、伪造证据。

第二，促进诉讼义务，要求当事人在诉讼中不得实施迟延或拖延诉讼行为，或干扰诉讼的进行，应协助法院有效率地进行诉讼，完成审判活动。

第三，禁止以欺诈手段形成不正当诉讼状态，当事人不得恶意或无根据地行使诉讼权利，防止当事人以此获得不当法益。

第四，禁反言，是指一方当事人在诉讼外或诉讼中的言行已使对方当事人产生某种合理的期待，当对方按照此期待行动时，一方当事人却作出与此前自己的言行相反或相矛盾的言行。禁反言就是对于侵害了对方当事人利益的这种言行，可依据诚信原则对其法律效果予以否定。

除此以外，诚实信用原则对其他诉讼参与人和法官在诉讼中的行为，也有约束。一方面，它要求其他诉讼参与人也应当本着诚实和善意的心态来实施诉讼行为。例如，证人不得故意提供虚假的证言；鉴定人不得故意出具与事实不符的鉴定意见；翻译人员不得故意作与诉讼主体的意思不符的翻译；诉讼代理人不得滥用代理权或超越代理权等。另一方面，法官在行使民事审判权的过程中应当公正、合理。法官在运用自由裁量权认定实体问题和程序问题时，应当本着诚实、善意的理念，不得滥用司法裁量权；在审查证据、认定事实的过程中，应当实事求是、客观中立，不得对当事人提出的证据任意加以取舍和否定，不得进行突袭裁判。

民事诉讼法规定了当事人违背诚实信用原则可能承担的诉讼责任。例如《民事诉讼法》第 111 条规定："诉讼参与人或者其他人有下列行为之一的，人民法院可以根据情节轻重予以罚款、拘留；构成犯罪的，依法追究刑事责任：（一）伪造、毁灭重要证据，妨碍人民法院审理案件的。……"再如《民事诉讼法》第 112 条规定："当事人之间恶意串通，企图通过诉讼、调解等方式侵害他人合法权益的，人民法院应当驳回其请求，并根据情节轻重予以罚款、拘留；构成犯罪的，依法追究刑事责任。"上述情形其实属于民事诉讼中经常出现的"虚假诉讼"现象。根据《最高人民法院、最高人民检察院关于办理虚假诉讼刑事案件适用法律若干问题的解释》第 1 条规定："采取伪造证据、虚假陈述等手段，实施下列行为之一，捏造民事法律关系，虚构民事纠纷，向人民法院提起民事诉讼的，应当认定为刑法第三百零七条之一第一款规定的'以捏造的事实提起民事诉讼'：（一）与夫妻一方恶意串通，捏造夫妻共同债务的；（二）与他人恶意串通，捏造债权债务关系和以物抵债协议的；（三）与公司、企业的法定代表人、董事、监事、经理或者其他管理人员恶意串通，捏造公司、企业债务或者担保义务的；（四）捏造知识产权侵权关系或者不正当竞争关系的；（五）在破产案件审理过程中申报捏造的债权的；（六）与被执行人恶意串通，捏造债权或者对查封、扣押、冻结财产的优先权、担保物权的；（七）单方或者与他人恶意串通，捏造身份、合同、侵权、继承等民事法律关系的其他行为。隐瞒债务已经全部清偿的事实，向人民法院提起民事诉讼，要求他人履行债务的，以'以捏造的事实提起民事诉讼'论。向人民法院申请执行基于捏造的事实作出的仲裁裁决、公证债权文书，或者在民事执行过程中以捏造的事实对执行标的提出异议、申请参与执行财产分配的，属于刑法第三百零七条之一第一款规定的'以捏造的事实提起民事诉讼'。"

　　虚假诉讼往往具有较为共同的以下特点：首先，当事人之间关系的特殊性。调查显示，虚假诉讼案件当事人之间一般存在亲属、朋友等特殊关系。原因是找亲戚或朋友造假进行诉讼，成本较低、操作方便、易于得逞。其次，当事人之间配合默契，查处难度较大。在虚假诉讼案件中，为了避免露出破绽，当事人到庭率较低，大多委托诉讼代理人单独参加诉讼，给法院查清案件事实设置障碍；即使参加诉讼，也不会进行实质性的诉辩对抗，或者假戏真做地辩论一番，且多为"自认"；有的当事人还为对方提供便利，如代请律师、代交诉讼费等，以便加快诉讼进程，早日骗取法院裁判文书。再次，以调解方式结案的比较普遍。从人民法院查处的虚假诉讼案件来看，绝大多数都以调解方式结案。最后，案件类型相对集中。根据《最高人民法院关于防范和制裁虚假诉讼的指导意见》第 2 条规定，以下情形案件需要重点进行虚假诉讼的防范：①当事人为夫妻、朋友等亲近关系或者关联企业等共同利益关系；②原告诉请司法保护的标的额与其自身经济状况严重不符；③原告起诉所依据的事实和理由明显不符合常理；④当事人双方无实质性民事权益争议；⑤案件证据不足，但双方仍然主动迅速达成调解协议，并请求人民法院出具调解书。

参考判例1：覃××与覃×珠等提供劳务者受害责任纠纷案。

参考判例2：南通市通××盛市政工程有限公司诉杨××民间借贷纠纷案。

参考判例3：蔡正×串通蔡××提起虚假诉讼案。

参考判例4：广州×顺房地产开发有限公司诉广州市××水电管道安装有限公司虚假诉讼案。

（五）支持起诉原则

《民事诉讼法》第15条规定："机关、社会团体、企业事业单位对损害国家、集体或者个人民事权益的行为，可以支持受损害的单位或者个人向人民法院起诉。"支持起诉原则内容主要包括三个方面：

第一，支持起诉的主体是机关、团体、企业事业单位。支持起诉的主体主要是对受害者负有保护责任的机关、团体和企业事业单位，如妇联支持受害妇女、共青团支持受害青年、企业事业单位支持本单位受害职工向人民法院起诉，公民个人不能作为支持起诉主体。

第二，支持起诉的前提，是法人或者自然人有损害国家、集体或者个人民事权益的违法行为。

第三，支持起诉的场合必须是受损害的单位或个人造成了损害，而又不能、不敢或者不便诉诸法院。如果受损害的单位或个人，已向人民法院起诉，就不需支持起诉。

民事诉讼的发生要有利害关系当事人的起诉，这种起诉必须出于自愿，通常无须外力的影响。但是，在社会主义国家，国家和社会有权对具有一定社会影响的民事纠纷给予一定的干预，只是这种干预必须限制在法律允许的范围之内，必须符合一定要件。合法的干预如支持起诉，可以调动社会力量与违法行为作斗争，有利于祛邪扶正，构建和谐社会，促进社会主义精神文明建设。当然受侵害的当事人是否起诉，还必须遵循自愿的原则，任何单位和个人都不可包办，更不得强迫。

参考判例：章×林诉如皋市××时装有限公司劳务合同纠纷案。

（六）法院调解原则

根据《民事诉讼法》第9条规定："人民法院审理民事案件，应当根据自愿和合法的原则进行调解；调解不成的，应当及时判决。"该条所指的调解，是指法院主持的调解，是法院的一种审判活动，与本书前一章所提到的非诉讼调解有本质区别。当然我们在这里学习法院调解原则，还需要学习我国人民法院调解的相关程序问题。可以说，在本章所提到的民事诉讼法的基本原则之中，法院调解的程序内容是最为丰富的，立法者设计的法律条文也是最多的，所以读者们需要特别重视这部分内容的学习。

1. 法院调解的特点

（1）法院调解可以在民事诉讼活动的各个阶段进行。具体包括起诉受理、审前准备程序、法庭调查和辩论阶段、第二审程序和审判监督程序等。无论当事人是否达成调解协议，法院调解活动的进行与以调解方式结案都属于诉讼调解的范畴。

（2）法院调解是人民法院行使审判权与当事人行使处分权的两相结合。人民法院作为审判组织处于中立地位，为当事人提供信息，主导当事人进行意见交换，各方当事人及其他诉讼参与人共同参与到诉讼调解活动中。诉讼调解过程中，当事人的处分权居于核心地位，当事人各方应当平等协商，互谅互让。

（3）法院调解是人民法院的法定结案方式之一，也是人民法院行使审判权的方式之一。调解与判决都是法院解决民事争议的重要方式，调解书生效后，与生效判决具有相同的法律效力。调解达成协议的，人民法院应当制作调解书。调解书生效后一方当事人拒不履行的，另一方当事人可以申请人民法院强制执行。因此，法院调解与人民调解委员会的人民调解、行政机关的行政调解以及仲裁机关的仲裁调解等有着本质的区别。

2. 法院调解的原则

（1）自愿原则。自愿是调解的本质特征，人民法院在民事诉讼中必须坚持在当事人自愿的基础上进行调解，不得违反当事人的意愿强制调解。自愿包括程序上的自愿和实体上的自愿，程序上的自愿是指在民事诉讼活动中，各方当事人均同意选择以法院主持调解的方式解决民事纠纷，或者选择在诉讼程序中的某一阶段进行调解。实体上的自愿是指各方当事人就争议的民事权益内容经过协商，对调解协议内容取得一致同意的结果，充分反映当事人的意愿。应当注意的是，调解自愿并非是绝对的，限制主要来自以下两个方面：第一，来自案件性质方面的限制，有部分案件和程序，法院应当进行调解，一部分案件和程序不能进行民事调解。第二，来自诉讼效率的限制。《民事诉讼法》以及《民事诉讼法解释》规定了案件审理期限制度。调解也不是审理全部民事案件的唯一程序，对于各方当事人都自愿选择以调解方式结案但经过长时间的协商与调解不能达成调解协议的案件，人民法院应坚持"调解不成，及时判决"的原则。

（2）合法原则。合法是法院调解的基本要求，人民法院主持调解应当以事实为依据，以法律为准绳，调解程序、调解方式和调解内容都应当符合法律规定，不得损害国家利益、社会公共利益和他人合法权益。合法包括程序意义上的合法与实体意义上的合法。程序意义上的合法是指人民法院主持的调解活动应当按照《民事诉讼法》和相关司法解释的规定进行。实体意义上的合法是指双方当事人达成的调解协议内容不得违反法律的禁止性规定，不得侵害国家利益、社会公共利益和他人合法权益。

（3）事实清楚、分清是非原则。事实清楚、分清是非原则是法院调解的基础。所谓事实清楚、分清是非原则，是指人民法院对案件进行调解应当以案件事实清楚和是非责任分清为基础。诉讼调解的重点在于以理服人、用事实说话，在民事诉讼调解的过程中，如果作为中立第三方的法院主持人员对案件事实判断不清，对相关信息掌控不全，就无法有的放矢地对双方当事人进行法治宣传，不能客观公正地提出调解建议，难以引导和促使各方当事人在自愿的基础上进行协商，最终导致"和稀泥"现象的出现，严重阻碍调解程序的进行。调解中的事实清楚是指查清的案件事实已经达到能够使法官内心对于各方当事人的是非有了基本的判断的程度，并不要求法官对所有的事实都查得水落石出，尤其在细节问题上，并不要求达到与判决相同的标准。

3. 法院调解的适用范围

（1）法院不得调解的情形。尽管法院调解是我国民事诉讼法的基本原则之一，但这并不意味着任何民事案件和程序都需要进行法院调解。根据《民事诉讼法解释》第143条规定："适用特别程序、督促程序、公示催告程序的案件，婚姻等身份关系确认案件以及其他根据案件性质不能进行调解的案件，不得调解。"此外，我国民事诉讼中的执行程序，法院也不能进行调解（但是当事人可以进行执行和解）。

（2）法院应当调解的情形。《民事诉讼法解释》第 145 条第 2 款规定："人民法院审理离婚案件，应当进行调解，但不应久调不决。"另外《最高人民法院关于适用简易程序审理民事案件的若干规定》第 14 条规定："下列民事案件，人民法院在开庭审理时应当先行调解：（一）婚姻家庭纠纷和继承纠纷；（二）劳务合同纠纷；（三）交通事故和工伤事故引起的权利义务关系较为明确的损害赔偿纠纷；（四）宅基地和相邻关系纠纷；（五）合伙协议纠纷；（六）诉讼标的额较小的纠纷。但是根据案件的性质和当事人的实际情况不能调解或者显然没有调解必要的除外。"

读者们不要认为上述案件"应当调解"的立法要求，与法院调解的"自愿原则"存在矛盾。实际上，上述立法的主要理由是尽可能使这些民事案件能够通过法院调解结案，做到息事宁人，因此法院在当事人没有主张的情况下应当组织调解。但是如果当事人坚决不愿意调解或者调解不能达成协议的，法院仍然需要"及时判决"，不能强制要求当事人接受法院调解结果。

4. 法院调解的程序

法院调解并不同于法院开庭审判案件，因此法院调解的过程比较灵活，严格规范的程序规范也少于开庭审理。不过读者们仍然需要注意法院调解的下列程序问题：

（1）法院调解以不公开为原则。《民事诉讼法解释》第 146 条第 1、2 款规定："人民法院审理民事案件，调解过程不公开，但当事人同意公开的除外。调解协议内容不公开，但为保护国家利益、社会公共利益、他人合法权益，人民法院认为确有必要公开的除外。"

（2）法院调解过程比较灵活。《民事诉讼法》第 94 条规定："人民法院进行调解，可以由审判员一人主持，也可以由合议庭主持，并尽可能就地进行。人民法院进行调解，可以用简便方式通知当事人、证人到庭。"

5. 调解协议与调解书

调解协议是指当事人之间在法院主持下就民事纠纷达成的协议；调解书是人民法院根据当事人达成的调解协议制作的裁判文书。因此我们要严格区分以上这两个法律概念。

既然调解协议和调解书并不是相同的法律文书，那么两者究竟有何联系呢？法院调解书应当以当事人达成的调解协议进行制作，换言之，当事人没有达成调解协议，法院是不可能制作出调解书的。所以《民事诉讼法》第 97

条第 1 款规定："调解达成协议，人民法院应当制作调解书。调解书应当写明诉讼请求、案件的事实和调解结果。"

我国法院调解书是以送达完毕为生效条件。《民事诉讼法》第 97 条第 2、3 款规定："调解书由审判人员、书记员署名，加盖人民法院印章，送达双方当事人。调解书经双方当事人签收后，即具有法律效力。"因此只要有一方当事人不签收调解书，都不能认为调解书已经生效，人民法院对此只能及时判决。但是在最高人民法院的司法解释中，当事人不签收调解书的情形得到了一定的限制。《民事诉讼法解释》第 151 条规定："根据民事诉讼法第九十八条第一款第四项规定，当事人各方同意在调解协议上签名或者盖章后即发生法律效力的，经人民法院审查确认后，应当记入笔录或者将调解协议附卷，并由当事人、审判人员、书记员签名或者盖章后即具有法律效力。前款规定情形，当事人请求制作调解书的，人民法院审查确认后可以制作调解书送交当事人。当事人拒收调解书的，不影响调解协议的效力。"上述司法解释的规定取消了当事人在达成调解协议后签收调解书前的反悔权，但应当注意的是，上述司法解释中有"当事人同意在调解协议上签名或者盖章后生效"的规定，表明调解协议经签名、捺印或者盖章后生效均以当事人的同意为条件，以此限制当事人的"反悔权"。

另外，我们还要注意一个特殊的现象：当事人达成调解协议的，法院可以不制作调解书的情况。《民事诉讼法》第 98 条第 1 款规定："下列案件调解达成协议，人民法院可以不制作调解书：（一）调解和好的离婚案件；（二）调解维持收养关系的案件；（三）能够即时履行的案件；（四）其他不需要制作调解书的案件。"为何上述案件可以不制作调解书？主要原因是这些案件调解协议达成，纠纷就彻底平息了，此时法院再制作调解书显得并无多大必要。因此该条补充规定：对不需要制作调解书的协议，应当记入笔录，由双方当事人、审判人员、书记员签名或者盖章后，即具有法律效力。用通俗的话来说，这些案件调解协议达成并签名盖章后，这个纠纷在法院角度就已经结案了。

参考法律文书：民事调解书（第一审普通程序用）。

6. 调解协议内容

调解协议是在法院主持下，当事人自愿达成的合意，法律并不过多干预意思自治，但是法院调解既然是法院主持下的诉讼活动，调解协议的内容仍然需要满足法定的要求，如果有违反法律的内容，人民法院将不予认可。除了在民事实体权利义务方面，调解协议应当满足合法性要求之外，人民法院对调解协议的形式方面也要进行司法审查。具体包括以下方面：

（1）哪些调解协议内容，人民法院是准许的？根据《最高人民法院关于人民法院民事调解工作若干问题的规定》（以下简称《民事调解规定》）第9条规定："调解协议内容超出诉讼请求的，人民法院可以准许。"《民事调解规定》第10条第1款规定："人民法院对于调解协议约定一方不履行协议应当承担民事责任的，应予准许。"《民事调解规定》第11条第1款规定："调解协议约定一方提供担保或者案外人同意为当事人提供担保的，人民法院应当准许。"

（2）哪些调解协议内容，法院是不准许的？《民事诉讼法解释》第148条第1款规定："当事人自行和解或者调解达成协议后，请求人民法院按照和解协议或者调解协议的内容制作判决书的，人民法院不予准许"。《民事调解规定》第10条第2款规定："调解协议约定一方不履行协议，另一方可以请求人民法院对案件作出裁判的条款，人民法院不予准许。"《民事调解规定》第12条规定："调解协议具有下列情形之一的，人民法院不予确认：（一）侵害国家利益、社会公共利益的；（二）侵害案外人利益的；（三）违背当事人真实意思的；（四）违反法律、行政法规禁止性规定的。"

此外，法院调解书可能涉及无独立请求权第三人的两种情况：

一是需要无独立请求权第三人承担义务的，应当经无独立请求权第三人同意，调解书应送达无独立请求权第三人，其拒不签收调解书的，调解书不生效，法院应当及时判决；

二是既不享有权利又不承担义务的无独立请求权第三人不签收调解书的，不影响调解书生效。

7. 公益诉讼调解的特别规定

民事公益诉讼调解、和解。公益诉讼可以进行调解、和解，体现了当事人处分权原则的同时，也充分考虑了公益诉讼的特殊性。因此《民事诉讼法解释》对公益诉讼的调解协议、和解协议设置了公告制度和公共利益审查制度。根据《民事诉讼法解释》第289条规定，当事人达成和解或者调解协议后，人民法院应当将和解或者调解协议进行公告。公告期间不得少于30日。公告期满后，人民法院经审查，和解或者调解协议不违反社会公共利益的，应当出具调解书；和解或者调解协议违反社会公共利益的，不予出具调解书，继续对案件进行审理并依法作出裁判。

> 参考法律文书 1：公告（公益诉讼公告和解或者调解协议用）。
> 参考法律文书 2：民事调解书（公益诉讼用）。

8. 调解书签收后当事人的救济途径

法院制作的具有给付内容的民事调解书，是以国家审判权的名义制作的裁判文书，当事人应当履行，否则法院根据对方当事人的申请可以强制执行调解书的内容。

如果当事人认为调解书违反了自愿和合法原则的，不得提起上诉，但有权通过以下两个途径通过审判监督程序救济。

（1）向人民法院申请再审。根据《民事诉讼法》第 201 条规定："当事人对已经发生法律效力的调解书，提出证据证明调解违反自愿原则或者调解协议的内容违反法律的，可以申请再审。经人民法院审查属实的，应当再审。"但是申请再审的时间，根据《民事诉讼法解释》第 384 条规定："当事人对已经发生法律效力的调解书申请再审，应当在调解书发生法律效力后六个月内提出。"

我们还需要了解的问题是，离婚案件的调解书有两个方面较为特殊：

首先，《民事诉讼法》第 202 条规定："当事人对已经发生法律效力的解除婚姻关系的判决、调解书，不得申请再审。"其理由是：婚姻关系属于人身关系，人民法院作出解除婚姻关系的调解书生效后，任何一方都可以与他人再婚，再婚关系不可能强行解除，因此法律不允许对已经发生法律效力的解除婚姻关系的调解书进行再审。当事人如果感情没有破裂而调解离婚，在任何一方没有再婚而又自愿复婚的情况下，可以到婚姻机关进行复婚登记。《婚姻法》为感情未完全破裂而被调解离婚的当事人提供了救济渠道，对解除婚姻关系的调解进行再审没有实际意义。

其次，《民事诉讼法解释》第 382 条规定："当事人就离婚案件中的财产分割问题申请再审，如涉及判决中已分割的财产，人民法院应当依照民事诉讼法第二百条的规定进行审查，符合再审条件的，应当裁定再审；如涉及判决中未作处理的夫妻共同财产，应当告知当事人另行起诉。"

（2）向人民检察院申请监督，由人民检察院对生效的调解书向人民法院提出检察建议或者提起抗诉。根据《人民检察院民事诉讼监督规则（试行）》第24条规定，已经发生法律效力的民事判决、裁定、调解书符合《民事诉讼法》第209条第1款规定，当事人可以向人民检察院申请监督。根据《人民检察院民事诉讼监督规则（试行）》第77条规定，人民检察院发现民事调解书损害国家利益、社会公共利益的，依法向人民法院提出再审检察建议或者抗诉。

> 参考判例1：沈阳市铁西区西三环街道办事处张×村民委员会与郭×军、沈阳××洋石油有限公司民间借贷纠纷案。
> 参考判例2：杜某、周某离婚纠纷复查与审判监督案。
> 参考判例3：李某某与代某某离婚纠纷案。

9. 诉讼和解

根据《民事诉讼法》第50条规定，当事人对自己的诉讼权利和民事实体权利行使处分权，可以在诉讼过程中通过达成和解协议的形式实现。诉讼和解协议，是指当事人在诉讼过程中为了终止争议或者防止争议再次发生，在相互让步的基础上自行协商，合意解决纠纷所达成的协议。从协议的本质要件来看，需具备两个条件：一是当事人的意思表示要真实，必须属于本人的意思表示，且意思表示要明确。二是各方当事人的意思表示要一致达成合意，意思表示没有达成合意不能称为和解协议。

诉讼和解是解决民事案件的一种方式，当事人达成和解协议是其核心内容。诉讼和解协议与法院调解相比具有以下主要特征：

（1）和解协议中的权利义务主体是案件的各方当事人，包括原告、被告和第三人，和解协议内容反映的是当事人之间的民事权利义务关系，只在当事人之间产生法律上的约束力。

（2）和解协议本身不具有生效法律文书的强制执行力，当事人双方自觉履行，不能作为人民法院的执行根据。这是因为没有第三方参与的和解协议，均属于具有合同性质的私法行为，并没有当然的诉讼法效力。但在诉讼过程中达成的和解协议，双方当事人可以向人民法院提出进行确认。经人民法院依法确认后，和解协议实际上已经成为"调解协议"，能够产生生效调解书的强制执行的法律效力。

（3）和解协议当事人自己协商解决纠纷，没有人民法院的主持和参与。

当事人达成和解协议的目的是为了终结已经启动的民事诉讼程序。但和解协议达成并不直接产生终结民事案件诉讼程序的后果，当事人可以申请人民法院对和解协议进行审查确认，民事案件以调解方式结案，也可以由当事人自觉履行和解协议，以原告申请撤诉的方式结案。而调解协议必须是在人民法院的主持下，通过深入细致的工作，使双方当事人达成解决纠纷的协议。

（4）对诉讼和解的司法救济。当事人的自行和解虽然是以终结诉讼为目的的，但是达成和解协议以后，并不能直接产生终结诉讼的效果，我国民事诉讼也没有将自行和解作为独立的结案方式，因此根据当事人在自行和解过程中向人民法院行使权利的不同，将产生不同的结案方式。一种是当事人自主协商达成协议，由原告撤诉而终结诉讼。另一种是当事人将协商的结果提交给法院，并经法院审查，确认协议效力，纠纷以诉讼调解的方式解决。基于不同的结案方式，对诉讼和解中违反意思自治所实施的司法救济也不相同。

第一，对原告申请撤诉方式结案的救济。以原告申请撤诉方式结案的，诉讼和解协议只在当事人之间产生法律上的约束力。如果一方当事人关于违反意思自治原则的主张成立，可以依据相关民事实体法申请人民法院撤销或变更和解协议，或者在法律规定的条件下，重新起诉。

第二，对调解方式结案的救济。以法院调解方式结案的，诉讼和解协议经过法院确认后具有与判决相同的诉讼效力，一方当事人不履行，另一方当事人可以申请人民法院强制执行。如果一方当事人针对和解协议违反意思自治原则的主张成立，应当通过调解书申请再审的途径撤销已生效的调解协议。

> 参考判例1：杨培×与无锡活×保健品有限公司侵犯发明专利权纠纷案。
>
> 参考判例2：吴某诉四川省眉山××纸业有限公司买卖合同纠纷案。

拓展思考题

1. 当事人恶意串通损害国家、集体、第三人利益的虚假和解、调解如何处理？

2. 根据《民事诉讼法解释》第151条规定，当事人请求制作调解书的，人民法院审查确认后可以制作调解书送交当事人。这种情况制作的调解书，与人民法院正常情况下根据调解协议制作的调解书，在诉讼程序上有哪些不同？

3. 根据《民事诉讼法》第 98 条规定，当事人各方同意在调解协议上签名或盖章后即发生法律效力的情况，法院可以不制作调解书。但这种情况下当事人不履行调解协议，如何救济？

4. 人民法院一审宣判后，当事人能否在上诉期限内请求一审法院对该案组织调解？

5. 人民法院一审宣判后，当事人能否在判决生效后请求一审法院对该案组织调解？

6. 人民法院一审宣判后，当事人能否在上诉后请求二审法院对该案组织调解？

7. 人民法院审理案件过程中，当事人自行达成了和解协议，人民法院对该案的审理会有哪些不同结局？

本章练习题

登录"民事诉讼法通达翻转教学平台软件"，通过"练习与考试"进行本章在线练习。

诉讼实务训练

登录"民事诉讼法通达翻转教学平台软件"，通过"实验教学"进行本章诉讼实务训练。

第三章
民事诉讼审判制度

学习目标

了解民事审判制度的功能和意义，理解民事诉讼审判制度的基本内容。读者需要结合具体的民事诉讼审判制度，对合议制、回避制、公开审判和两审终审制度四个方面进行学习。在具体方面，能够熟练掌握合议庭和独任制的关系、不同情况下合议庭的组成方式、人民陪审员的作用、回避的主体以及法定事由、回避的基本程序、公开审判的含义和例外，两审终审制度的含义和例外情况。能够准确把握相关审判制度在具体案件中的运行情况，建立基本的正当法律程序思维。

结合各类学习资料，建议本章自学时间不少于 4 小时。

视频资源

登录"民事诉讼法通达翻转教学平台软件"，通过"视频教学"进行本章视频学习。

参考法律文件　　　　**参考法律文书**　　　　**参考判例**

一、民事诉讼审判制度的含义

民事审判的基本制度，是指人民法院审判民事案件所必须遵守的基本操作规程。不同于民事诉讼基本原则，民事审判制度主要规范人民法院以及具体审判组织在审理民事案件过程中的行为。尽管我国民事诉讼立法中并未将民事审判制度作为一个独立的章节进行统一规范，但是为了全面认识我国民事审判的运行，在这一章读者们需要掌握四个基本的民事审判制度：合议制度、回避制度、公开审判制度和两审终审制度。

二、合议制度

合议制度是民主集中制在民事审判中的表现和应用，是指由三人以上的审判人员组成合议庭，以人民法院的名义具体行使民事审判权，对民事案件进行审理并作出裁决的制度，也称合议制。我国民事诉讼的审判组织形式，采取的是合议制为主、独任制为辅的运行方式。因此学习合议制度时，还需要认真掌握我国民事诉讼中的独任制度以及两者之间的关系。

（一）独任制

独任制，是指由一名审判员对民事案件进行审理并作出裁判的审判组织形式。《民事诉讼法》第39条第2款规定："适用简易程序审理的民事案件，由审判员一人独任审理。"《民事诉讼法》第178条规定，依照特别程序审理的案件，除了选民资格案件或者重大、疑难案件由审判员组成合议庭审理，其他案件由审判员一人独任审理。可见，独任制仅仅适用于简易程序审理的民事案件以及一般的非讼案件。从案件性质角度，第三人撤销之诉、执行异议之诉都不属于简单案件，因此不适用独任制，应当组成合议庭审理。

在审级上，独任制只有基层人民法院及其派出法庭才能适用。相对于合议制的集体审判，由一名审判人员审理民事案件的组织形式，非常有利于一些简单民事案件的高效审理，避免了人民法院审判人员人数不足可能造成的诉讼拖延现象，能够较好地节约司法资源。

独任制的优势在于能够较好地体现法官审判的独立性，能有效保证法官个人审判意志不受外界的干预；对独任法官而言，一人审理意味着将由个人承担全部的审判责任，从而有利于加强其责任心；同时在一定程度上节约了国家的审判成本和审判资源。独任制的弊端是因其缺少其他法官的共同讨论和监督，一人审理时其专断性和恣意性不易受到节制，出现审判失误的可能性相对要大一些。

（二）合议制及合议庭的组成

合议制，是指由三名以上的审判人员，或者由审判员与陪审员共同组成审判庭代表法院行使审判权，对案件进行审理和裁判的审判组织形式。合议制是民主集中制在民事审判工作中的具体体现和具体运用。合议制较之于独任制，不仅能更全面和更可靠地对案情作出评价，而且合议庭的讨论、监督和团队合作为裁判的正确性提供了组织保障。此外，合议制也可以让年轻的法官通过合作而使其审判技能得到训练和培养。合议庭是由三名以上为单数的审判人员（包括专职审判员和人民陪审员）组成的审判组织。合议庭是一个集体，其中一名审判员担任审判长负责合议庭的组织工作并对外代表合议庭（例如《民事诉讼法》第137条的规定）。根据《民事诉讼法》第41条规定："合议庭的审判长由院长或者庭长指定审判员一人担任；院长或者庭长参加审判的，由院长或者庭长担任。"

按我国民事诉讼法的规定，合议庭的组成因审理程序不同而存在差异。

1. 第一审普通程序的合议庭组成

根据《民事诉讼法》第39条第1款规定："人民法院审理第一审民事案件，由审判员、陪审员共同组成合议庭或者由审判员组成合议庭。合议庭的成员人数，必须是单数。"根据这一规定，在我国的民事诉讼中第一审合议庭的组成有两种情形：一种是由审判员和陪审员共同组成合议庭；另一种是仅仅由审判员组成合议庭。

2. 第二审程序的合议庭组成

第二审民事案件的审理对象不同于第一审，第二审法院除了对当事人上诉的请求进行审理、作出裁决之外还负有对第一审裁判的事实认定、法律适用的正确性进行审查的任务。因此民事诉讼法对于第二审合议庭人员组成的要求较第一审程序要高。根据《民事诉讼法》第40条第1款规定，人民法院审理第二审民事案件，由审判员组成合议庭。合议庭的成员人数，必须是单数。

3. 特别程序的合议庭组成

特别程序主要包括选民资格案件、宣告失踪或者宣告死亡案件、认定公民无民事行为能力或者限制民事行为能力案件、认定财产无主案件、确认调解协议案件和实现担保物权案件。根据《民事诉讼法》第178条规定，选民资格案件或者重大、疑难的案件，由审判员组成合议庭审理；其他案件由审判员一人独任审理。

4. 发回重审程序的合议庭组成

所谓发回重审，是指第二审法院经过对一审上诉案件审理认为，原一审法院的判决认定事实不清、证据不足，或者一审判决违反法定程序，可能影响案件正确判决，或者一审判决遗漏当事人、诉讼请求等法定事由，由二审法院作出撤销一审判决的裁定，将案件发回一审法院重新审理的审判制度。因此发回重审后，由原第一审法院重新进行审理。根据《民事诉讼法》第40条第2款规定："发回重审的案件，原审人民法院应当按照第一审程序另行组成合议庭。"

5. 审判监督程序（再审）的合议庭组成

《民事诉讼法》第40条第3款规定："审理再审案件，原来是第一审的，按照第一审程序另行组成合议庭；原来是第二审的或者是上级人民法院提审的，按照第二审程序另行组成合议庭。"那么，应该如何理解上述法条中提到的"原来"？《民事诉讼法》第207条第1款规定："人民法院按照审判监督程序再审的案件，发生法律效力的判决、裁定是由第一审法院作出的，按照第一审程序审理，所作的判决、裁定，当事人可以上诉；发生法律效力的判决、裁定是由第二审法院作出的，按照第二审程序审理，所作的判决、裁定，是发生法律效力的判决、裁定；上级人民法院按照审判监督程序提审的，按照第二审程序审理，所作的判决、裁定是发生法律效力的判决、裁定。"我们对上述条款可以这样理解：作为再审对象的生效裁判，是一审生效的，则再审按照第一审程序审理；如果作为再审对象的生效裁判是二审生效的，则再审按照第二审程序审理；如果上级人民法院提审进行的再审，无论再审对象的生效裁判是一审还是二审生效的，一律按照第二审程序审理。

合议庭的组成	一审普通程序	审判员、人民陪审员组成或者由审判员组成
	发回重审	审判员、人民陪审员组成或者由审判员另行组成
	二审程序	由审判员组成合议庭
	审判监督程序	原来是一审的，按照一审程序另行组成合议庭（不能适用简易程序）
		原来是二审，按照二审程序另行组成合议庭 上级法院提审再审，按照二审程序组成合议庭
	特别程序	选民资格案件和重大疑难案件由审判员组成合议庭；审查撤销仲裁裁决申请、不予执行仲裁裁决申请、撤销劳动争议仲裁申请、确认仲裁协议效力申请案件，都应组成合议庭进行审理

续表

独任制	一审简易程序	基层法院（及其派出法庭）审理简单的第一审民事案件
	特别程序	包含宣告公民失踪、死亡，认定公民民事行为能力，认定财产无主，确认调解协议效力，实现担保物权；但是其中重大疑难案件应由审判员组成合议庭审理
	督促程序（申请支付令）	
	公示催告程序	其中公示催告阶段适用独任制 除权判决阶段应当组成合议庭审理

（三）合议庭的评议原则

合议庭成员权利相同，平等就案件的事实认定和法律适用问题发表意见。因此在这个问题上，审判长、审判员、人民陪审员之间并没有权利义务的差别。《民事诉讼法》第42条规定，合议庭评议案件，实行少数服从多数原则，不同意见如实记入评议笔录，评议过程和评议笔录保密。

参考判例：徐某甲和徐某乙、徐某丙、徐某丁、孙某某法定继承纠纷案。

（四）合议庭与审判委员会的关系

按照我国《人民法院组织法》的规定，在我国各级人民法院都设有审判委员会。审判委员会的任务是总结审判经验，讨论重大的或者疑难的案件以及其他有关审判工作的问题。地方各级人民法院审判委员会委员，由院长提请本级人民代表大会常务委员会任免；最高人民法院审判委员会委员，由最高人民法院院长提请全国人民代表大会常务委员会任免。各级人民法院审判委员会会议由院长主持，本级人民检察院检察长可以列席。

由于审判委员会是人民法院内部领导审判工作的组织，因此，在审判权力的行使中必须注意合议庭与审判委员会的关系。这种关系的把握应当注意两个方面：一方面，合议庭需要接受审判委员会的指导和监督，并执行审判委员会的决定。另一方面，应当加强合议庭的职责，使合议庭真正承担起审判职能，防止审判委员会包办代替先定后审、"审""判"分离的现象发生。

（五）违反合议制度的救济

当事人认为审判过程中人民法院有严重违反合议制度的情况，构成严重程序违法的，可以依法向上级人民法院提起上诉，或者依法通过申请再审方式救济，但需要承担相应的举证证明责任，否则人民法院不予认定。

参考判例：陈某艳与夏某琳相邻关系纠纷案。

三、回避制度

回避制度，是指审判人员和其他有关人员遇有法律规定不宜参加案件审理的情形时，退出案件审理活动的制度，该制度的目的在于保证法官审判案件时中立和公正。

（一）回避的适用主体

根据《民事诉讼法》第44条、《民事诉讼法解释》第49条规定，回避适用的主体包括审判人员、书记员、翻译人员、鉴定人、勘验人和执行员。审判人员主体的范围，根据《民事诉讼法解释》第48条规定，具体包括：参与本案审理的人民法院院长、副院长、审判委员会委员、庭长、副庭长、审判员、助理审判员和人民陪审员。

（二）回避的法定原因

上述主体在哪些情况下需要退出案件的审理？民事诉讼法和民事诉讼法解释都有相关条款规定，但后者的规定较为详细和具体，需要引起同学们的重点关注。《民事诉讼法解释》第43条规定："审判人员有下列情形之一的，应当自行回避，当事人有权申请其回避：（一）是本案当事人或者当事人近亲属的；（二）本人或者其近亲属与本案有利害关系的；（三）担任过本案的证人、鉴定人、辩护人、诉讼代理人、翻译人员的；（四）是本案诉讼代理人近亲属的；（五）本人或者其近亲属持有本案非上市公司当事人的股份或者股权的；（六）与本案当事人或者诉讼代理人有其他利害关系，可能影响公正审理的。"《民事诉讼法解释》第44条规定："审判人员有下列情形之一的，当事人有权申请其回避：（一）接受本案当事人及其受托人宴请，或者参加由其支付费用的活动的；（二）索取、接受本案当事人及其受托人财物或者其他利益的；（三）违反规定会见本案当事人、诉讼代理人的；（四）为本案当事人推荐、介绍诉讼代理人，或者为律师、其他人员介绍代理本案的；（五）向本案当事人及其受托人借用款物的；（六）有其他不正当行为，可能影响公正审理的。"此外，在一个审判程序中参与过本案审判工作的审判人员，不得再参与该案其他程序的审判。发回重审的案件，在一审法院作出裁判后又进入第二审程序的，原第二审程序中合议庭组成人员不受前款规定的限制。

> 参考判例：武×梅诉郭××借款合同纠纷案。

（三）回避的程序

回避的主体遇有法定回避原因，首先应当自行回避。当事人也有权申请他们退出案件的审理。申请回避作为当事人的基本诉讼权利，《民事诉讼法》第45条规定了该权利的程序法要求：

首先，当事人提出回避申请需要说明理由，但注意法条并没有规定回避理由必须附加确凿的证据。因为回避是由是否存在，这是人民法院应当依职权调查的事项，并不需要当事人提供确凿的证据材料，但是这并不等于当事人可以不提交任何证据材料。从目前司法实践来看，回避申请的同时，当事人有义务提交相关的证明材料，否则人民法院不予审查。

> 参考判例：陈×忠等与王淑×房屋买卖合同纠纷案。

其次，申请回避原则上需要在案件开始审理时（即法庭审理）提出。但是回避事由在案件开始审理后知道的，也可以在法庭辩论终结前提出。显然，为了避免当事人滥用回避申请权，当事人在法庭辩论终结前提出回避申请，应当证明"回避是由是在案件开始审理后才知道"这一事实。同时根据我国人民法院两审终审制的特点，当事人未在一审阶段提出回避申请的，二审法院对上诉人在二审阶段提出的回避申请不予支持。

> 参考判例：荆×广诉董××等民间借贷纠纷案。
> 参考法律文书：回避申请书。

（四）回避的决定

针对当事人提出的回避申请，人民法院应当依职权调查，但是对不同的回避对象，由不同主体作出决定。《民事诉讼法》第46条规定，"院长担任审判长时的回避，由审判委员会决定；审判人员的回避，由院长决定；其他人员的回避，由审判长决定。"

> 参考法律文书：回避决定书。

但是无论由谁作出决定，根据《民事诉讼法》第 47 条规定，"应当在申请提出的三日内，以口头或者书面形式作出决定。申请人对决定不服的，可以在接到决定时申请复议一次。复议期间，被申请回避的人员，不停止参与本案的工作。人民法院对复议申请，应当在三日内作出复议决定，并通知复议申请人。"

参考判例 1：中国农业银行股份有限公司延安宝塔支行与牛×明，高德×金融借款合同纠纷案。

参考判例 2：李×申请回避复议案。

参考法律文书 1：对驳回回避申请复议申请书。

参考法律文书 2：复议决定书。

四、公开审判制度

公开审判制度是指人民法院审理民事案件，除法律规定的情况外，审判过程及结果应当向群众、社会公开。

（一）公开审判制度是我国新时期深化司法公开的重要组成部分

正如《最高人民法院关于进一步深化司法公开的意见》（以下简称《意见》）所强调的："加强司法公开是落实宪法法律原则、保障人民群众参与司法的重大举措，是深化司法体制综合配套改革、健全司法权力运行机制的重要内容，是推进全面依法治国、建设社会主义法治国家的必然要求。党的十八大以来，以习近平同志为核心的党中央高度重视司法公开工作，党的十八届三中、四中全会将推进司法公开，构建开放、动态、透明、便民的阳光司法机制作为全面深化改革和全面依法治国的重要任务，作出一系列重大部署。人民法院坚决贯彻落实党中央决策部署，紧紧围绕'努力让人民群众在每一个司法案件中感受到公平正义'的工作目标，推进司法公开达到前所未有的广度和深度，取得显著成效。目前，司法公开规范化、制度化、信息化水平显著提升，审判流程公开、庭审活动公开、裁判文书公开、执行信息公开四大平台全面建成运行，开放、动态、透明、便民的阳光司法机制已经基本形成，在保障人民群众知情权、参与权、表达权和监督权，促进提升司法为民、公正司法能力以及弘扬法治精神、讲好中国法治故事等方面发挥了重要作用。司法公开是新时代法治中国建设的生动实践，已经成为我国在开展国际司法交流合作中的一张亮丽名片。"

上述《意见》第5条强调，深化审判执行信息公开。人民法院应当主动公开以下审判执行信息，逐步推进公开范围覆盖审判执行各领域，健全完善审判执行信息公开制度规范，促进统一公开流程标准，确保审判执行权力始终在阳光下运行。①司法统计信息；②审判执行流程信息；③公开开庭审理案件的庭审活动；④裁判文书；⑤重大案件审判情况；⑥执行工作信息；⑦减刑、假释、暂予监外执行信息；⑧企业破产重整案件信息；⑨各审判执行领域年度工作情况和典型案例；⑩司法大数据研究报告；⑪审判执行理论研究、司法案例研究成果；⑫其他涉及当事人合法权益、社会公共利益或需要社会广泛知晓的审判执行信息。

（二）公开审理

从民事诉讼程序角度讲，公开审理包括两个方面的要求：第一，公开审理的案件，人民法院应当在开庭前公告当事人的姓名、案由和开庭的时间地点，以便当事人和其他诉讼参与人知晓，以及便于公众旁听。《民事诉讼法》第136条的规定："人民法院审理民事案件，应当在开庭三日前通知当事人和其他诉讼参与人。公开审理的，应当公告当事人姓名案由和开庭的时间、地点。"第二，公开审理的案件，开庭时允许群众旁听和新闻记者报道，但录音、录像摄影转播庭审实况必须经法院许可。

当然，公开审理并不是绝对的，在法定情况下一部分民事案件依法不公开审理。根据《民事诉讼法》第134条，不公开审理的情形包括：①法定不公开：涉及国家秘密的案件；涉及个人隐私的案件；法律规定的其他案件。②经申请不公开：离婚案件；涉及商业秘密的案件。

> 参考法律文书：申请书（申请不公开审理用）。
> 参考判例：胡某某诉王某某等名誉权纠纷案。

（三）裁判文书公开

需要注意的是，不论案件是否公开审理，裁判文书一律要公开。随着互联网应用的不断普及，人民法院通过互联网形式公开审判流程信息成为公开审判制度的重要表现形式。《最高人民法院关于人民法院通过互联网公开审判流程信息的规定》（以下简称《公开规定》）第7条规定："下列程序性信息应当通过互联网向当事人及其法定代理人、诉讼代理人、辩护人公开：（一）收案、立案信息，结案信息；（二）检察机关、刑罚执行机关信息，当事人信息；（三）审判组织信息；（四）审判程序、审理期限、送达、上诉、抗诉、移送等信息；（五）庭审、质证、证据交换、庭前会议、询问、宣判等诉讼活动的时间和地点；（六）裁判文书在中国裁判文书网的公布情况；（七）法律、司法解释规定应当公开，或者人民法院认为可以公开的其他程序性信息。"

《公开规定》第9条规定："下列诉讼文书应当于送达后通过互联网向当事人及其法定代理人、诉讼代理人、辩护人公开：（一）起诉状、上诉状、再审申请书、申诉书、国家赔偿申请书、答辩状等诉讼文书；（二）受理案件通知书、应诉通知书、参加诉讼通知书、出庭通知书、合议庭组成人员通知书、传票等诉讼文书；（三）判决书、裁定书、决定书、调解书，以及其他有中止、终结诉讼程序作用，或者对当事人实体权利有影响、对当事人程序权利有重大影响的裁判文书；（四）法律、司法解释规定应当公开，或者人民法院认为可以公开的其他诉讼文书。"但通过互联网公布裁判文书存在例外情况。《最高人民法院关于人民法院在互联网公布裁判文书的规定》第4条规定："人民法院作出的裁判文书有下列情形之一的，不在互联网公布：（一）涉及国家秘密的；（二）未成年人犯罪的；（三）以调解方式结案或者确认人民调解协议效力的，但为保护国家利益、社会公共利益、他人合法权益确有必要公开的除外；（四）离婚诉讼或者涉及未成年子女抚养、监护的；（五）人民法院认为不宜在互联网公布的其他情形。"

五、两审终审制度

（一）两审终审制度及其例外

两审终审是指一个民事案件经过上下两级人民法院审判后即告终结。当事人对可上诉的第一审判决或裁定，可以向上级法院上诉，上级法院的裁判为终审裁判。我国民事诉讼法之所以确立两审终审制度，主要是基于我国经济发展的水平、人口及交通的实际情况。因此，我国民事诉讼中的上诉审，既是事实审，又是法律审。为弥补审级相对较少的不足，民事诉讼法中设立了审判监督程序。就目前来讲，实行两审终审，符合当事人进行诉讼的目的和利益，也符合人民法院审判追求诉讼经济的立法精神。

作为两审终审制的例外，我国民事诉讼法中以下情况实行一审终审，即一审裁判即为终审裁判，当事人不得上诉。主要包括：（1）最高人民法院的裁判。（2）简易程序中的小额诉讼裁判。（3）特别程序、督促程序和公示催告程序。（4）各级人民法院制作的调解书。（5）根据《最高人民法院关于适用〈中华人民共和国婚姻法〉若干问题的解释（一）》第9条第1款规定："人民法院审理宣告婚姻无效案件，对婚姻效力的审理不适用调解，应当依法作出判决；有关婚姻效力的判决一经作出，即发生法律效力。"根据上述规定，婚姻无效的案件，虽然是因身份关系引起的民事权利义务争议，但是该类案件仍然为一审终审。

（二）上诉权的保障机制

在民事诉讼第二审程序中，对许多较为特殊情况的处理，都是为了保障当事人能够有机会提起上诉，主要包括：

（1）《民事诉讼法解释》第326条规定："对当事人在第一审程序中已经提出的诉讼请求，原审人民法院未作审理、判决的，第二审人民法院可以根据当事人自愿的原则进行调解；调解不成的，发回重审。"如果第二审法院直接判决，对该一审遗漏的诉讼请求，当事人就失去了上诉机会。

（2）《民事诉讼法解释》第327条规定："必须参加诉讼的当事人或者有独立请求权的第三人，在第一审程序中未参加诉讼，第二审人民法院可以根据当事人自愿的原则予以调解；调解不成的，发回重审。"如果第二审法院直接判决，该一审遗漏的当事人就失去了上诉机会。

（3）《民事诉讼法解释》第328条第1款规定："在第二审程序中，原审原告增加独立的诉讼请求或者原审被告提出反诉的，第二审人民法院可以根据当事人自愿的原则就新增加的诉讼请求或者反诉进行调解；调解不成的，告知当事人另行起诉。"如果第二审法院直接判决，上述新增加的请求就失去了上诉机会（双方当事人同意的除外）。

> 参考判例1：马某某与张某离婚纠纷案。
> 参考判例2：慕思×与陈×家民间借贷纠纷上诉案。

（4）《民事诉讼法解释》第329条第1款规定："一审判决不准离婚的案件，上诉后，第二审人民法院认为应当判决离婚的，可以根据当事人自愿的原则，与子女抚养、财产问题一并调解；调解不成的，发回重审。"因为子女抚养、财产问题并未经过一审程序，因此第二审法院不可以直接进行裁判（双方当事人同意的除外）。

参考判例：王某某诉尹某某离婚纠纷案。

拓展思考题

1. 中级及中级以上人民法院审理民事案件为什么不存在独任制？

2. 人民陪审员可能出现在最高人民法院合议庭中吗？

3. 本法院发现判决有错误，从而进行审判监督程序，是按照第一审还是按照第二审组成合议庭？

4. 如果当事人有证据表明回避是由是在法庭辩论终结以后发现的，应当如何处理？

5. 当事人可否在第二审程序中放弃或者变更一审提出的诉讼请求？

6. 二审法院发现原一审法院遗漏了当事人的诉讼证据并对该证据进行裁判，是否违背两审终审制？

7. 二审发回重审，原一审法院参加过本案审理的审判人员是否需要回避？如果二审发回重审后又进入二审程序的，原二审审判人员是否需要回避？

8. 甲公司与乙公司合同纠纷一案，甲公司作为原告上诉了两次，有这种可能吗？

本章练习题

登录"民事诉讼法通达翻转教学平台软件"，通过"练习与考试"进行本章在线练习。

诉讼实务训练

登录"民事诉讼法通达翻转教学平台软件"，通过"实验教学"进行本章诉讼实务训练。

第四章
民事诉讼当事人

学习目标

了解当事人含义、特征和类型，理解形式当事人和正当当事人之间的区别；了解当事人的诉讼权利能力和诉讼行为能力；明确正当当事人的确定标准；了解当事人诉讼权利和诉讼义务的具体内容；掌握当事人更换和诉讼承担的具体规定。能够熟练掌握公民、法人和其他组织在正当当事人资格问题上的判断标准。

结合各类学习资料，建议本章自学时间不少于 6 小时。

视频资源

登录"民事诉讼法通达翻转教学平台软件"，通过"视频教学"进行本章视频学习。

参考法律文件　　　　　参考法律文书　　　　　参考判例

一、当事人的概念

民事诉讼当事人，是指因民事权利、义务产生冲突后，以自己的名义到人民法院起诉、应诉、进行诉讼，并受人民法院裁判拘束的有民事诉讼权利能力的人。民事诉讼当事人是民事诉讼程序中必不可少的主体。没有当事人的起诉、应诉，人民法院的民事审判权便无从启动与运作。民事诉讼当事人具有以下特点：

（1）以自己的名义起诉、应诉、进行诉讼。在一般情况下，以自己的名义起诉、应诉的当事人往往同时又是民事法律关系的主体。如债权债务关系中的双方，在债权债务纠纷诉讼中是当然的当事人。但在特殊情况下，以自己的名义起诉、应诉的当事人又不一定是民事法律关系的主体，如是他人的财产保管人、遗嘱执行人等。

（2）在诉讼中享有广泛的诉讼权利，负有相应的诉讼义务。作为主体，他们依法享有诉讼权利和承担诉讼义务。而且，当事人的诉讼权利义务与其他诉讼参与人的诉讼权利义务在量上有很大的差别。

（3）直接受人民法院的裁判约束。人民法院受理案件、审理案件的目的就是解决民事冲突，保护当事人的权利，维护社会所需要的正常的社会经济秩序。尽管在解决纠纷的过程中因为种种因素的促成，会出现不同的结案方式，但归根到底，法院的这些裁定、判决或调解书都是为当事人而制作并对当事人产生法律效力的。

当事人的称谓，因诉讼程序和阶段的不同而有所不同。在第一审普通程序和简易程序中，起诉和被诉的主体称为原告、被告和第三人。在第二审程序中，原一审中的当事人称为上诉人和被上诉人。在特别程序中，通常称为申请人，但在选民资格案件程序中，则称为起诉人。在督促程序和企业法人破产还债程序中，称为申请人和被申请人。在公示催告程序中，称为申请人和利害关系人。在执行程序中，则称为申请执行人和被执行人。当事人的不同称谓，一方面表明了他所处的诉讼程序和阶段不同，另一方面也表明了他因所处诉讼程序和阶段不同而具有不同的诉讼地位及诉讼权利义务。

二、当事人的诉讼权利与诉讼义务

（一）当事人的基本诉讼权利

（1）起诉和应诉权。当事人的民事权益受到侵害或与他人发生争执，可以诉诸人民法院解决，这是公力救济的基本特征，也是当事人起码的诉讼权利。

（2）委托诉讼代理人权。委托诉讼代理人，可以解决当事人无法出庭而诉讼难以进行的矛盾，还可弥补当事人法律知识和诉讼技能的不足。

（3）回避申请权。当事人有权申请审判人员、书记员、翻译人员和鉴定人员回避，通过回避制度保障诉讼公平公正进行。

（4）有权对案件事实和适用法律进行辩论。

（5）有权请求人民法院对案件进行调解。

（6）经人民法院许可，有权查阅、自费复制本案庭审材料。查阅复制本案庭审材料的目的在于方便当事人进行辩论、上诉或申诉。当事人查阅庭审材料是行使民事权利的重要体现，是保证笔录真实的重要手段。

（7）有权使用本民族语言文字进行陈述。这是宪法关于各民族一律平等精神在民事诉讼法中的体现。在诉讼中，如果出现语言障碍应聘请翻译人员。

（8）有权请求对诉讼证据实行保全，进行鉴定和重新鉴定。诉讼证据是诉讼的基础，保全诉讼证据材料有助于保护当事人的根本利益。

（9）处分权。处分权是当事人的重要权利，包括处分自己的实体权利和诉讼权利，但处分权的行使是需要在人民法院的审查监督之下进行的，对个别恶意串通、威逼利诱、损人利己的处分行为以及违反诚信信用的处分行为，民事诉讼有严格的处理措施。

（10）有权申请保全。保全的实质是使诉讼结果有兑现的物质基础或行为基础，是对可能的胜诉人的诉讼保护措施，也是保证诉讼顺利进行的有效手段。

（11）申请先予执行。

（12）上诉权。我国采用四级两审终审制，当事人对第一审裁判判决不服，可请求二审法院再度审理。

（13）申请执行权。人民法院制作的民事判决、裁定和调解书生效后，当事人得自觉履行，否则对方当事人可请求法院强制执行。

（14）有权申请再审或申诉。人民法院的裁判和调解书生效后，当事人仍表示不服的，可以向各级法院或检察院申明理由，诉请复查。当事人申请再审合于法定条件的，人民法院应予再审。

（二）当事人基本诉讼义务

（1）按时到庭进行诉讼的义务。当事人无故不到庭或不按时到庭，会使诉讼滞延，造成人力、物力和时间的浪费。故当事人不认真履行本条义务，会招致一定的法律后果：原告经人民法院两次合法传唤，无正当理由拒不到庭的，按撤诉处理；被告经两次合法传唤无正当理由拒不到庭的可缺席判决。对必须到庭的被告，还可实行拘传。

（2）提供诉讼证据的义务。诉讼证据是诉讼的基础，当事人提供诉讼证据有利于诉讼的顺利进行。也符合当事人的主观愿望，用证据证明案情是当事人争取胜诉的根本手段。明知证据存在却不主动提供，将导致不利的诉讼后果。

（3）遵守法庭秩序的义务。正常的法庭程序是诉讼顺利推进不可缺少的外部环境。争取良好的法庭秩序，是诉讼法律关系主体共同的追求。当事人违反法庭秩序的，将视其情节轻重而受相应强制措施的制约，构成犯罪的还将被追究刑事责任。

（4）保守案件秘密的义务。案件可能涉及的秘密有：党和国家的政治、军事、经济等秘密以及对方当事人的隐私。一方面，人民法院对此类涉密案件要慎重妥善审理；另一方面，知晓秘密的当事人也有保密的责任。

（5）自觉履行生效的民事判决裁定、决定和调解的义务。

（6）依法交纳诉讼费用的义务。

三、当事人能力

（一）诉讼权利能力

谁有资格成为民事诉讼当事人？能够成为民事诉讼当事人，享有民事诉讼权利和承担民事诉讼义务所必需的诉讼法上的资格，在学理上被称为诉讼权利能力。民事诉讼权利能力与民事权利能力有着密切的联系。在通常情况下，有民事权利能力的人才具有民事诉讼权利能力，如公民、法人；但是在某些情况下，没有民事权利能力的人，也可以有民事诉讼权利能力，成为民事诉讼中的当事人。例如不具有民事权利能力的其他组织，在符合法律规定条件的情况下，也可以有民事诉讼权利能力，成为独立的诉讼当事人。《民事诉讼法》第 48 条第 1 款规定："公民、法人和其他组织可以作为民事诉讼的当事人。"因此，我们需要从公民、法人和其他组织三个方面认识民事诉讼当事人的资格问题。

公民的诉讼权利能力，完全按照民法上的民事权利能力要求，即始于出生，终于死亡。因此公民诉讼权利能力与其年龄、智力状况没有关系，未出生的胎儿以及已经死亡的公民均不具有民事诉讼权利能力，不能作为诉讼当事人。

法人的诉讼权利能力则开始于成立，终于终止。法人是民法上拟制的人，具有独立的权利能力和行为能力，因此依法享有当事人的民事诉讼权利能力。

其他组织的诉讼权利能力也是开始于成立，终于终止。根据《民事诉讼法解释》第 52 条规定，其他组织是指合法成立、有一定的组织机构和财产，但又不具备法人资格的组织。具体包括：①依法登记领取营业执照的个人独资企业；②依法登记领取营业执照的合伙企业；③依法登记领取我国营业执照的中外合作经营企业、外资企业；④依法成立的社会团体的分支机构、代表机构；⑤依法设立并领取营业执照的法人的分支机构；⑥依法设立并领取营业执照的商业银行、政策性银行和非银行金融机构的分支机构；⑦经依法登记领取营业执照的乡镇企业、街道企业；⑧其他符合本条规定条件的组织。

如果没有满足以上的条件，则不能以该组织名义进行民事活动。这种情况具体可能出现：

（1）法人非依法设立的分支机构，或者虽依法设立，但没有领取营业执照的分支机构，以设立该分支机构的法人为当事人（《民事诉讼法解释》第 53 条）。

（2）《民事诉讼法解释》第 60 条规定："在诉讼中，未依法登记领取营业执照的个人合伙的全体合伙人为共同诉讼人。个人合伙有依法核准登记的字号的，应在法律文书中注明登记的字号。……"因此，有字号的个人合伙并非法定的"合伙企业"，因此不能以个人合伙的"字号"作为诉讼当事人。

（3）不具备法人和其他组织资格的个体工商户。根据《个体工商户条例》规定，有经营能力的公民，依照本条例规定经工商行政管理部门登记，从事工商业经营的，为个体工商户。个体户是一种以公民个人或者家庭名义从事工商业经营的一种形式，其并不具备法人以及其他组织的民事主体身份，应当归属于公民的范畴。根据《民事诉讼法解释》第 59 条规定，在诉讼中，个体工商户以营业执照上登记的经营者为当事人。但是又同时规定，有字号的，以营业执照上登记的字号为当事人，但应同时注明该字号经营者的基本信息。

参考判例：高海×诉××市福利纸业有限责任公司买卖合同纠纷案。

（4）根据《民事诉讼法解释》第 62 条规定，法人或者其他组织应登记而未登记，行为人即以该法人或者其他组织名义进行民事活动的；法人或者其他组织依法终止后，行为人仍以其名义进行民事活动的，以上两种情况中法人或其他组织都没有诉讼权利能力，因此应当以行为人为当事人。

参考判例：如东县高新区××广场 C 区业主委员会与南通城市嘉×物业管理有限公司如东分公司物业服务合同纠纷案。

（二）诉讼行为能力

诉讼行为能力指当事人可以亲自实施诉讼行为，并通过自己的行为，行使诉讼权利和承担诉讼义务的诉讼法上的资格。公民的诉讼行为能力与其民事行为能力有着密切的联系，但在分类上，两者又不完全一致。公民的诉讼行为能力采用两分法：有诉讼行为能力和无诉讼行为能力。而公民的民事行为能力则采用三分法：完全民事行为能力、限制民事行为能力和无民事行为能力。在民事诉讼中，只有具有完全民事行为能力的公民才有诉讼行为能力。无民事行为能力和限制民事行为能力的公民都没有诉讼行为能力。无民事诉讼行为能力人主要集中在公民身份，包括未成年人、精神病患者。未成年人由于年龄限制，社会阅历浅、认知能力差，无法独立参加诉讼；而精神病患者因不能正确表达自己的意志，亦无法独立参加诉讼。事实上，类似昏迷不醒的植物人，由于并没有死亡但也无法亲自实施任何诉讼活动，因此也应被视为无民事诉讼行为能力人。

对于无民事诉讼行为能力的当事人，我们应注意以下两点：

一是无民事行为能力的未成年人或者精神病患者，并不影响其作为当事人的身份资格。因为能否作为案件当事人起诉或者应诉，是由民事诉讼权利能力所决定的。如果上述当事人不具有诉讼行为能力，则需要通过民法监护制度确定法定诉讼代理人具体进行诉讼。

二是无民事行为能力人不能够亲自实施任何诉讼行为，必须通过法定代理人代为诉讼。无民事诉讼行为能力人实施的诉讼行为，以及对无民事诉讼行为能力人实施的诉讼行为，是不发生诉讼效力的。

四、形式当事人与正当当事人

（一）形式当事人

形式当事人的确定，就是要回答在一个具体民事诉讼中谁是原告、被告或第三人的问题。既然我们称之为形式当事人，意思就是仅仅通过诉状来进行确定的诉讼主体。至于在诉状中列明的原告、被告或者第三人是否是正确的当事人，与形式当事人问题无关。例如甲起诉乙赔偿损失，但是受害人并非是甲，而是甲的朋友丙。从起诉材料的角度，甲仍然是原告，但是由于没有满足其利害关系人的要求，应当被认定为非正当原告。但是，甲在这起诉讼中的身份，仍然是原告，这就是形式当事人的特点。形式当事人尽管没有从法律角度判断其正当性，但是这个概念依然在民事诉讼程序中发挥着重要作用。例如确定案件管辖法院时需要以原告或者被告的住所地为标准，这时也只能通过形式当事人进行判断。

（二）正当当事人

前已述及，形式上谁为当事人是个在起诉阶段确定的形式问题，即仅仅通过诉讼材料进行判断。但是诉状中列明的当事人是否是合格的、正确的当事人？这就是一个非常重要的法律问题，需要进行分析和判断。一般而言，我们将正确的、适格的当事人，称为正当当事人。显然，形式当事人与正当当事人之间存在包含与被包含关系，形式当事人的外延包含着正当当事人和非正当当事人两个不同范畴。形式当事人是否为正当当事人的问题，需要通过诉讼法和实体法两方面进行判断。在本章学习过程中，读者们的学习重点应当集中在这方面。那么，如何判断在一个具体案件中，谁是正确的原被告？就是民事诉讼中的当事人适格问题。以下分析的当事人适格，主要从单一诉讼，即一个原告针对一个被告提起的民事诉讼的角度进行分析。涉及多数当事人的适格问题，各位读者详见第五章共同诉讼相关部分。

1. 原告适格的认定

《民事诉讼法》第119条规定，原告是与本案有直接利害关系的公民、法人或其他组织。如果起诉的原告不具有"直接利害关系"的条件，人民法院将不予受理或驳回起诉。很显然，我国民事诉讼法对原告的地位，就是按照正当当事人的标准进行确定。尽管有不少学者认为我国民事诉讼法对原告的"直接利害关系"资格要求过高，但是从另一个角度讲，对原告进行一定的资格设置，有利于防止原告滥用司法资源，有利于将一些与案件无关的人排除在诉讼之外，确保司法资源的合理使用。

参考判例：郑×奇与李×等修理合同纠纷案。

但是要注意的是，针对一些特殊类型的民事案件，也并非绝对强调"直接利害关系"的资格要求。在特定情况下，非实体利害关系的第三人，因对他人的权利或法律关系有管理权，可以以当事人的地位，就该法律关系所产生的纠纷而行使诉讼实施权，例如被宣告失踪人的财产代管人、遗产管理人、遗嘱执行人以及死者的近亲属等。上述非实体关系人之所以能够成为适格的当事人，是因为其基于法定原因对实体关系人的权利义务享有管理权，但这种管理权必须根据法律的明确规定进行认定。

（1）公益诉讼原告的特别规定。根据《英雄烈士保护法》第 25 条规定，如果无近亲属起诉，且死者属于英雄烈士的，检察机关依法对侵害英雄烈士的姓名、肖像、名誉、荣誉，损害社会公共利益的行为向人民法院提起诉讼。根据《民事诉讼法》第 55 条第 1 款规定："对污染环境、侵害众多消费者合法权益等损害社会公共利益的行为，法律规定的机关和有关组织可以向人民法院提起诉讼。"因此，我国民事公益诉讼的原告只能为法定的机关和组织，例如人民检察院、消费者协会等，公民个人不具有民事公益诉讼的原告资格。

> 参考判例 1：葛长×诉洪×快名誉权侵权纠纷案。
>
> 参考判例 2：淮安市检察院诉曾某侵害烈士名誉公益诉讼案。

（2）人身损害赔偿侵权案件的原告资格。一般来说，赔偿权利人是被侵权人（即受害人），但《侵权责任法》第 18 条作了一些特别规定：一是被侵权人死亡的，其近亲属有权请求侵权人承担侵权责任；二是被侵权人死亡的，支付被侵权人医疗费、丧葬费等合理费用的人有权请求侵权人赔偿费用，但侵权人已支付该费用的除外。对于支付上述合理费用的人是被侵权人以外的第三人时，该第三人为赔偿权利人。对死者因侵权的利益损害，我国《民事诉讼法》与《侵权责任法》的上述立法思路一致。《民事诉讼法解释》第 69 条规定："对侵害死者遗体、遗骨以及姓名、肖像、名誉、荣誉、隐私等行为提起诉讼的，死者的近亲属为当事人。"《最高人民法院关于确定民事侵权精神损害赔偿责任若干问题的解释》第 7 条规定，自然人因侵权行为致死，或者自然人死亡后其人格或者遗体遭受侵害，死者的配偶、父母和子女向人民法院起诉请求赔偿精神损害的，列其配偶、父母和子女为原告；没有配偶、父母和子女的，可以由其他近亲属提起诉讼，列其他近亲属为原告。

> 参考判例：山东省淄博市博山区人民法院［2008］博民初字第 564 号。

（3）被侵权人死亡无法查清近亲属时的原告资格。对于被侵权人因侵权而死亡，无法查清其近亲属的案件，谁有资格作为赔偿权利人的问题，我国民事诉讼法无明文规定。但是《侵权责任法》第18条规定，支付被侵权人医疗费、丧葬费等合理费用的人有权请求侵权人赔偿费用，因此其可以在被侵权人死亡无法查清近亲属时具有适格原告身份。

参考判例：涡阳县民政局与寇×杰等机动车交通事故责任纠纷案。

（4）具有追偿权的赔偿义务人。我国《机动车交通事故责任强制保险条例》第24条规定，道路交通事故中受害人人身伤亡的丧葬费用、部分或者全部抢救费用，由救助基金先行垫付，救助基金管理机构有权向道路交通事故责任人追偿。《侵权责任法》第53条规定："机动车驾驶人发生交通事故后逃逸，该机动车参加强制保险的，由保险公司在机动车强制保险责任限额范围内予以赔偿；机动车不明或者该机动车未参加强制保险，需要支付被侵权人人身伤亡的抢救、丧葬等费用的，由道路交通事故社会救助基金垫付。道路交通事故社会救助基金垫付后，其管理机构有权向交通事故责任人追偿。"《最高人民法院关于审理道路交通事故损害赔偿案件适用法律若干问题的解释》第26条第2款规定："被侵权人因道路交通事故死亡，无近亲属或者近亲属不明，支付被侵权人医疗费、丧葬费等合理费用的单位或者个人，请求保险公司在交强险责任限额范围内予以赔偿的，人民法院应予支持。"

根据上述规定，因维护受害人权益垫付各种合理费用的主体，均享有依法向侵权行为的赔偿义务人提起诉讼请求支付费用的权利，这一点在我国最高人民法院的判例中也得到了体现。

原告不适格的诉讼后果体现在起诉受理阶段、立案以后的不同处理。如果在立案阶段法院认为原告主体不适格，则裁定不予受理；如果在立案之后法院认定原告主体不适格，则裁定驳回起诉。对以上裁定，原告可以依法向上级人民法院提起上诉。

参考判例：枣阳市光×汽车服务有限公司诉施××等民间借贷纠纷案。

2. 被告的确定问题

根据《民事诉讼法》第119条规定，被告在民事诉讼中的资格仅被要求

"明确",所以从这个角度来看,被告并没有如同原告那样存在"是否适格"的程序问题。例如某甲起诉某乙偿还借款纠纷案件,只要某甲将某乙明确列为被告,某乙就是适格的被告。如果法院最后经过审理查明债务人并非某乙而是其他人,也并不表明某乙是不适格的被告。此时人民法院应判决驳回原告某甲对某乙的诉讼请求。显然,被告的"适格"问题属于实体审理的判断事项,这个问题并不影响实际诉讼中被告的地位和诉讼程序的进行。

但是从民事诉讼程序的角度,原告起诉时如果任意选择被告而不加以甄别和取舍,可能会增加毫无意义的审理活动,提高司法成本。例如甲公司的工作人员张某因职务行为与乙公司发生纠纷,乙公司应当以甲公司为正确的被告起诉。尽管事实上乙公司可能仅仅起诉的是张某,人民法院只能将张某列为明确的程序被告,但这样的诉讼并没有实际意义。人民法院在因张某不承担职务行为的法律责任而驳回甲公司诉讼请求后,甲公司又会以乙公司列为被告再行起诉,这样就增加了诉讼成本。因此从原告角度选择最合适的被告进行起诉,仍然具有实际意义。

在民事诉讼法中,从实体法的角度选择正确的被告主要表现为以下方面:

(1)法人、其他组织的工作人员。根据《民事诉讼法解释》第56条规定:"法人或者其他组织的工作人员执行工作任务造成他人损害的,该法人或者其他组织为当事人。"在适用该条款时,读者们需要注意"执行工作任务"这一条件。具体可以考虑上班时间地点、授权行为、职务行为等因素。如果不属于执行工作任务,该工作人员应当为适格当事人。在司法实践中,经常会出现受害人将法人和工作人员一并提起诉讼,要求承担连带责任的情况。但是从法律关系来看,法人因工作人员职务行为发生的侵权,以该法人为正确的被告比较合适,对其工作人员同时提出的连带责任请求往往得不到法院的支持。当然,法人承担相应责任后,有权向该工作人员进行追偿。

> 参考判例1:张×与南通××船舶配套工程有限公司舟山分公司、周×生命权、健康权、身体权纠纷案。
> 参考判例2:南通××船舶配套工程有限公司舟山分公司诉周×追偿权纠纷案。

(2)劳务关系被告。根据《民事诉讼法解释》第57条规定:"提供劳务一方因劳务造成他人损害,受害人提起诉讼的,以接受劳务一方为被告。"劳务关系是一种常见的民事法律关系，是劳动者与用工者根据口头或书面约定，由劳动者向用工者提供劳动服务，用工者依约向劳动者支付劳务报酬的一种有偿服务的法律关系。劳务关系并非劳动法律关系，因此劳动者与用工者之间并非以劳动合同为前提。构成劳务关系之后，劳动者（即提供劳务一方）因为劳务造成他人损害，适格的被告应当是用工者（即接受劳务一方）。当然，劳动者确实有过错的，用工者可以根据劳务合同关系另行追究其法律责任。

（3）劳务派遣关系被告。《民事诉讼法解释》第58条规定规定：在劳务派遣期间，被派遣的工作人员因执行工作任务造成他人损害的，以接受劳务派遣的用工单位为当事人。当事人主张劳务派遣单位承担责任的，该劳务派遣单位为共同被告。

（4）民事代理关系的被告。根据《民事诉讼法解释》第62条规定，"行为人没有代理权、超越代理权或者代理权终止后以被代理人名义进行民事活动的"，应当以行为人为当事人，此时因为构成无权代理，被代理人不承担责任，因此应当以无权代理人（即行为人）为适格当事人。但是需要注意的问题是，在无权代理中的表见代理是个例外情形。民法上的表见代理，是指虽然行为人事实上无代理权，但相对人有理由认为行为人有代理权而与其进行法律行为，其行为的法律后果由被代理人承担的代理制度。表见代理从其本质来看仍然属于无权代理，但是为了保护善意第三人的信赖利益与交易的安全，法律强制被代理人承担其法律后果。因此，表见代理尽管实质为无权代理，但是法律后果却等同于有权代理。在民法上表见代理的构成，关键要判断善意第三人这一条件是否成立。尽管立法上规定了该善意第三人是在"有理由认为行为人有代理权"的情况下进行法律行为，但是究竟需要达到何种条件才能认定"有理由认为呢"？通常情况下，行为人持有被代理人发出的证明文件，如被代理人的介绍信、盖有合同专用章或者盖有公章的空白合同书，或者有被代理人向相对人所作法人授予代理权的通知或者公告，这些证明文件足以导致第三人相信行为人有代理权。但是在具体案件中，需要特别注意如果是行为人盗用他人的介绍信、合同专用章或者盖有公章的空白合同书签订合同的，一般不认定为表见代理，因为这属于典型的无权代理，但被代理人应负举证责任，如不能举证则构成表见代理。此外，对于行为人借用他人介绍信、合同专用章或者盖有公章的空白合同书签订的合同，一般不认定为表见代理，因为在民事责任认定方面，出借人与借用人对合同的法律后果负连带责任，构成本书第五章讲述的共同诉讼的形态。

（5）人身损害赔偿案件的赔偿义务主体。侵权损害赔偿的义务主体通常情况下是案件的被告。《侵权责任法》第3条规定侵权人为赔偿义务人，但值得注意的是赔偿义务人不仅仅限于侵权人。赔偿义务人的确定，要考虑各类具体的侵权责任。在普通的过错责任中，赔偿义务人是实施侵权行为的人，即侵权人。但是在其他法定情况下赔偿义务人还包括法律规定的责任人，如监护人、雇主、动物饲养人、教育机构、保险公司等。《最高人民法院关于审理人身损害赔偿案件适用法律若干问题的解释》第1条专门就人身损害赔偿纠纷的当事人资格问题作出了规定："赔偿权利人"，是指因侵权行为或者其他致害原因直接遭受人身损害的受害人、依法由受害人承担扶养义务的被扶养人以及死亡受害人的近亲属。"赔偿义务人"，是指因自己或者他人的侵权行为以及其他致害原因依法应当承担民事责任的自然人、法人或者其他组织。

（6）教育机构责任。受害人可以按照以下标准确定被告：无民事行为能力人在幼儿园、学校或者其他教育机构学习、生活期间受到人身损害的，幼儿园、学校或者其他教育机构应当承担责任，但能够证明尽到教育、管理职责的，不承担责任。限制民事行为能力人在学校或者其他教育机构学习、生活期间受到人身损害，学校或者其他教育机构未尽到教育、管理职责的，应当承担责任。无民事行为能力人或者限制民事行为能力人在幼儿园、学校或者其他教育机构学习、生活期间，受到幼儿园、学校或者其他教育机构以外的人员造成人身损害的，由侵权人承担侵权责任；幼儿园、学校或者其他教育机构未尽到管理职责的，承担相应的补充责任。

参考判例：沈某某诉上海市民办金×中学教育机构责任纠纷案。

（7）产品质量责任。受害人可以按照以下标准确定被告：因产品存在缺陷造成损害的，被侵权人可以向产品的生产者请求赔偿，也可以向产品的销售者请求赔偿。产品缺陷由生产者造成的，销售者赔偿后，有权向生产者追偿。因销售者的过错使产品存在缺陷的，生产者赔偿后，有权向销售者追偿。因运输者、仓储者等第三人的过错使产品存在缺陷，造成他人损害的，产品的生产者、销售者赔偿后，有权向第三人追偿。

参考判例：刘汉×诉山东省汶上县联×商业有限公司侵权责任纠纷案。

（8）环境污染责任。受害人可以按照以下标准确定被告：因污染环境造成损害的，污染者应当承担侵权责任。因第三人的过错污染环境造成损害的，被侵权人可以向污染者请求赔偿，也可以向第三人请求赔偿。污染者赔偿后，有权向第三人追偿。

（9）饲养动物损害责任。受害人可以按照以下标准确定被告：饲养的动物造成他人损害的，动物饲养人或者管理人应当承担侵权责任；遗弃、逃逸的动物在遗弃、逃逸期间造成他人损害的，由原动物饲养人或者管理人承担侵权责任；因第三人的过错致使动物造成他人损害的，被侵权人可以向动物饲养人或者管理人请求赔偿，也可以向第三人请求赔偿。动物饲养人或者管理人赔偿后，有权向第三人追偿。

参考判例：卞子×诉卞×登饲养动物损害责任纠纷案。

（10）物件损害责任。受害人可以按照以下标准确定被告：建筑物、构筑物或者其他设施及其搁置物、悬挂物发生脱落、坠落造成他人损害，所有人、管理人或者使用人不能证明自己没有过错的，应当承担侵权责任。从建筑物中抛掷物品或者从建筑物上坠落的物品造成他人损害，难以确定具体侵权人的，除能够证明自己不是侵权人的外，由可能加害的建筑物使用人给予补偿。在公共场所或者道路上挖坑、修缮安装地下设施等，没有设置明显标志和采取安全措施造成他人损害的，施工人应当承担侵权责任。

参考判例：夏开×、高×诉曲靖市人民政府办公室、马林×等27户住户建筑物墙体塌落损害赔偿案。

（11）公司诉讼被告。根据《最高人民法院关于适用〈中华人民共和国公司法〉若干问题的规定（四）》第3条规定，原告请求确认股东会或者股东大会、董事会决议不成立、无效或者撤销决议的案件，应当列公司为被告。对决议涉及的其他利害关系人，可以依法列为第三人。

原告选择的被告如果并不准确，即为被告主体不适格。我国民事诉讼法没有对如何处理被告不适格的问题做出明确规定，理论上的解决思路有两种：一是认为被告不适格为实体法问题，即应诉被告对原告的诉讼请求不承担责任，因此应判决驳回原告诉讼请求；二是认为被告不适格为诉讼法问题，其结果是起诉不合法应裁定驳回原告起诉。我国最高人民法院在"潘××与王××等建设工程施工合同纠纷上诉案"的裁定书中，采用了上述第二种思路，即被告主体不适格应裁定驳回起诉。

参考判例：潘××与王××等建设工程施工合同纠纷上诉案。

五、当事人的变更

在我国民事诉讼法中，并不存在任意的当事人变更制度，仅在满足法定原因的情况下，人民法院才可以在诉讼过程中更换当事人。主要包括：

1. 企业法人变更

《民事诉讼法解释》第63条规定："企业法人合并的，因合并前的民事活动发生的纠纷，以合并后的企业为当事人；企业法人分立的，因分立前的民事活动发生的纠纷，以分立后的企业为共同诉讼人。"《民事诉讼法解释》第64条规定："企业法人解散的，依法清算并注销前，以该企业法人为当事人；未依法清算即被注销的，以该企业法人的股东、发起人或者出资人为当事人。"

2. 诉讼过程中当事人死亡

作为公民的当事人，如果在诉讼过程中去世，则将对诉讼程序的进行产生重大影响。

（1）如果是属于离婚诉讼等身份关系诉讼，则导致诉讼终结后果，诉讼程序不再继续进行；

（2）如果不属于离婚等身份关系诉讼，具体需要区分原告和被告两个方面。

首先，对于原告去世，继承人表明继承诉讼的，则诉讼程序继续进行，继承人承担已经去世的原告的权利义务；但如果没有继承人或者继承人都不愿意继承诉讼的，则诉讼终结。

其次，对于被告去世，继承人继承遗产的，此时的继承人原本并不是案件的被告，但由于民法继承的原因，诉讼将继承人更换为被告继续进行诉讼。如果被告去世，没有继承人的，则可以将遗产管理人或者遗嘱执行人列为被告继续进行诉讼。如果被告没有遗产也没有义务承担人的，则裁定诉讼终结。

3. 权利义务转移

《民事诉讼法解释》第 249 条和 250 条规定了另一种诉讼承担的形式。在诉讼中，争议的民事权利义务转移的，受让人可以申请替代当事人承担诉讼。此时人民法院可以根据案件的具体情况决定是否准许。如果人民法院准许受让人替代当事人承担诉讼的，裁定变更当事人。变更当事人后，诉讼程序以受让人为当事人继续进行，原当事人应当退出诉讼。原当事人已经完成的诉讼行为对受让人具有拘束力。

参考法律文书：民事裁定书（变更当事人用）。

4. 法人解散、依法被撤销或宣告破产时的当事人变更

在诉讼过程中，如果法人被解散、依法撤销或宣告破产，将由其清算组织接管法人财产、了结债权债务、参与诉讼，由此发生当事人的变更。

拓展思考题

1. 甲公司被吊销营业执照，但是注销登记并未完成，此时甲公司债权人向其提起民事诉讼，甲公司能否以自己名义应诉？

2. 没有依法登记领取营业执照的个人合伙，诉讼主体资格如何确定？

3. 如果第三人未尽审慎注意义务，对私刻公司公章、伪造的证明文件和合同书没有进行必要的鉴别和核实，能否构成表见代理？

4. 无民事诉讼行为能力人被起诉的，其监护人处于什么诉讼地位？

5. 作为公民的当事人，在诉讼提出之前或者诉讼终结之后去世的，将对案件有何影响？

6. 无民事诉讼行为能力的公民，是否可以提起离婚诉讼？

7. 如何理解我国民事诉讼法没有规定任意的更换当事人制度？

本章练习题

登录"民事诉讼法通达翻转教学平台软件"，通过"练习与考试"进行本章在线练习。

诉讼实务训练

登录"民事诉讼法通达翻转教学平台软件"，通过"实验教学"进行本章诉讼实务训练。

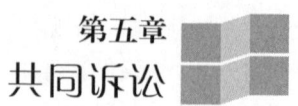

学习目标

了解共同诉讼的概念和特征，必要共同诉讼和普通共同诉讼的概念、特征和两者的区别。能够理解固有必要共同诉讼和类似必要共同诉讼的含义和区别，以及各自的具体法定情形；掌握普通共同诉讼发生的原因和条件。能够识别共同诉讼程序中当事人之间的关系以及当事人行为的效力。

结合各类学习资料，建议本章自学时间不少于 6 小时。

视频资源

登录"民事诉讼法通达翻转教学平台软件"，通过"视频教学"进行本章视频学习。

参考法律文件　　　　　参考法律文书　　　　　参考判例

一、共同诉讼概述

在特殊情况下，民事诉讼出现当事人一方或双方为两人以上的情况，例如甲起诉子女乙和丙给付赡养费、甲乙二人共同导致丙的财产受到损失，丙向甲乙二人一并主张权利等。根据我国《民事诉讼法》第 52 条第 1 款规定："当事人一方或者双方为二人以上，其诉讼标的是共同的，或者诉讼标的是同一种类、人民法院认为可以合并审理并经当事人同意的，为共同诉讼。"即共同诉讼是指当事人一方或者双方为二人以上的诉讼。原告为二人以上的，称为共同原告，被告为二人以上的，称为共同被告。

共同诉讼是我国民事诉讼法规定的一项重要的诉讼制度，其意义在于：首先，在一个诉讼程序中一并解决多数当事人之间的纠纷或者多个纠纷，节约当事人诉讼成本和司法资源，符合诉讼经济原则；其次，避免法院对同一案件或同类案件作出相互矛盾的裁判，维护司法的权威性；最后，实体法上的权利义务关系争议涉及多数权利主体的，部分纠纷依其性质必须同时裁判才能解决，否则难以处理。

有些共同诉讼形态形成于起诉阶段，例如数个原告起诉同一个被告；有些共同诉讼形态形成于诉讼过程中，例如在诉讼过程中当事人或者人民法院追加共同原告或者共同被告，使原本的单一诉讼演变为共同诉讼。根据共同诉讼成立的不同条件，可以将共同诉讼分为必要共同诉讼和普通共同诉讼。

二、必要共同诉讼

必要共同诉讼，是指当事人一方或者双方为二人以上，其诉讼标的是共同的，人民法院必须合并审理并作出同一判决的诉讼。诉讼标的，是指双方当事人争议的，要求人民法院裁判的民事法律关系。当事人的诉讼标的是共同的，表明他们在民事权利、义务上具有共同的利害关系，必须一同起诉或应诉。因此必要共同诉讼形式上被视为单一案件，是不可分之诉，人民法院对必要共同诉讼案件必须合并审理。

（一）固有必要共同诉讼

固有必要共同诉讼是基于共同的诉讼标的，多个当事人必须一并进行起诉或者应诉，法院必须一同进行审判的共同诉讼形式。固有必要共同诉讼产生的原因，在于诉讼标的的不可分性，也是民法上权利义务的共同性以及民事责任的真正连带性导致的诉讼后果。比较典型的固有必要共同诉讼包括：

（1）真正的连带责任。真正的连带责任是指依照法律规定或者当事人约定，两个或者两个以上债务人对其共同债务全部承担或部分承担的一种民事责任。在真正连带责任案件中，债权人必须向所有的债务人同时主张权利，因此在诉讼上应当将所有债务人列为共同被告起诉，形成了固有必要共同诉讼。例如甲乙将二人共有的一台有严重缺陷的设备卖给了丙，且故意未向丙说明，丙购买后追究甲乙二人的责任即为固有必要共同诉讼。

（2）《民事诉讼法解释》第70条规定，在继承遗产的诉讼中，部分继承人起诉的，人民法院应通知其他继承人作为共同原告参加诉讼；被通知的继承人不愿意参加诉讼又未明确表示放弃实体权利的，人民法院仍应将其列为共同原告。

（3）《民事诉讼法解释》第72条规定，共有财产权受到他人侵害，部分共有权人起诉的，其他共有权人为共同诉讼人。

（4）《民事诉讼法解释》第65条规定，借用业务介绍信、合同专用章、盖章的空白合同书或者银行账户的，出借单位和借用人为共同诉讼人。

（5）《民事诉讼法解释》第63条规定，企业法人合并的，因合并前的民事活动发生的纠纷，以合并后的企业为当事人；企业法人分立的，因分立前的民事活动发生的纠纷，以分立后的企业为共同诉讼人。

（6）《民事诉讼法解释》第59条规定，（个体工商户）营业执照上登记的经营者与实际经营者不一致的，以登记的经营者和实际经营者为共同诉讼人。

（7）《民事诉讼法解释》第66条规定，保证合同约定为一般保证，债权人仅起诉保证人的，人民法院应当通知被保证人作为共同被告参加诉讼。一般保证关系中，保证人享有先诉抗辩权，债权人仅起诉保证人的，视为当事人不适格。因此如果债权人在一般保证合同纠纷中仅仅起诉保证人的，人民法院应当通知被保证人（债务人）作为共同被告参加诉讼。当然，债权人完全可以一并起诉债务人和保证人。

（8）《民事诉讼法解释》第67条规定，无民事行为能力人、限制民事行为能力人造成他人损害的，无民事行为能力人、限制民事行为能力人和其监护人为共同被告。

（9）《最高人民法院关于审理道路交通事故损害赔偿案件适用法律若干问题的解释》第25条规定，人民法院审理道路交通事故损害赔偿案件，应当将承保交强险的保险公司列为共同被告。但该保险公司已经在交强险责任限额范围内予以赔偿且当事人无异议的除外。

参考判例：袁忠×诉赖×城等机动车交通事故责任纠纷案。

固有必要共同诉讼因为诉讼标的是同一个，因此法院必须将共同诉讼当事人全体列为适格当事人，否则应当依职权追加没有参加的当事人。根据

《民事诉讼法解释》第 73 条规定："必须共同进行诉讼的当事人没有参加诉讼的，人民法院应当依照民事诉讼法第一百三十二条的规定，通知其参加；当事人也可以向人民法院申请追加。人民法院对当事人提出的申请，应当进行审查，申请理由不成立的，裁定驳回；申请理由成立的，书面通知被追加的当事人参加诉讼。"

参考判例：刘彦×与葛××等机动车交通事故责任纠纷案。

（二）类似必要共同诉讼

类似必要共同诉讼允许各共同诉讼人单独起诉、被诉，而不强制他们必须共同进行诉讼，当且仅当全体共同诉讼人一同起诉或应诉时，才视为必要共同诉讼。在民事侵权案件中，不真正连带责任是发生类似必要共同诉讼的主要原因。不真正连带责任是指多个债务人基于不同的发生原因，对同一债权人承担以同一给付内容为对象的多个债务，其中一个债务人的履行将使全体债务均归于消灭，此时多个债务人之间所负的责任即为不真正连带责任。例如《侵权责任法》第 68 条规定的环境污染致人损害时污染者与致害第三人的责任。该条规定："因第三人的过错污染环境造成损害的，被侵权人可以向污染者请求赔偿，也可以向第三人请求赔偿。污染者赔偿后，有权向第三人追偿。"因第三人过错导致环境污染致人损害时，第三人承担的过错责任和污染者依法承担的无过错责任，即为不真正连带责任。下列情况都属于类似必要共同诉讼形态：

（1）《最高人民法院关于审理人身损害赔偿案件适用法律若干问题的解释》第 11 条第 1 款规定："雇员在从事雇佣活动中遭受人身损害，雇主应当承担赔偿责任。雇佣关系以外的第三人造成雇员人身损害的，赔偿权利人可以请求第三人承担赔偿责任，也可以请求雇主承担赔偿责任。雇主承担赔偿责任后，可以向第三人追偿。"

参考判例：单昌×诉大丰市香×服饰有限公司等雇佣劳动中损害赔偿纠纷案。

（2）《民事诉讼法解释》第 71 条规定："原告起诉被代理人和代理人，要求承担连带责任的，被代理人和代理人为共同被告。"

（3）《民事诉讼法解释》第 58 条规定："在劳务派遣期间，被派遣的工作人员因执行工作任务造成他人损害的，以接受劳务派遣的用工单位为当事人。当事人主张劳务派遣单位承担责任的，该劳务派遣单位为共同被告。"

（4）《民事诉讼法解释》第 54 条规定："以挂靠形式从事民事活动，当事人请求由挂靠人和被挂靠人依法承担民事责任的，该挂靠人和被挂靠人为共同诉讼人。"

> 参考判例：田兴×诉重庆酉阳县时×建设开发有限公司等装饰装修合同纠纷案。

（5）《民事诉讼法解释》第 60 条规定，在诉讼中，未依法登记领取营业执照的个人合伙的全体合伙人为共同诉讼人。由于债权人有权选择仅起诉部分合伙人清偿全部连带债务，因此个人合伙承担责任也属于类似必要共同诉讼形态。

> 参考判例：何盛×与段×劳务合同纠纷上诉案。

（6）《民事诉讼法解释》第 66 条第 1 句规定："因保证合同纠纷提起的诉讼，债权人向保证人和被保证人一并主张权利的，人民法院应当将保证人和被保证人列为共同被告。"

（7）《最高人民法院关于审理道路交通事故损害赔偿案件适用法律若干问题的解释》第 25 条第 2 款规定："人民法院审理道路交通事故损害赔偿案件，当事人请求将承保商业三者险的保险公司列为共同被告的，人民法院应予准许。"

（8）《产品质量法》第 43 条第 1 句规定："因产品存在缺陷造成人身、他人财产损害的，受害人可以向产品的生产者要求赔偿，也可以向产品的销售者要求赔偿。"

（9）《侵权责任法》第 8 条规定，二人以上共同实施侵权行为，造成他人损害的，应当承担连带责任。《侵权责任法》第 11 条规定，二人以上分别实施侵权行为造成同一损害，每个人的侵权行为都足以造成全部损害的，行为人承担连带责任。《侵权责任法》第 13 条规定，法律规定承担连带责任的，被侵权人有权请求部分或者全部连带责任人承担责任。

参考判例1：曾明×诉彭友×、中国××财产保险股份有限公司成都市蜀都支公司机动车交通事故责任纠纷案。

参考判例2：王立×诉陈×等人身损害赔偿案。

（10）《最高人民法院关于审理证券市场因虚假陈述引发的民事赔偿案件的若干规定》第10条第1款规定："人民法院受理以发行人或者上市公司以外的虚假陈述行为人为被告提起的诉讼后，经当事人申请或者征得所有原告同意后，可以追加发行人或者上市公司为共同被告。人民法院追加后，应当将案件移送发行人或者上市公司所在地有管辖权的中级人民法院管辖。"

（11）《最高人民法院关于审理食品药品纠纷案件适用法律若干问题的规定》第9条规定："消费者通过网络交易平台购买食品、药品遭受损害，网络交易平台提供者不能提供食品、药品的生产者或者销售者的真实名称、地址与有效联系方式，消费者请求网络交易平台提供者承担责任的，人民法院应予支持。网络交易平台提供者承担赔偿责任后，向生产者或者销售者行使追偿权的，人民法院应予支持。网络交易平台提供者知道或者应当知道食品、药品的生产者、销售者利用其平台侵害消费者合法权益，未采取必要措施，给消费者造成损害，消费者要求其与生产者、销售者承担连带责任的，人民法院应予支持。"

参考判例：徐瑞×诉敬子×、浙江×宝网络有限公司网络购物合同纠纷案。

尽管在诉讼形式上，债权人可以将不真正连带责任的某个债务人列为被告，也可以将所有债务人均列为共同被告，但是后者并非固有必要共同诉讼，因此债权人没有将所有债务人列为共同被告，并不发生被告"不适格"的诉讼后果，法院也不需要追加当事人。同时，如果原告以连带责任为根据将数个被告一同起诉，法院则需要在一个判决中认定被告是否构成连带责任以及责任的具体分配方式。

（三）必要共同诉讼的审理

1. 必要共同诉讼当事人之间的关系

从当事人的角度来看：无论是哪一种必要共同诉讼，在诉讼过程中，共同诉讼人之间具有权利义务的一致性，因此，《民事诉讼法》第 52 条规定，共同诉讼的一方当事人对诉讼标的有共同权利义务的，其中一人的诉讼行为经其他共同诉讼人承认，对其他共同诉讼人发生效力。我们可以这样理解：必要共同诉讼当事人其中一人的诉讼行为没有经过其他共同诉讼人的承认的，对其他共同诉讼人不发生效力。因此，必要共同诉讼当事人的行为具有明显的牵连性和同一性。但是由于我国民事诉讼采取两审终审制，因此每个当事人都有独立的上诉权，共同诉讼当事人，其中一人提起上诉即使未经其他共同诉讼人的承认，该行为也是有效的。

从人民法院角度来看：必要的共同诉讼的诉讼标的必须是同一法律关系，各诉之间具有不可分割的联系，因此人民法院不能分案审理，必须合并审理。

2. 必要共同诉讼当事人的追加

由于必要共同诉讼分为固有必要共同诉讼和类似必要共同诉讼，因此在是否追加当事人的问题上，两者存在差异。

第一，固有必要共同诉讼"必须"追加当事人。《民事诉讼法解释》第73 条规定，"必须共同进行诉讼的当事人没有参加诉讼的，人民法院应当依照民事诉讼法第一百三十二条的规定，通知其参加；当事人也可以向人民法院申请追加。人民法院对当事人提出的申请，应当进行审查，申请理由不成立的，裁定驳回；申请理由成立的，书面通知被追加的当事人参加诉讼。"人民法院追加共同诉讼的当事人时，应当通知其他当事人。应当追加的原告，已明确表示放弃实体权利的，可不予追加；既不愿意参加诉讼，又不放弃实体权利的，仍应追加为共同原告，其不参加诉讼，不影响人民法院对案件的审理和依法作出判决。人民法院追加的被告，无正当理由拒不参加诉讼的，人民法院可以进行缺席裁判，在特殊情况下可以进行拘传。

参考判例 1：马×诉李×、梁×侵权损害赔偿纠纷案。
参考判例 2：袁丽×与被告杨瞿×等建设工程施工合同纠纷案。
参考法律文书 1：申请书（申请追加必要的共同诉讼当事人用）。
参考法律文书 2：民事裁定书（驳回追加共同诉讼当事人申请用）。

第二，对于类似必要共同诉讼，人民法院在审理民事案件时，为了实现纠纷的一次性解决，依法可以通过职权追加当事人。例如根据《最高人民法院关于审理民间借贷案件适用法律若干问题的规定》第 4 条规定："保证人为借款人提供连带责任保证，出借人仅起诉借款人的，人民法院可以不追加保证人为共同被告；出借人仅起诉保证人的，人民法院可以追加借款人为共同被告。保证人为借款人提供一般保证，出借人仅起诉保证人的，人民法院应当追加借款人为共同被告；出借人仅起诉借款人的，人民法院可以不追加保证人为共同被告。"

> 参考法律文书：参加诉讼通知书（通知其他当事人用）。

3. 判决遗漏当事人的程序后果

《民事诉讼法》第 170 条第 1 款第（四）项规定，遗漏当事人属于"严重违反法定程序"的情形，构成发回重审的事由；《民事诉讼法》第 200 条第（八）项规定"应当参加诉讼的当事人，因不能归责于本人或者其诉讼代理人的事由，未参加诉讼的"，构成应当再审的事由。

三、普通共同诉讼

普通共同诉讼，是指当事人一方或者双方为二人以上，其诉讼标的是同一种类，人民法院认为可以合并审理，而且当事人也同意合并审理的诉讼。在普通共同诉讼中，当事人之间没有共同的权利义务关系，既可以作为共同诉讼合并审理，也可以作为单独诉讼分别审理。例如某化工厂排放的污染物致使多名农户的庄稼受损，多名农户均对该化工厂提起诉讼。各原告之间没有共同利害关系，但诉讼标的系同一种类。是否合并审理，由人民法院根据当事人是否同意，能否达到简化程序、节省时间和司法资源的目的等因素予以确定。

（一）普通共同诉讼的产生

《民事诉讼法》第 52 条所规定的"诉讼标的是同一种类、人民法院认为可以合并审理并经当事人同意的"共同诉讼，即为普通共同诉讼。

1. 从诉讼标的角度

普通共同诉讼的诉讼标的是两个以上，其实质是多个诉讼的合并审理。这种诉的合并形式，非常有利于节约司法资源，能够在一个审判程序中同时解决两个以上的民事案件。但应当注意的是，多个诉讼的合并审理首先需要满足"诉讼标的是同一种类"这一条件。最高人民法院并未对"诉讼标的是同一种类"进一步进行明确规范，但从诉讼理论来看，诉讼标的是当事人之间争议的民事法律关系，因此其属于同一种类可以理解为各个共同诉讼人与对方当事人争议的法律关系的性质或请求权的性质是相同的，大体上可以分为两个方面：

第一，基于同类事实或法律上的同类原因形成的同种类诉讼标的。例如，一幢大楼的数个业主长期拖欠电费，电力公司向欠交电费的数个业主提起的交纳电费的诉讼；数个原告对同一被告提出的返还借款之诉等。

第二，基于同一事实或法律上的原因形成的同种类诉讼标的。例如，公共汽车发生交通事故导致该公共汽车乘客数人受伤，若干受害的乘客要求汽车公司赔偿的诉讼。

2. 从程序角度

无论基于何种原因出现了"诉讼标的为同一种类"这一现象，人民法院还需要审查其他条件来进行合并审理。普通共同诉讼的成立，除了需要满足诉讼标的的条件之外，还需要满足以下程序要件：

（1）人民法院认为可以合并审理。人民法院认为可以合并审理的理由，主要是考虑合并审理确实能够提高审判效率，实现纠纷的一次性解决。如果各诉讼标的管辖法院不同，或者各诉讼标的审理明显难易程度不同，人民法院则可能不予合并审理。

（2）由于各个诉讼标的是相对独立存在的，因此合并审理还需要取得当事人的同意。如果当事人不同意进行诉讼合并，法院不能强制合并为共同诉讼进行审理。

根据我国最高人民法院判例，普通共同诉讼的实质是诉的主体合并。主体合并审理必须经当事人同意作出，其前提是当事人一方或者双方必须为二人以上。我国法律并无客体合并审理必须经当事人同意的强制性规定。债权人就两笔到期债务一并提起诉讼，人民法院未取得当事人同意合并审理并作出一份判决并不违反法律规定。

参考法律文书：民事裁定书（合并审理用）。
参考判例：吉×公司、×鼎公司与×行西藏分行营业部抵押借款合同纠纷案。

（二）普通共同诉讼的审理

普通共同诉讼本质上与必要共同诉讼不同，前者实际上为多个案件合并审理的形态，后者是单一案件涉及多个当事人的诉讼形态。因此对普通共同诉讼中不同的诉讼标的，人民法院尽管进行了合并审理，但仍需要保持各个案件的独立性。

第一，不同诉讼标的的当事人之间，诉讼行为相对独立互不影响。例如原告甲在诉讼中的撤诉行为仅对自己有效，对其他原告没有约束力。如《民事诉讼法》第52条规定，对诉讼标的没有共同权利义务的，其中一人的诉讼行为对其他共同诉讼人不发生效力。

第二，人民法院对数个诉讼标的应当分别进行判决或调解，不能在同一判决书或调解书中进行合并裁判。因此，普通共同诉讼的特点是审理程序合并，但是裁判结果仍独立作出。

四、必要共同诉讼和普通共同诉讼的区别

1. 诉讼标的的性质不同

必要共同诉讼人对诉讼标的享有共同的权利或承担共同的义务，其诉讼标的是共同的或相同的。普通共同诉讼的标的则属同一种类。

2. 追加当事人的必要性不同

必要共同诉讼的当事人没有参加诉讼，法院应当追加当事人；普通共同诉讼不存在追加当事人的问题。

3. 合并审理的要件不同

必要共同诉讼是一种不可分之诉，共同诉讼人必须一同起诉或者应诉，法院必须合并审理并作出判决。普通共同诉讼是一种可分之诉，共同诉讼人既可以一同起诉或者应诉，也可以分别起诉或应诉。法院既可以合并审理，也可以分开审理，是否合并审理由人民法院根据当事人是否同意以及能否达到简化程序、节省时间和费用的目的来确定。但即使合并审理，判决仍应分别确认共同诉讼人与对方当事人之间的权利义务关系。

4. 共同诉讼人之间的相关性和独立性不同

必要共同诉讼人之一的行为能否约束其他共同诉讼人，取决于其他共同诉讼人的承认。普通共同诉讼是数个案件合并审理，各共同诉讼人都处于独立的地位，与其单独诉讼时没有差别。

拓展思考题

1. 出租车运营中与大货车相撞，大货车全责，乘客受伤损失 10 万元。乘客是否必须将出租车方和大货车方同时起诉请求损害赔偿？

2. 甲销售公司的分公司乙公司，对外为丙公司提供保证，该保证合同产生纠纷后乙公司被起诉，该被告是否合格？法院是否必须将甲公司列为共同被告？

3. 保证合同纠纷，债权人提起诉讼的，可以如何确定被告？

4. 一般保证合同纠纷中，债权人仅起诉保证人且不同意追加被保证人为被告的，人民法院如何处理？

5. 人民法院通知甲作为共同被告参加诉讼，但甲拒不参加，如何处理？如果甲是必须参加的原告，经法院通知拒不参加又应当如何处理？

本章练习题

登录"民事诉讼法通达翻转教学平台软件"，通过"练习与考试"进行本章在线练习。

诉讼实务训练

登录"民事诉讼法通达翻转教学平台软件"，通过"实验教学"进行本章诉讼实务训练。

学习目标

掌握第三人诉讼的特点、有独立请求权第三人和无独立请求权第三人的概念、特征以及两者的区别。了解代表人诉讼制度的本质和作用，掌握诉讼代表人的权利义务，熟悉人数确定的代表人诉讼和人数不确定的代表人诉讼的程序特点和基本诉讼制度；掌握诉讼代理人的特点和不同种类诉讼代理人的区别、代理人的范围；正确区分一般授权和特别授权的委托代理制度。

结合各类学习资料，建议本章自学时间不少于 5 小时。

视频资源

登录"民事诉讼法通达翻转教学平台软件"，通过"视频教学"进行本章视频学习。

参考法律文件	参考法律文书	参考判例

一、有独立请求权第三人

（一）有独立请求权第三人的诉讼地位

《民事诉讼法》第 56 条第 1 款规定："对当事人双方的诉讼标的，第三人认为有独立请求权的，有权提起诉讼。"该第三人即为有独立请求权第三人。从民事诉讼法规定来看，有独立请求权第三人参加诉讼的途径为第三人主动参加，并且是以提起诉讼的方式参加到他人已经进行的诉讼中来，实质上是第三人针对本诉的原被告而提起了独立的"第三人之诉"，人民法院将该第三人之诉与本诉进行合并审理。有独立请求权第三人的诉讼请求，具有针对本诉当事人的特点，这种针对性是该第三人之诉与本诉合并审理的前提条件。例如，第三人丙认为自己对甲乙诉争的财产有独立的所有权，因此以甲乙二人为被告提起诉讼，就是典型的有独立请求权第三人。这种第三人之诉与本诉的合并审理，既能够实现纠纷的一次性解决，也可以避免先后诉讼存在矛盾判决的可能性。

有独立请求权第三人是案件当事人，在"第三人之诉"中处于原告的诉讼地位，享有原告的诉讼权利，承担原告的诉讼义务。因此，有独立请求权第三人在诉讼程序中，既能够处分自己的诉讼权利，也能够处分自己的实体权利。但该处分行为只能针对其提出的"第三人之诉"，对本诉而言，有独立请求权第三人并非本诉争议的当事人，无法针对本诉进行处分，例如该第三人放弃本诉原告的诉讼请求的行为无效。

> 参考判例：于×等诉于景×、魏秀×以及第三人陈×莲确认合同效力纠纷案。

（二）有独立请求权第三人之诉的审理

人民法院对上述两个诉讼的合并审理是基于民事诉讼法的规定，既不属于法院自由裁量的范围，也不需要当事人同意。有独立请求权第三人之诉是否成立，以及本诉人民法院是否对第三人之诉有管辖权，是其能否参加本诉的关键。人民法院对有独立请求权第三人提出的诉讼，除了需要审查一般的起诉要件之外，还需要明确该第三人之诉是否对本诉的诉讼标的具有针对性。如果该第三人所提出的诉讼请求与本诉诉讼标的毫无关系，人民法院不能将两个诉讼合并审理，而是告知该第三人另行起诉。例如甲乙诉争一财产所有权，诉讼过程中丙对甲乙二人提出返还借款之诉，这两个诉讼之间并无联系，丙提出的请求权对本诉诉争的诉讼标的并没有针对性，因此不适用有独立请求权第三人的制度进行合并审理，而是告知丙另行起诉。

由于有独立请求权第三人以提起诉讼的形式参加本诉，因此，我们应当从第三人之诉的原告地位角度分析以下程序问题：

（1）有独立请求权的第三人提起诉讼，应当交纳案件受理费用。根据

《诉讼费用交纳办法》第 18 条规定："被告提起反诉、有独立请求权的第三人提出与本案有关的诉讼请求，人民法院决定合并审理的，分别减半交纳案件受理费。"

（2）有独立请求权的第三人经人民法院传票传唤，无正当理由拒不到庭时，或者未经法庭许可，中途退庭的，可以对该第三人比照原告有关规定按撤诉处理（《民事诉讼法解释》第 236 条）。另根据《民事诉讼法解释》第 213 条规定，有独立请求权第三人因处于原告地位，因此其"应当预交而未预交案件受理费，人民法院应当通知其预交，通知后仍不预交或者申请减、缓、免未获批准而仍不预交的，裁定按撤诉处理"。

（3）有独立请求权的第三人参加诉讼后，本诉原告申请撤诉，人民法院在准许本诉原告撤诉后，有独立请求权的第三人作为另案原告，本诉的原告和被告作为另案被告，诉讼另行进行（《民事诉讼法解释》第 237 条）。

（4）有独立请求权的第三人申请参加诉讼的时间，必须是在本诉的诉讼程序开始之后。具体而言，根据《民事诉讼法解释》第 232 条规定："在案件受理后，法庭辩论结束前，原告增加诉讼请求，被告提出反诉，第三人提出与本案有关的诉讼请求，可以合并审理的，人民法院应当合并审理。"有独立请求权的第三人在他人已经开始的诉讼进入第二审程序的阶段，也可以申请参加诉讼，二审法院查明确系有独立请求权的第三人，根据《民事诉讼法解释》第 327 条规定："必须参加诉讼的当事人或者有独立请求权的第三人，在第一审程序中未参加诉讼，第二审人民法院可以根据当事人自愿的原则予以调解；调解不成的，发回重审。"

参考判例：邵×与孙×等返还原物纠纷案。

二、无独立请求权第三人

（一）无独立请求权第三人的诉讼地位

《民事诉讼法》第 56 条规定，对当事人双方的诉讼标的，第三人虽然没有独立请求权，但案件处理结果同他有法律上的利害关系的，可以申请参加诉讼，或者由人民法院通知他参加诉讼。上述第三人，即为无独立请求权第三人。无独立请求权第三人参加诉讼的意义，在于有利于人民法院查清案件事实，分清责任是非，并因此能够简化诉讼程序，有效利用审判资源，实现纠纷的一次性解决。由于没有民法上的独立请求权，该第三人不能提起诉讼，只能申请或依人民法院通知参加本诉。

无独立请求权第三人之所以能够参加本诉，主要是因为本诉的审理结果与其有法律上的利害关系。从人民法院的角度讲，无独立请求权第三人的参加，有利于在一个诉讼程序中，解决与该第三人有关的潜在的诉讼风险。例如甲起诉乙，要求乙承担买卖货物质量不合格的违约责任，但是乙提出证据主张货物质量问题是因为丙运输公司运输方法不当导致。尽管甲乙的本诉诉讼标的是原被告之间的买卖合同关系，丙公司对本诉诉讼标的没有民法上的独立请求权，但是本诉审理结果，很有可能认定丙运输公司对货物产生质量问题的法律责任。丙公司为了避免承担法律责任，可以申请参加到本诉中来，积极证明自己在运输过程中不承担相应责任，从而可以避免将来承担不利的法律后果。显然，无独立请求权第三人参加本诉，其目的并非维护原告或者被告的利益，而是为了维护自己的合法权益。通过参加本诉，无独立请求权第三人可以避免本诉审理结果对自己利益的损害（例如承担责任），同时从法院角度也可能通过该第三人的参加更加全面客观地认定本诉案件事实。

由于无独立请求权第三人并非以起诉或应诉方式参加诉讼，因此其诉讼地位较为特殊。具体表现为以下两个方面：

（1）无独立请求权第三人在诉讼程序上被视为当事人，具有当事人的一般诉讼权利。但是《民事诉讼法解释》第 82 条对无独立请求权第三人的部分诉讼权利进行了限制，"在一审诉讼中，无独立请求权的第三人无权提出管辖异议，无权放弃、变更诉讼请求或者申请撤诉"。其原因在于：无独立请求权第三人对本诉并未提出民法上的请求权，因此对本诉的诉讼标的无法行使处分权。除此之外，无独立请求权第三人的上诉权也非常特别。《民事诉讼法解释》第 82 条规定，（无独立请求权第三人）被判决承担民事责任的，有权提起上诉。这意味着，无独立请求权第三人能否提起上诉，取决于第一审人民法院是否判决其承担民事责任，即根据一审判决结果判断其上诉权的有无。特别需要注意的是，无独立请求权第三人诉讼权利的限制属于例外情况，若无法律明确规定，无独立请求权第三人享有作为当事人的一般诉讼权利义务，例如出庭辩论、申请回避、提交证据、委托诉讼代理人等。

参考判例：马腾×等诉甘肃省合×职业中等专业学校房屋租赁合同纠纷案。

（2）无独立请求权第三人有权参与本诉调解。《民事诉讼法解释》第150条规定："人民法院调解民事案件，需由无独立请求权的第三人承担责任的，应当经其同意。该第三人在调解书送达前反悔的，人民法院应当及时裁判。"

（二）无独立请求权第三人的参加程序

1. 无独立请求权第三人申请参加

无独立请求权第三人应当在本诉受理之后、法庭辩论终结之前申请参加本诉的审理，人民法院经过审查之后，决定是否准许该第三人参加本诉。

2. 人民法院通知无独立请求权第三人参加

人民法院可以根据本诉当事人的申请，或者依职权追加无独立请求权第三人参加本诉审理。

参考法律文书：申请书（无独立请求权的第三人申请参加诉讼用）。
参考判例：雷×林与李×、侯×前房屋买卖合同纠纷案。

3. 列为无独立请求权的第三人的法定情形

根据《最高人民法院关于审理劳动争议案件适用法律若干问题的解释》第11条规定，下列人员可以被列为无独立请求权第三人：①用人单位招用尚未解除劳动合同的劳动者，原用人单位与劳动者发生的劳动争议，可以列新的用人单位为第三人。②原用人单位以新的用人单位侵权为由向人民法院起诉的，可以列劳动者为第三人。

根据《最高人民法院关于适用〈中华人民共和国合同法〉若干问题的解释（一）》规定，以下成员可以被列为无独立请求权第三人：①代位权诉讼中债权人以次债务人为被告向人民法院提起代位权诉讼，未将债务人列为第三人的，人民法院可以追加债务人为第三人；②债权人依照合同法有关撤销权的规定提起撤销权诉讼时只以债务人为被告，未将受益人或者受让人列为第三人的，人民法院可以追加该受益人或者受让人为第三人；③债权人转让合同权利后，债务人与受让人之间因履行合同发生纠纷诉至人民法院，债务人对债权人的权利提出抗辩的，可以将债权人列为第三人；④经债权人同意，债务人转移合同义务后，受让人与债权人之间因合同发生纠纷诉至人民法院，受让人就债务人对债权人的权利提出抗辩的，可以将债务人列为第三人；⑤合同当事人一方经对方同意将其在合同中的权利义务一并转让给受让人，对方与受让人因履行合同发生纠纷诉至人民法院，对方就合同权利义务提出抗辩的，可以将出让方列为第三人。

根据最高人民法院《关于审理建设工程施工合同纠纷案件适用法律问题的解释（二）》第24条规定，实际施工人以发包人为被告主张权利的，人民法院应当追加转包人或者违法分包人为本案第三人，在查明发包人欠付转包人或者违法分包人建设工程价款的数额后，判决发包人在欠付建设工程价款范围内对实际施工人承担责任。

为防止审判实务中出现不适当扩大无独立请求权第三人范围的行为，为维护与案件处理结果无利害关系人的合法利益，最高人民法院于1994年12月颁布了《关于在经济审判工作中严格执行〈中华人民共和国民事诉讼法〉的若干规定》，该规定对无独立请求权第三人的范围作了明确的限制，规定下列人员不得作为无独立请求权第三人：①受诉人民法院对与原被告双方争议的诉讼标的无直接牵连和不负有返还或者赔偿等义务的人，以及与原告或被告约定仲裁或有约定管辖的案外人，或者专属管辖案件的一方当事人，均不得作为无独立请求权的第三人通知其参加诉讼。②人民法院在审理产品质量纠纷案件中，对原被告之间法律关系以外的人，证据已证明其已经提供了合同约定或者符合法律规定的产品的，或者案件中的当事人未在规定的质量异议期内提出异议的，或者作为收货方已经认可该产品质量的，不得作为无独立请求权的第三人通知其参加诉讼。③人民法院对已经履行了义务，或者依法取得了一方当事人的财产，并支付了相应对价的原被告之间法律关系以外的人，不得作为无独立请求权的第三人通知其参加诉讼。

被人民法院通知参加诉讼的无独立请求权第三人，可能并不积极参加本诉。对此，《民事诉讼法解释》第240条规定："无独立请求权的第三人经人民法院传票传唤，无正当理由拒不到庭，或者未经法庭许可中途退庭的，不影响案件的审理。"

三、第三人撤销之诉

民事裁判生效之后，至执行之前，我国民事诉讼法设计了第三人撤销之诉的诉讼制度，为案外人提供司法救济。在司法实践中，当事人之间恶意串通损害第三人利益的情况时有出现。尽管在诉讼过程中，案外的第三人有权申请参加（作为有独立请求权第三人或者无独立请求权第三人），但是该第三人很有可能非因自身原因没有参加到本诉审理，从而无法及时保护自己的合法权益，因此民事诉讼法赋予其相应的诉讼救济权利显得十分必要。根据《民事诉讼法》第56条第3款规定："前两款规定的第三人（包括有独立请求权第三人和无独立请求权第三人），因不能归责于本人的事由未参加诉讼，但有证据证明发生法律效力的判决、裁定、调解书的部分或者全部内容错误，损害其民事权益的，可以自知道或者应当知道其民事权益受到损害之日起六个月内，向作出该判决、裁定、调解书的人民法院提起诉讼。"上述诉讼即为第三人撤销之诉。该诉讼特点有：

（1）第三人撤销之诉的适格原告，是非因本人原因未参加本诉的案外人。已经参加本诉的第三人以及因其本人原因未参加本诉的案外人不属于该诉讼的适格原告。根据《民事诉讼法解释》第295条规定，不能归责于本人的原因主要有：不知道诉讼而未参加的；申请参加未获准许的；知道诉讼，但因客观原因无法参加的；因其他不能归责于本人的事由未参加诉讼的。第三人撤销之诉的被告，即为原审诉讼的各方当事人，应将生效判决、裁定、调解书中没有承担责任的无独立请求权的第三人列为第三人。

（2）第三人撤销之诉的提起，应当有证据证明生效的判决、裁定、调解书的内容错误，损害其民事权益。第三人是否对生效裁判享有诉的利益，为该第三人提起第三人撤销之诉的先决条件之一。因此，人民法院首先要判断生效判决、裁定和调解书的内容有误是否损害其合法权益，然后再判断其是否属于《民事诉讼法》第56条规定的第三人条件。但是并非所有生效裁判、调解书都适用第三人撤销之诉。《民事诉讼法解释》第297条规定："对下列情形提起第三人撤销之诉的，人民法院不予受理：（一）适用特别程序、督促程序、公示催告程序、破产程序等非讼程序处理的案件；（二）婚姻无效、撤销或者解除婚姻关系等判决、裁定、调解书中涉及身份关系的内容；（三）民事诉讼法第五十四条规定的未参加登记的权利人对代表人诉讼案件的生效裁判；（四）民事诉讼法第五十五条规定的损害社会公共利益行为的受害人对公益诉讼案件的生效裁判。"

参考判例：张学×第三人之诉被驳回案。

（3）第三人撤销之诉的期间为"自知道或者应当知道其民事权益受到损害之日起六个月内"的不变期间，不适用延长、中止和中断的规定。

（4）第三人撤销之诉的目的，是请求人民法院撤销生效的裁判。因此人民法院经审理，第三人诉讼请求成立的，应当改变或者撤销原判决、裁定、调解书；诉讼请求不成立的，驳回诉讼请求。

（5）第三人撤销之诉应当在生效裁判执行之前向作出生效裁判或调解书的人民法院提出。如果生效裁判已经进入执行阶段，案外第三人则可以先提出执行异议，如果异议申请被裁定驳回，可以再提出执行异议之诉或者申请再审的方式进行救济，不能再提起第三人撤销之诉。此外，第三人撤销之诉的管辖法院专属确定为作出生效裁判和调解书的人民法院，不适用协议管辖、地域管辖等管辖方法。

参考法律文书：民事起诉状（提起第三人撤销之诉用）。

（6）第三人撤销之诉的受理过程特殊。《民事诉讼法解释》第293条第3款规定："经审查，符合起诉条件的，人民法院应当在收到起诉状之日起三十日内立案。不符合起诉条件的，应当在收到起诉状之日起三十日内裁定不予受理。"对下列情形提起第三人撤销之诉的，人民法院不予受理：①适用特别程序、督促程序、公示催告程序、破产程序等非讼程序处理的案件；②婚姻无效、撤销或者解除婚姻关系等判决、裁定、调解书中涉及身份关系的内容；③《民事诉讼法》第54条规定的未参加登记的权利人对代表人诉讼案件的生效裁判；④《民事诉讼法》第55条规定的损害社会公共利益行为的受害人对公益诉讼案件的生效裁判。

人民法院受理第三人撤销之诉后，应围绕该第三人所提出的变更或撤销原裁判、调解书的请求进行审理，而非全面审查原裁判、调解书内容。经过审理，人民法院根据《民事诉讼法解释》第300条规定，按下列情形分别处理："（一）请求成立且确认其民事权利的主张全部或部分成立的，改变原判决、裁定、调解书内容的错误部分；（二）请求成立，但确认其全部或部分民事权利的主张不成立，或者未提出确认其民事权利请求的，撤销原判决、裁定、调解书内容的错误部分；（三）请求不成立的，驳回诉讼请求。"

参考判例：张×云与朱忠×、田礼×第三人撤销诉讼纠纷案。

参考法律文书：民事判决书（第三人撤销之诉用）。

四、诉讼代表人制度

（一）诉讼代表人的产生

当共同诉讼当事人一方为 10 人以上，即构成了群体诉讼，所有当事人同时出庭起诉或者应诉十分不便，因此为了解决群体诉讼，我国民事诉讼法设立了诉讼代表人制度。通过推选代表人，共同诉讼当事人便可不必亲自实施诉讼行为，这样可以极大提高审判效率、节约诉讼成本。因此，代表人诉讼是在共同诉讼（必要共同诉讼和普通共同诉讼）制度基础上产生的诉讼现象。需要注意的是，诉讼代表人是从共同诉讼当事人之中推选出来的，这一点说明诉讼代表人自己也是诉讼当事人。

原则上，诉讼代表人由诉讼当事人进行推选。在必要时也可能由人民法院参与协商或确定，具体需要从人数确定的代表人诉讼和人数不确定的代表人诉讼两个方面进行学习。

1. 起诉时人数确定的代表人诉讼

根据《民事诉讼法解释》第 76 条规定："……当事人一方人数众多在起诉时确定的，可以由全体当事人推选共同的代表人，也可以由部分当事人推选自己的代表人；推选不出代表人的当事人，在必要的共同诉讼中可以自己参加诉讼，在普通的共同诉讼中可以另行起诉。"所以同学们要区分必要共同诉讼和普通共同诉讼在诉讼代表人推选问题上的区别。

2. 起诉时人数不确定的代表人诉讼

根据《民事诉讼法》第 54 条第 1、2 款规定："诉讼标的是同一种类、当事人一方人数众多在起诉时人数尚未确定的，人民法院可以发出公告，说明案件情况和诉讼请求，通知权利人在一定期间向人民法院登记。向人民法院登记的权利人可以推选代表人进行诉讼；推选不出代表人的，人民法院可以与参加登记的权利人商定代表人。"

参考法律文书：公告（通知权利人登记用）。

因此，如果起诉时人数不确定的群体诉讼（显然是属于群体性普通共同诉讼），人民法院需要首先发布公告通知权利人登记权利。登记权利的条件比较形式化，根据《民事诉讼法解释》第80条规定，向人民法院登记的权利人，应当证明其与对方当事人的法律关系和所受到的损害。证明不了的，不予登记，权利人可以另行起诉。登记权利之后，权利人人数相对确定下来，这样有利于权利人推选代表人。但是登记的权利人推选不出代表人的，人民法院有权参与商定代表人，人民法院也有权在起诉的当事人中指定代表人（《民事诉讼法解释》第77条）。未参加登记的权利人提起诉讼，人民法院认定其请求成立的，裁定适用人民法院已作出的判决、裁定。

> 参考判例：××市东昌府区张炉集镇张炉集村第四村民小组99户村民与聊城市东昌府区张炉集镇人民政府等土地租赁合同纠纷案。

（二）诉讼代表人的诉讼

无论是哪一种代表人诉讼，诉讼代表人的权利义务是相同的。《民事诉讼法》第54条规定，代表人变更、放弃诉讼请求或者承认对方当事人的诉讼请求，进行和解，必须经被代表的当事人同意。因此，可以这样理解：诉讼代表人因为自己也是诉讼当事人之一，拥有作为当事人的诉讼权利义务，例如申请回避、法庭辩论、委托诉讼代理人、提出管辖异议、提起上诉等。但是其又拥有代表其他当事人的特殊身份，因此有必要依法限制其处分当事人的共同性实体权利。代表人诉讼行为涉及变更、放弃诉讼请求或者承认对方的诉讼请求、进行和解，需要经过被代表当事人的同意，否则便是无效诉讼行为。

针对起诉时人数不确定的代表人诉讼，有一个较为特殊的情况：人民法院作出的判决、裁定，对参加登记的全体权利人发生效力。未参加登记的权利人在诉讼时效期间提起诉讼的，适用该判决、裁定（《民事诉讼法》第54条）。

> 参考法律文书：民事裁定书（未参加登记的权利人适用生效判决或裁定用）。
> 参考判例：黄建×等366人诉××市住房保障和城乡建设管理局等确认合同效力纠纷案。

五、诉讼代理人

诉讼代理人，是指根据法律规定或当事人的委托，以当事人的名义在一定的权限范围内，为当事人的利益进行诉讼活动的人。诉讼代理人之所以能够代理当事人进行诉讼，其实质是诉讼代理人的代理资格。依据诉讼代理的种类不同，代理权由法律直接规定或通过委托产生。诉讼代理人的职责就是在其代理权限范围内，代理当事人进行民事诉讼活动，亲自实施诉讼行为，以维护被代理人的民事权益。

（一）法定诉讼代理人

1. 法定诉讼代理人的范围

无诉讼行为能力的公民，在诉讼中不能亲自实施诉讼行为的，必须通过其法定诉讼代理人代为诉讼。因此，法定诉讼代理制度，就是针对无民事诉讼行为能力的当事人进行诉讼的一种强制代理制度。民事诉讼法中的法定诉讼代理制度与民法中的监护制度，在内容上是相同的。根据《民法总则》第27、28条规定，"父母是未成年子女的监护人。未成年人的父母已经死亡或者没有监护能力的，由下列有监护能力的人按顺序担任监护人：（一）祖父母、外祖父母；（二）兄、姐；（三）其他愿意担任监护人的个人或者组织，但是须经未成年人住所地的居民委员会、村民委员会或者民政部门同意。""无民事行为能力或者限制民事行为能力的成年人，由下列有监护能力的人按顺序担任监护人：（一）配偶；（二）父母、子女；（三）其他近亲属；（四）其他愿意担任监护人的个人或者组织，但是须经被监护人住所地的居民委员会、村民委员会或者民政部门同意。"

法定诉讼代理是基于法律的强制规定产生的诉讼代理制度，既不需要当事人同意，也不需要向法院提交授权委托书。也正是因为这一点，法定诉讼代理成为一种真正意义上的全权代理：法定诉讼代理人能代理当事人进行任何诉讼行为，包括处分当事人的实体权利，例如放弃变更诉讼请求、承认对方诉讼请求、诉讼和解等。但是，并不能因为这一现象，就认为法定诉讼代理人等于案件当事人。例如法院管辖确定标准是根据当事人确定的，而非根据法定诉讼代理人确定；当事人死亡则会导致诉讼中止或者诉讼终结，而法定诉讼代理人死亡则产生更换代理人的结果；案件的实体权利义务以及责任，都是由当事人而不是法定代理人真正承受。

2. 法定诉讼代理人的诉讼地位

法定诉讼代理是全权代理，可以按照自己的意志代理被代理人实施所有诉讼行为，如起诉、应诉、放弃或变更诉讼请求等，无须被代理人的授权或同意。因此在形式上，法定诉讼代理人具有类似当事人的诉讼权利，但是其与当事人仍然存在一些区别：

（1）法定诉讼代理人只能以当事人的名义起诉或应诉；特殊情况是：根据《民事诉讼法解释》第67条规定："无民事行为能力人、限制民事行为能力人造成他人损害的，无民事行为能力人、限制民事行为能力人和其监护人为共同被告。"

（2）人民法院作出的裁判针对的是当事人，而不是法定诉讼代理人；

（3）在诉讼中，如果法定诉讼代理人死亡，法院可以另行指定监护人作为法定诉讼代理人继续诉讼，而不必终结诉讼；

（4）法院确定管辖的依据，是当事人而不是法定诉讼代理人的住所地或经常居住地。

3. 法定诉讼代理权的消灭

（1）法定诉讼代理人被撤销监护权。根据《民法总则》第36条第1、2款规定："监护人有下列情形之一的，人民法院根据有关个人或者组织的申请，撤销其监护人资格，安排必要的临时监护措施，并按照最有利于被监护人的原则依法指定监护人：（一）实施严重损害被监护人身心健康行为的；（二）怠于履行监护职责，或者无法履行监护职责并且拒绝将监护职责部分或者全部委托给他人，导致被监护人处于危困状态的；（三）实施严重侵害被监护人合法权益的其他行为的。本条规定的有关个人和组织包括：其他依法具有监护资格的人，居民委员会、村民委员会、学校、医疗机构、妇女联合会、残疾人联合会、未成年人保护组织、依法设立的老年人组织、民政部门等。"

参考判例：深圳市宝安区石×街道塘头社区居民委员会申请撤销郑×芬监护人资格案。

（2）被代理人取得或恢复了诉讼行为能力，或者死亡的。

（3）法定诉讼代理权本人死亡或丧失了诉讼行为能力的。

（4）因收养或婚姻关系被解除，而导致法定诉讼代理权消灭的。

（二）委托诉讼代理人

委托诉讼代理人，是指根据当事人或法定代理人的委托代为进行诉讼活动的人。委托诉讼代理人具有以下特点：①诉讼代理权的发生是基于当事人或法定代理人的委托；②诉讼代理的权限范围和代理事项由被代理人决定；③委托诉讼代理人必须是具有诉讼行为能力的自然人。

1. 委托诉讼代理人的范围

根据《民事诉讼法》第58条规定："下列人员可以被委托为诉讼代理人：（一）律师、基层法律服务工作者；　（二）当事人的近亲属或者工作人员；（三）当事人所在社区、单位以及有关社会团体推荐的公民。"

首先，需要理解当事人近亲属的含义。根据《民事诉讼法解释》第85条规定，与当事人有夫妻、直系血亲、三代以内旁系血亲、近姻亲关系以及其他有抚养、赡养关系的亲属，可以当事人近亲属的名义作为诉讼代理人。

其次，需要明确工作人员的含义。根据《民事诉讼法解释》第86条规定，与当事人有合法劳动人事关系的职工，可以当事人工作人员的名义作为诉讼代理人。因此只要能够提交身份证件和与当事人有合法劳动人事关系的证明材料（例如缴纳社保记录凭证、领取工资凭证、相关工作身份证照等），职工就可以作为其单位的委托代理人参加民事诉讼。

有关社会团体推荐公民担任诉讼代理人的，应当符合下列条件：①社会团体属于依法登记设立或者依法免予登记设立的非营利性法人组织；②被代理人属于该社会团体的成员，或者当事人一方住所地位于该社会团体的活动地域；③代理事务属于该社会团体章程载明的业务范围；④被推荐的公民是该社会团体的负责人或者与该社会团体有合法劳动人事关系的工作人员。专利代理人经中华全国专利代理人协会推荐，可以在专利纠纷案件中担任诉讼代理人。

参考判例：梁小×诉江×山要求支付公民代理费用被判驳回案。

2. 委托代理人的权限

与法定诉讼代理人不同，委托代理人的代理权限并非来源于法律规定，而是基于当事人及其法定代理人的授权委托。根据委托权限的不同，委托诉讼代理人的授权委托分为一般授权和特别授权两种类型。这里主要强调特别授权。根据《民事诉讼法》第59条规定，诉讼代理人代为承认、放弃、变更诉讼请求，进行和解，提起反诉或者上诉，必须有委托人的特别授权。该条规定了委托诉讼代理人的上述诉讼行为，若未得到当事人的特别授权为无效行为。需要进一步说明的是，根据《民事诉讼法解释》第89条规定，授权委托书仅写"全权代理"而无具体授权的，诉讼代理人无权代为承认、放弃、变更诉讼请求，进行和解，提出反诉或者提起上诉。因此授权委托书应当进行具体特别授权，而不能笼统记载"全权代理"，否则应当视为一般授权代理。对于离婚案件调解的委托代理，《民事诉讼法解释》附加了一个特殊要求。根据《民事诉讼法解释》第147条第2款规定："离婚案件当事人确因特殊情况无法出庭参加调解的，除本人不能表达意志的以外，应当出具书面意见。"

参考法律文书：意见书（离婚案件当事人出具书面意见用）。

一般授权主要包括当事人的除了特别授权事项之外的诉讼权利，授权委托代理人行使，例如收集证据、进行辩论、申请回避等。此外，当事人、法定代理人可以委托1~2人作为委托诉讼代理人。如果当事人委托2人作为诉讼代理人，应在授权委托书中载明各自的代理事项和代理权限。

围绕委托代理人特别授权问题，以下两个知识点需要注意：

（1）《民事诉讼法解释》第147条第1款规定："人民法院调解案件时，当事人不能出庭的，经其特别授权，可由其委托代理人参加调解，达成的调解协议，可由委托代理人签名。"调解协议实际上体现了当事人对实体权利的处分，可能会以承认、放弃、变更诉讼请求的形式达成合意，因此委托代理人未经特别授权，不能代理当事人达成调解协议，否则该调解协议无效。

（2）《最高人民法院关于民事诉讼证据的若干规定》第8条第3款规定："当事人委托代理人参加诉讼的，代理人的承认视为当事人的承认。但未经特别授权的代理人对事实的承认直接导致承认对方诉讼请求的除外；当事人在场但对其代理人的承认不作否认表示的，视为当事人的承认。"代理人对事实的承认直接导致承认对方诉讼请求，实际上处分的是被代理人的实体权利，在未经特别授权的情况下代理人的上述事实承认是无效的，不能视为被代理的当事人的承认。

参考法律文书：授权委托书（公民委托诉讼代理人用）。

拓展思考题

1. 小张毕业后没有取得律师资格，也不持有基层法律服务工作证，能否代理其公司参加民事诉讼？

2. 小张在大学期间曾经因为酒驾受过刑事处罚，大学毕业后能否担任民事诉讼案件的委托代理人？

3. 《民事诉讼法解释》第147条第2款规定："离婚案件当事人确因特殊情况无法出庭参加调解的，除本人不能表达意志的以外，应当出具书面意见。"如何理解该条规定的"书面意见"？

4. 甲（男）与乙（女）是夫妻关系，甲婚后因工作压力突发精神疾病成为无民事行为能力人，乙成为其监护人。但是乙对甲有严重虐待行为，且大肆挥霍甲的财产，甲能作为原告起诉离婚吗？

5. 民事诉讼第三人为何不能提出管辖权异议？

6. 人民法院调解书中，无独立请求权第三人承担部分责任。该调解书生效后，承担责任的无独立请求权第三人能否提起上诉？

7. 人民法院经过审理，认为本诉的原告侵害了无独立请求权第三人的合法权益，能否判决本诉原告对该第三人承担民事责任？

8. 被遗漏的必要共同诉讼当事人，在裁判、调解书生效后是否可以提起第三人撤销之诉？

本章练习题

登录"民事诉讼法通达翻转教学平台软件"，通过"练习与考试"进行本章在线练习。

诉讼实务训练

登录"民事诉讼法通达翻转教学平台软件"，通过"实验教学"进行本章诉讼实务训练。

第七章
法院管辖

学习目标

了解法院主管与管辖的关系，掌握级别管辖、地域管辖的各种确定方法，对专属管辖、协议管辖、特殊地域管辖和一般地域管辖的具体内容熟练掌握，能够对相关法院管辖的实际案例进行准确分析，理解法院在确定管辖方面的裁判方式，重点掌握人民法院对移送管辖、指定管辖、管辖权转移以及管辖权异议处的具体处理方式。

结合各类学习资料，建议本章自学时间不少于 8 小时。

视频资源

登录"民事诉讼法通达翻转教学平台软件"，通过"视频教学"进行本章视频学习。

参考法律文件　　　　　参考法律文书　　　　　参考判例

一、主管与管辖

在很多教材和学习资料中，法院的主管和管辖是同时出现的学习内容。实际上这两者指向的并非同一问题。法院主管解决人民法院与其他机关、团体解决民事纠纷的权限分工问题；法院管辖解决人民法院内部，第一审民事案件的权限分工问题。

人民法院主管范围，体现的是人民法院审判权的范围。《民事诉讼法》第3条规定："人民法院受理公民之间、法人之间、其他组织之间以及他们相互之间因财产关系和人身关系提起的民事诉讼，适用本法的规定。"因此民事纠纷、商事纠纷、经济纠纷属于人民法院主管的案件范围。此外，劳动争议纠纷、人事争议纠纷、海事纠纷等特殊类型的纠纷也属于人民法院主管案件范围。除了上述提到的纠纷，人民法院有权审理下列特殊类型的非诉讼案件：选民资格案件、宣告失踪和宣告死亡案件、认定公民行为能力案件、财产无主案件、调解协议司法确认案件、实现担保物权案件（以上统称为非诉程序案件）、督促程序案件和公示催告程序案件。因此，人民法院主管的案件并非局限于纠纷，法定的非纠纷案件也属于人民法院主管的民事案件。不属于人民法院主管范围的案件，例如纯粹道德争议、宗教内部事务、体育竞技问题、纯学术争议问题等，如果当事人起诉的，人民法院将不予受理。这是因为在解决社会矛盾的问题上，人民法院只能审理一部分法定的权利义务争议和特殊案件，其他大量的争议，可以由其他国家机关以及社会团体在各自权限范围内处理和解决。

> 参考判例1：李阿×诉泰州市信鸽协会等因比赛成绩被取消引发纠纷案。
> 参考判例2：熊士×、熊国×起诉不予受理案。

人民法院管辖，体现的是在第一审程序上，上下级人民法院之间以及同级人民法院之间的分工权限。第二审程序和审判监督程序尽管也存在法院管辖问题，但都非常明确和具体，因此不在本章内容进行讨论。由于我国人民法院内部具有上下级关系，也有同级不同行政区域关系，因此法院管辖这部分的学习，实际上分为级别管辖和地域管辖两个不同方式进行确定。

二、级别管辖

我国司法体系中共有最高人民法院、高级人民法院、中级人民法院和基层人民法院（包括派出人民法庭）四级法院，四级法院均有第一审民事案件管辖权。级别管辖明确了我国上下级人民法院各自管辖的第一审民事案件的权限和范围，以保证人民法院正确行使审判权。我国《民事诉讼法》将案件的性质、繁简程度、影响大小三者结合起来作为划分级别管辖的标准。

（一）基层人民法院

大多数民事案件的第一审都由基层人民法院进行。《民事诉讼法》第17条规定："基层人民法院管辖第一审民事案件，但本法另有规定的除外。"尽管上述法条采用了较为原则性的表述，下列民事案件，则专属于基层人民法院管辖：①特别程序案件，即《民事诉讼法》第十五章所列的各类民事案件；②督促程序案件；③公示催告程序案件；④简易程序案件（包括小额诉讼案件）。

另外根据《最高人民法院关于调整高级人民法院和中级人民法院管辖第一审民商事案件标准的通知》第4条规定，婚姻、继承、家庭、物业服务、人身损害赔偿、名誉权、交通事故、劳动争议等案件，以及群体性纠纷案件，一般由基层人民法院管辖。

（二）中级人民法院

《民事诉讼法》第18条规定："中级人民法院管辖下列第一审民事案件：（一）重大涉外案件；（二）在本辖区有重大影响的案件；（三）最高人民法院确定由中级人民法院管辖的案件。"

上述法条所列明的"最高人民法院确定由中级人民法院管辖案件"，是通过不同的司法解释，最高人民法院确定由中级人民法院管辖的案件，主要有：海事海商案件、知识产权案件、公益诉讼案件、申请撤销仲裁裁决案件等。

（三）高级人民法院

《民事诉讼法》第19条规定，"高级人民法院管辖在本辖区有重大影响的第一审民事案件。"对普通法院系统的中级人民法院和高级人民法院而言，司法实践主要参考依据是案件的诉讼标的额。例如《最高人民法院关于调整高级人民法院和中级人民法院管辖第一审民商事案件标准的通知》，具体列举了各地高级人民法院和中级人民法院受理第一审民商事案件的诉讼标的额标准。

1. 当事人住所地均在受理法院所处省级行政辖区的第一审民商事案件

北京、上海、江苏、浙江、广东高级人民法院，管辖诉讼标的额5亿元以上一审民商事案件，所辖中级人民法院管辖诉讼标的额1亿元以上一审民商事案件。

天津、河北、山西、内蒙古、辽宁、安徽、福建、山东、河南、湖北、湖南、广西、海南、四川、重庆高级人民法院，管辖诉讼标的额3亿元以上一审民商事案件，所辖中级人民法院管辖诉讼标的额3000万元以上一审民商事案件。

吉林、黑龙江、江西、云南、陕西、新疆高级人民法院和新疆生产建设兵团分院，管辖诉讼标的额 2 亿元以上一审民商事案件，所辖中级人民法院管辖诉讼标的额 1000 万元以上一审民商事案件。

贵州、西藏、甘肃、青海、宁夏高级人民法院，管辖诉讼标的额 1 亿元以上一审民商事案件，所辖中级人民法院管辖诉讼标的额 500 万元以上一审民商事案件。

2. 当事人一方住所地不在受理法院所处省级行政辖区的第一审民商事案件

北京、上海、江苏、浙江、广东高级人民法院，管辖诉讼标的额 3 亿元以上一审民商事案件，所辖中级人民法院管辖诉讼标的额 5000 万元以上一审民商事案件。

天津、河北、山西、内蒙古、辽宁、安徽、福建、山东、河南、湖北、湖南、广西、海南、四川、重庆高级人民法院，管辖诉讼标的额 1 亿元以上一审民商事案件，所辖中级人民法院管辖诉讼标的额 2000 万元以上一审民商事案件。

吉林、黑龙江、江西、云南、陕西、新疆高级人民法院和新疆生产建设兵团分院，管辖诉讼标的额 5000 万元以上一审民商事案件，所辖中级人民法院管辖诉讼标的额 1000 万元以上一审民商事案件。

贵州、西藏、甘肃、青海、宁夏高级人民法院，管辖诉讼标的额 2000 万元以上一审民商事案件，所辖中级人民法院管辖诉讼标的额 500 万元以上一审民商事案件。

（四）最高人民法院

《民事诉讼法》第 20 条规定："最高人民法院管辖下列第一审民事案件：（一）在全国有重大影响的案件；（二）认为应当由本院审理的案件。"

（五）集中管辖

集中管辖，是指专业性强、法律问题复杂的案件集中至部分中级人民法院或高级人民法院管辖的制度。集中管辖可以有效排除地方保护主义的干扰，充分发挥专业化审判力量的作用，有利于统一裁判标准、保障审判质量以及审判效率的提高，因此，最高人民法院根据《民事诉讼法》的管辖原则，通过司法解释的形式对某些特殊类别的案件采取集中管辖，指定部分法院予以受理。

1. 知识产权案件集中管辖

（1）根据《民事诉讼法解释》第2条规定，专利纠纷案件由知识产权法院+最高人民法院确定的一部分中级和基层人民法院管辖。

（2）根据《最高人民法院关于商标法修改决定施行后商标案件管辖和法律适用问题的解释》第3条规定，普通商标民事案件的级别管辖：由中级人民法院+最高人民法院指定的基层人民法院管辖；该解释第3条第2款规定了涉及驰名商标保护民事案件的专属管辖：由省、自治区人民政府所在地市、计划单列市、直辖市辖区中级人民法院+最高人民法院指定的其他中级人民法院管辖。

（3）根据《最高人民法院关于审理不正当竞争民事案件应用法律若干问题的解释》第18条规定，涉及知识产权的不正当竞争民事案件的级别管辖：由中级人民法院+最高人民法院指定的基层人民法院管辖。

（4）根据《最高人民法院关于审理著作权民事纠纷案件适用法律若干问题的解释》第2条规定，著作权民事诉讼的级别管辖：由中级人民法院+最高人民法院指定基层人民法院管辖。

2. 涉外民商事案件集中管辖

为依法保护中外当事人的合法权益，《最高人民法院关于涉外民商事案件诉讼管辖若干问题的规定》对下列五类涉外案件（包括涉港澳台民商事纠纷案件）实行集中管辖制度，即涉外合同和侵权纠纷案件；信用证纠纷案件；申请撤销、承认与强制执行国际仲裁裁决的案件；审查有关涉外民商事仲裁条款效力的案件；申请承认和强制执行外国法院民商事判决裁定的案件。上述五类案件由下列人民法院集中管辖：国务院批准设立的经济技术开发区人民法院；省会、自治区首府、直辖市所在地的中级人民法院；经济特区、计划单列市中级人民法院；最高人民法院指定的其他中级人民法院；高级人民法院。

3. 虚假陈述证券民事赔偿案件集中管辖

根据《最高人民法院关于审理证券市场因虚假陈述引发的民事赔偿案件的若干规定》第8条和第9条规定："虚假陈述证券民事赔偿案件，由省、直辖市、自治区人民政府所在的市、计划单列市和经济特区中级人民法院管辖。""投资人对多个被告提起证券民事赔偿诉讼的，按下列原则确定管辖：（一）由发行人或者上市公司所在地有管辖权的中级人民法院管辖。但有本规定第十条第二款规定的情形除外；（二）对发行人或者上市公司以外的虚假陈述行为人提起的诉讼，由被告所在地有管辖权的中级人民法院管辖；（三）仅以自然人为被告提起的诉讼，由被告所在地有管辖权的中级人民法院管辖。"

（六）专门法院管辖

专门法院是按特定的组织或特定范围的案件建立的审判机关，专门法院所审理的案件的性质不同于地方法院，受理案件的范围具有特定性。专门法院包括军事法院、海事法院、知识产权法院、金融法院和互联网法院。

1. 军事法院专门管辖

我国军事法院分设为三级：中国人民解放军军事法院、大军区级单位的军事法院和军级单位的军事法院。根据《最高人民法院关于军事法院管辖民事案件若干问题的规定》第1条和第2条规定："下列民事案件，由军事法院管辖：（一）双方当事人均为军人或者军队单位的案件，但法律另有规定的除外；（二）涉及机密级以上军事秘密的案件；（三）军队设立选举委员会的选民资格案件；（四）认定营区内无主财产案件。""下列民事案件，地方当事人向军事法院提起诉讼或者提出申请的，军事法院应当受理：（一）军人或者军队单位执行职务过程中造成他人损害的侵权责任纠纷案件；（二）当事人一方为军人或者军队单位，侵权行为发生在营区内的侵权责任纠纷案件；（三）当事人一方为军人的婚姻家庭纠纷案件；（四）民事诉讼法第三十四条规定的不动产所在地、港口所在地、被继承人死亡时住所地或者主要遗产所在地在营区内，且当事人一方为军人或者军队单位的案件；（五）申请宣告军人失踪或者死亡的案件；（六）申请认定军人无民事行为能力或者限制民事行为能力的案件。"

> 参考判例：广州××得酒店管理有限公司诉中国人民解放军××军区善后工作办公室物业管理部等房屋租赁合同纠纷案。

2. 知识产权法院专门管辖

2014年8月31日第十二届全国人民代表大会常务委员会第十次会议通过了《全国人民代表大会常务委员会关于在北京、上海、广州设立知识产权法院的决定》，正式设立知识产权法院。根据《最高人民法院关于北京、上海、广州知识产权法院案件管辖的规定》第1条规定："知识产权法院管辖所在市辖区内的下列第一审案件：（一）专利、植物新品种、集成电路布图设计、技术秘密、计算机软件民事和行政案件；（二）对国务院部门或者县级以上地方人民政府所作的涉及著作权、商标、不正当竞争等行政行为提起诉讼的行政案件；（三）涉及驰名商标认定的民事案件。"

> 参考判例：上海晨×文具股份有限公司诉×力集团有限公司等侵害外观设计专利权纠纷案。

3. 金融法院专门管辖

2018 年 4 月 27 日第十三届全国人民代表大会常务委员会第二次会议通过了《全国人民代表大会常务委员会关于设立上海金融法院的决定》，正式在上海设立金融法院，专门管辖上海金融法院设立之前由上海市中级人民法院管辖的金融民商事案件和涉金融行政案件。根据《最高人民法院关于上海金融法院案件管辖的规定》第 1 条规定："上海金融法院管辖上海市辖区内应由中级人民法院受理的下列第一审金融民商事案件：（一）证券、期货交易、信托、保险、票据、信用证、金融借款合同、银行卡、融资租赁合同、委托理财合同、典当等纠纷；（二）独立保函、保理、私募基金、非银行支付机构网络支付、网络借贷、互联网股权众筹等新型金融民商事纠纷；（三）以金融机构为债务人的破产纠纷；（四）金融民商事纠纷的仲裁司法审查案件；（五）申请承认和执行外国法院金融民商事纠纷的判决、裁定案件。"

> 参考判例：朱×与刘×等证券虚假陈述责任纠纷。

4. 互联网法院专门管辖

2017 年 6 月中央全面深化改革领导小组第三十六次会议通过了《关于设立杭州互联网法院的方案》，杭州铁路运输法院改组为杭州互联网法院。随后，2018 年最高人民法院又增设了北京互联网法院和广州互联网法院。《最高人民法院关于互联网法院审理案件若干问题的规定》第 2 条规定："北京、广州、杭州互联网法院集中管辖所在市的辖区内应当由基层人民法院受理的下列第一审案件：（一）通过电子商务平台签订或者履行网络购物合同而产生的纠纷；（二）签订、履行行为均在互联网上完成的网络服务合同纠纷；（三）签订、履行行为均在互联网上完成的金融借款合同纠纷、小额借款合同纠纷；（四）在互联网上首次发表作品的著作权或者邻接权权属纠纷；（五）在互联网上侵害在线发表或者传播作品的著作权或者邻接权而产生的纠纷；（六）互联网域名权属、侵权及合同纠纷；（七）在互联网上侵害他人人身权、财产权等民事权益而产生的纠纷；（八）通过电子商务平台购买的产品，因存在产品缺陷，侵害他人人身、财产权益而产生的产品责任纠纷；（九）检察机关提起的互联网公益诉讼案件；（十）因行政机关作出互联网信息服务管理、互联网商品交易及有关服务管理等行政行为而产生的行政纠纷；（十一）上级人民法院指定管辖的其他互联网民事、行政案件。"

参考判例：纪善×、浙江×宝网络有限公司网络购物合同纠纷。

5. 铁路运输法院专门管辖

铁路运输法院初建于 1954 年，主要受理涉及铁路运输、铁路安全、铁路财产的民事诉讼和刑事诉讼案件。2009 年 7 月 8 日，中央下发关于铁路公检法管理体制改革的文件，要求铁路公检法整体纳入国家司法体系，铁路法院整体移交驻在地省（直辖市、自治区）党委、高级人民法院管理。截至 2012 年 6 月底，全国铁路法院完成管理体制改革，整体纳入国家司法体系。《最高法院关于全面深化人民法院改革的意见——人民法院第四个五年改革纲要（2014-2018）》提出，将铁路运输法院改造为跨行政区划法院，主要审理跨行政区划案件、重大行政案件、环境资源保护、企业破产、食品药品安全等易受地方因素影响的案件、跨行政区划人民检察院提起公诉的案件和原铁路运输法院受理的刑事、民事案件。

6. 海事法院专门管辖

1984 年 11 月 14 日第六届全国人民代表大会常务委员会第八次会议通过了《全国人民代表大会常务委员会关于在沿海港口城市设立海事法院的决定》，根据需要在一定的沿海港口城市设立海事法院。目前，我国共设立了 10 个海事法院，分别为北海、大连、广州、上海、宁波、海口、青岛、天津、武汉和厦门海事法院。根据《最高人民法院关于海事法院受理案件范围的规定》第 110 条和第 111 条规定，当事人提起的民商事诉讼、行政诉讼包含本规定所涉海事纠纷的，由海事法院受理；当事人就本规定中有关合同所涉事由引起的纠纷，以侵权等非合同诉由提起诉讼的，由海事法院受理。具体包括海事法院受理海事侵权纠纷案件、海商合同纠纷案件、海洋及通海可航水域开发利用与环境保护相关纠纷案件、其他海事海商纠纷案件、海事行政案件和海事特别程序案件，共计 108 种。

> **参考判例**：中国人民财产保险股份有限公司京××支公司与南京中×海运有限公司保险人代位求偿权纠纷案。

三、地域管辖

（一）专属管辖

专属管辖，是指法律强制规定某些案件只能由特定的人民法院管辖，其他法院无管辖权，当事人也不得协议变更管辖法院。广义的专属管辖包含了集中管辖和专门管辖的内容，因为集中管辖和专门管辖都是法律规定的强制性管辖方式，具有优先性和排他性。但是从狭义角度讲，专属管辖专指根据《民事诉讼法》第 33 条确定的管辖方式，在这里读者们也需要从该条角度进行学习。专属管辖是法律明确的强制性管辖，其效力优先于协议管辖、特殊地域管辖和一般地域管辖。

根据《民事诉讼法》第 33 条规定，专属管辖主要适用于三种民事案件：

1. 不动产纠纷

不动产一般是指不能移动或移动后会降低乃至丧失其价值的财产，如土地及土地上的建筑物、河流滩涂等。不动产中的土地又是国家领土的组成部分，关系到国家主权，因此，将不动产提起的诉讼规定为专属管辖，是各国民事诉讼立法通行的做法。由不动产所在地人民法院管辖不动产诉讼，有利于受诉法院对不动产进行勘验、保全和生效裁判的执行。对不动产纠纷的范围，《民事诉讼法解释》第 28 条进行了详细规范，"因不动产的权利确认、分割、相邻关系等引起的物权纠纷。农村土地承包经营合同纠纷、房屋租赁合同纠纷、建设工程施工合同纠纷、政策性房屋买卖合同纠纷，按照不动产纠纷确定管辖。因此只有满足以上范围的不动产纠纷才属于专属管辖，否则民事案件即使涉及不动产，也不属于专属管辖范围。

2. 港口作业纠纷

港口作业纠纷包括港口货物的装卸、驳运、仓储过程发生的合同纠纷以及因违章作业等行为损害港口设施或造成其他人身或财产损害而引起的侵权纠纷。港口作业中发生纠纷提起的诉讼专属港口所在地法院管辖有利于人民法院查明案件事实，及时采取保全措施，及时作出裁判。

3. 继承遗产纠纷

因继承遗产纠纷提起的诉讼，由被继承人死亡时住所地或者主要遗产所在地人民法院管辖。注意住所地，对公民而言主要是指其户籍所在地，但如果有经常居住地的，则经常居住地为其住所地。主要遗产，则根据遗产价值判断，一般而言不动产相对动产为主要遗产，价值高的遗产为主要遗产。

> 参考判例：杨某1与杨某2等法定继承纠纷。

除上述专属管辖之外，以下两种情形也属于广义的专属管辖的范畴：

一是根据《海事诉讼特别程序法》第7条规定，海事法院专属管辖的适用范围是：①因沿海港口作业纠纷提起的诉讼，由港口所在地海事法院管辖；②因船舶排放、泄漏、倾倒油类或者其他有害物质，海上生产、作业或者拆船、修船作业造成海域污染损害提起的诉讼，由污染发生地、损害结果地或者采取预防污染措施地海事法院管辖；③因在中华人民共和国领域和有管辖权的海域履行的海洋勘探开发合同纠纷提起的诉讼，由合同履行地海事法院管辖。

二是根据《民事诉讼法》第266条规定，下列涉外民事案件属于我国人民法院专属管辖：①在我国履行的中外合资经营企业合同纠纷；②在我国履行的中外合作经营企业合同纠纷；③在我国履行的中外合作勘探开发自然资源合同纠纷。

（二）协议管辖

协议管辖是指当事人在纠纷发生前后，以协议方式约定案件的管辖法院。协议管辖制度体现了当事人意思自治原则和处分权原则，为当事人进行诉讼提供了便利选择，有利于案件的公正处理。《民事诉讼法》第34条规定了当事人进行协议管辖的形式条件："合同或者其他财产权益纠纷的当事人可以书面协议选择被告住所地、合同履行地、合同签订地、原告住所地、标的物所在地等与争议有实际联系的地点的人民法院管辖，但不得违反本法对级别管辖和专属管辖的规定。"根据以上条款，有效的协议管辖应满足以下要求：

1. 当事人双方必须签订书面合同选择管辖法院，口头协议无效

书面协议可以采取合同书的形式，包括书面合同中的协议管辖条款，也可以采取信件和数据电文（包括电报、电传、传真、电子数据交换和电子邮件）等可以有形地表现当事人双方协议选择管辖法院意思表示的形式。口头

协议无效。并且，书面协议应当是在诉讼受理前达成的，如果一方起诉后法院已经受理，双方并没有选择管辖法院的书面协议，此时受诉人民法院的管辖权应当依照法律的规定来确定，不受当事人事后达成的管辖协议的影响。

2. 协议管辖仅适用于第一审的合同纠纷或者其他财产权益纠纷案件

该条件包含两方面：第一，协议管辖只适用第一审诉讼程序，上诉和再审案件管辖根据审级制度确定，非诉程序根据特别规定管辖，当事人无权协议变更。第二，协议管辖只能针对合同和其他财产纠纷。"其他财产权益纠纷"是一个不确定的法律概念，其涵盖范围非常广泛，应理解为包括物权、知识产权等财产权纠纷以及因侵害人格权而产生的财产赔偿纠纷，婚姻、收养、监护、抚养、继承纠纷等身份关系纠纷，不能签订协议管辖。但是根据《民事诉讼法解释》第34条规定，"当事人因同居或者在解除婚姻、收养关系后发生财产争议，约定管辖的，可以适用民事诉讼法第三十四条规定确定管辖。"

3. 当事人应在法律规定的范围内选择管辖法院

《民事诉讼法》第34条提供了被告住所地、合同履行地、合同签订地、原告住所地、标的物所在地五个可供选择的法院，还设置了"与争议有实际联系的地点的人民法院"这样的弹性选择标准，因此，当事人协议选择管辖法院的范围较为宽泛。由于"与争议有实际联系"也不是一个确定的法律概念，其强调的是以上五个连接点之外与争议有某种客观外在的实际联系的地点。例如，当事人争议的是合同附随义务的履行，而该义务的履行地既不是合同的主要履行地，也不是其他四个法律明确列举的可供选择的地点，但当事人协议选择由该地法院管辖，此时可以适用"与争议有实际联系"的弹性连接点，确认协议管辖的效力。具体如何认定协议管辖法院与争议具有"实际联系"，还需要通过对该法院地点是否与当事人、诉讼法律关系、诉讼标的物等存在联系等方面进行判断。

但无论当事人选择哪些人民法院，都需要起诉时能够具体明确。例如当事人约定纠纷交由"守约方"所在地法院管辖，因为在起诉时法院无法判断哪一方才是守约方，故该协议管辖无效；再如双方当事人约定纠纷由甲乙双方各自住所地人民法院管辖，根据合同，甲乙为合同当事人，则该协议管辖明确有效，双方均可在自己所在地人民法院起诉。即使当事人约定管辖法院不够明确，但是在起诉时结合案件具体情况以及法院辖区可以确定具体法院的，管辖协议仍然有效。《民事诉讼法解释》第 30 条规定："根据管辖协议，起诉时能够确定管辖法院的，从其约定；不能确定的，依照民事诉讼法的相关规定确定管辖。管辖协议约定两个以上与争议有实际联系的地点的人民法院管辖，原告可以向其中一个人民法院起诉。"

参考判例：李某与赵某某借贷纠纷案。

4. 协议管辖不能违反专属管辖、级别管辖、集中管辖以及专门管辖

专属管辖在地域管辖范围内属于法定强制性管辖方法，因此协议管辖违反了专属管辖的，则绝对无效。但是当事人约定了级别管辖时，需要具体问题具体分析。当事人约定的协议管辖权条款中包含级别管辖内容时，该级别管辖约定合法的，则该约定有效；如果该约定违反级别管辖的，则该约定无效。尽管我国民事诉讼法并未明确规定违反集中管辖和专门管辖的协议管辖无效，但是从立法精神来看，特别案件的集中管辖法院以及海事法院、知识产权法院、军事法院等专门法院的管辖，存在明确的法定分工权限，不应当任由当事人通过协议管辖变更，因此本书认为违反集中管辖和专门管辖的管辖协议也是无效的。

5. 协议管辖格式条款的特别条件

格式条款是当事人为了重复使用而预先拟定，并在订立合同时未与对方协商的条款。《民事诉讼法解释》第 31 条规定："经营者使用格式条款与消费者订立管辖协议，未采取合理方式提请消费者注意，消费者主张管辖协议无效的，人民法院应予支持。"实践中，格式条款中包含"在经营者住所地法院管辖"的条款十分普遍，给消费者提起诉讼带来极大的不便。根据我国《合同法》第 39 条"采用格式条款订立合同的，提供格式条款的一方应当遵循公平原则确定当事人之间的权利和义务，并采取合理的方式提请对方注意免除或者限制其责任的条款，按照对方的要求，对该条款予以说明"的规定，《民事诉讼法解释》要求经营者采取合理方式提请消费者注意格式协议管辖条款，否则消费者主张管辖协议无效的诉请将得到支持。至于何谓合理方式，根据《最高人民法院关于适用〈中华人民共和国合同法〉若干问题的解释（二）》第 6 条规定："提供格式条款的一方对格式条款中免除或者限制其责任的内容，在合同订立时采用足以引起对方注意的文字、符号、字体等特别标识，并按照对方的要求对该格式条款予以说明的，人民法院应当认定符合合同法

第三十九条所称'采取合理的方式'。"

参考判例：孙丁×诉苏××购电子商务公司网络购物管辖权纠纷案。

6. 合同转让的效力问题

根据合同相对性原则，合同中关于管辖法院的约定，只对合同当事人有约束力，而不能约束第三人。但在合同转让中，对受让人而言，其受让合同权利或承担合同义务时，受让人受让合同当然也受让了合同中的协议管辖条款。因此《民事诉讼法解释》第33条规定："合同转让的，合同的管辖协议对合同受让人有效，但转让时受让人不知道管辖协议，或者转让协议另有约定且原合同相对人同意的除外。"

（三）特殊地域管辖

如果不属于专属管辖案件，当事人也未签订有效的管辖协议的，则应根据特殊地域管辖确定管辖法院。但是需要注意的是，特殊地域管辖方式，都是以特殊类型的民事纠纷为对象，并结合当事人、诉讼标的、法律事实以及诉讼标的物等因素与法院辖区关系来确定管辖法院。

1. 合同纠纷的特殊地域管辖

此处所指的合同纠纷并非所有类型的民事合同纠纷，因为保险合同纠纷、运输合同纠纷在我国民事诉讼法中有专门条款规定管辖，因此上述两种合同不在此讨论范围；同时属于专属管辖范围的不动产合同纠纷应按照专属管辖确定管辖法院。

根据《民事诉讼法》第23条规定："因合同纠纷提起的诉讼，由被告住所地或者合同履行地人民法院管辖。"根据该条，被告住所地或者合同履行地法院对合同纠纷都有管辖权，原告可以选择其中一个法院提起诉讼。对于"住所地"这一概念，读者们参考后文"一般地域管辖"中相关解释，此处重点讨论合同履行地的确定。

《民事诉讼法解释》第18条第1、2款规定："合同约定履行地点的，以约定的履行地点为合同履行地。合同对履行地点没有约定或者约定不明确，争议标的为给付货币的，接收货币一方所在地为合同履行地；交付不动产的，不动产所在地为合同履行地；其他标的，履行义务一方所在地为合同履行地。即时结清的合同，交易行为地为合同履行地。"根据以上条款，合同履行地的确定注意以下几点：

（1）合同履行地首先以双方约定的履行地为标准。合同履行地是合同约定履行义务和接受义务的地点，主要表现为交货地、付款地、施工地等。如果合同中明确约定了履行地点的，该地点即为合同履行地。

> 参考判例：晏景×诉×丽电子商务（上海）有限公司买卖合同纠纷案。

但是在合同明确约定了履行地的情况下，经常会出现当事人未实际履行合同的情况。合同未实际履行，应当理解为任何一方没有实际履行合同约定的义务，或者未按照约定履行义务。在这种情况下合同履行地法院是否有管辖权，还需要考虑"双方当事人住所地与合同履行地的关系"这个重要因素。因为根据《民事诉讼法解释》第18条第3款规定："合同没有实际履行，当事人双方住所地都不在合同约定的履行地的，由被告住所地人民法院管辖。"这就意味着如果同时满足了"合同没有实际履行"以及"当事人双方住所地都不在合同约定的履行地"这两个条件，合同约定的履行地实际上与该纠纷没有实质性关联，被告住所地法院此时有唯一的管辖权。

（2）合同未约定履行地时的合同履行地确定规则。原则上，此时的合同履行地主要根据当事人的诉讼请求，并结合合同履行义务内容进行确定。《民事诉讼法解释》第18条对此的解决方式是，以按照"争议标的"的种类确定合同履行地，具体分以下四种情况：

第一，争议标的为给付货币情况。值得注意，同学们不能将民事合同纠纷中"给付金钱请求"和"争议标的为给付货币"两者完全等同。例如甲公司销售一台机床给乙公司，甲公司起诉要求乙公司给付货款，即属于争议标的为给付货币；但如果乙公司起诉甲公司承担支付违约金责任或者赔偿损失的，争议标的为甲公司负有的交付机床义务，此时不能根据这一条款确定合同履行地。因此，只有根据合同中的给付货币义务内容产生的诉讼请求，才能解释为"争议标的为给付货币"的情形。此外，还需要注意"接收货币一方"的理解。民事诉讼法中所确定的"接收货币一方"，应理解为根据民事合同争议的法律关系，有权接受货币的一方当事人。例如甲公司起诉请求乙公司偿还借款，甲公司即为有权接收货币一方当事人；再如甲公司起诉乙银行根据借款合同发放贷款，甲公司作为出借人也是该纠纷的"接收货币一方"。

参考判例 1：福建××公路工程集团有限公司与崔××建设工程合同纠纷案。

参考判例 2：蔡×诉上海××商务有限公司服务合同纠纷案。

第二，"交付不动产的"情况，注意与专属管辖中的不动产纠纷相区别。如果属于法定的不动产纠纷，那么就应当按照不动产所在地人民法院专属管辖方式确定法院，不再按照合同纠纷确定。如果不属于不动产纠纷，且合同中明确存在交付不动产的法定义务，这种情况才能理解为"交付不动产"。

第三，其他标的，履行义务一方为合同履行地。"其他标的"应当指除了"争议标的为给付货币"以及"交付不动产"之外的合同履行或者解除问题，包括金钱、动产、有价证券、合同行为义务等。例如甲公司起诉请求乙公司因违约给自己造成的 10 万元损失，就属于其他标的，履行义务一方即为乙公司，乙公司所在地为合同履行地。

参考判例 1：安徽金×塑业有限公司与张家港市港×机械有限公司买卖合同纠纷案。

参考判例 2：冀州市聚×散热器有限责任公司诉潍坊××机械有限公司买卖合同纠纷案。

第四，即时结清的合同，交易行为地为合同履行地。

（3）财产租赁合同、融资租赁合同以租赁物使用地为合同履行地，另有约定除外（《民事诉讼法解释》第 19 条）。

（4）以信息网络方式订立的买卖合同，通过信息网络交付标的的，以买受人住所地为合同履行地；通过其他方式交付标的的，收货地为合同履行地，另有约定除外。（《民事诉讼法解释》第 20 条）。

参考判例：江苏宝××酒业有限公司与丁××买卖合同纠纷案。

2. 侵权纠纷的特殊地域管辖

《民事诉讼法》第 28 条规定："因侵权行为提起的诉讼，由侵权行为地或者被告住所地人民法院管辖。"侵权行为地包括侵权行为实施地和侵权结果发生地。读者们需要注意以下特殊侵权案件中有关管辖法院的确定标准：

《民事诉讼法解释》第 25 条规定："信息网络侵权行为实施地包括实施被诉侵权行为的计算机等信息设备所在地，侵权结果发生地包括被侵权人住所地。"

《民事诉讼法解释》第 26 条规定："因产品、服务质量不合格造成他人财产、人身损害提起的诉讼，产品制造地、产品销售地、服务提供地、侵权行为地和被告住所地人民法院都有管辖权。"

《民事诉讼法》第 29 条规定："因铁路、公路、水上和航空事故请求损害赔偿提起的诉讼，由事故发生地或者车辆、船舶最先到达地、航空器最先降落地或者被告住所地人民法院管辖。"

> 参考判例：蔡卫×诉丹阳市××达塑业有限公司侵害外观设计纠纷案。

3. 其他特殊纠纷的特殊地域管辖

（1）保险合同纠纷。《民事诉讼法》第 24 条规定："因保险合同纠纷提起的诉讼，由被告住所地或者保险标的物所在地人民法院管辖。"

我国《保险法》第 12 条仅仅规定了"保险标的"，而没有规定"保险标的物"的概念。因此《民事诉讼法》第 24 条规定的"保险标的物"与《保险法》规定的"保险标的"是否为同一概念这一问题，在理解方面存在争议。从法理角度，人的寿命和身体都不属于物的范畴，因此作为保险对象的人的寿命和身体不是保险标的物，而仅仅属于《保险法》中的保险标的。因此，对于人身保险合同纠纷，不宜适用"保险标的物所在地"这一标准确定法院管辖。根据《民事诉讼法解释》第 21 条规定，因人身保险合同纠纷提起的诉讼，可以由被保险人住所地人民法院管辖。因此人身保险合同纠纷的管辖法院应为"被告住所地"或"被保险人住所地"人民法院。

针对财产保险合同纠纷，除了适用《民事诉讼法》第 24 条确定的"被告住所地"或者"保险标的物所在地"的管辖规则之外，《民事诉讼法解释》第 21 条进一步扩宽了财产保险合同纠纷的管辖法院范围："因财产保险合同纠纷提起的诉讼，如果保险标的物是运输工具或者运输中的货物，可以由运输工具登记注册地、运输目的地、保险事故发生地人民法院管辖。"

> 参考判例：永×财产保险股份有限公司泰州中心支公司与靖江市××物流有限公司保险合同纠纷。

（2）票据纠纷。《民事诉讼法》第 25 条规定："因票据纠纷提起的诉讼，由票据支付地或者被告住所地人民法院管辖。"根据《最高人民法院关于审理票据纠纷案件若干问题的规定》第 6 条规定，票据支付地主要是指票据上载明的付款地，票据上未载明付款地的，汇票付款人或者代理付款人的营业场所、住所或者经常居住地，本票出票人的营业场所，支票付款人或者代理付款人的营业场所所在地为票据付款地。

（3）公司法相关诉讼。《民事诉讼法》第 26 条规定："因公司设立、确认股东资格、分配利润、解散等纠纷提起的诉讼，由公司住所地人民法院管辖。"此外根据《民事诉讼法解释》第 22 条规定，此类案件还包括因股东名册记载、请求变更公司登记、股东知情权、公司决议、公司合并、公司分立、公司减资、公司增资等纠纷提起的诉讼。

（4）运输合同纠纷。《民事诉讼法》第 27 条规定："因铁路、公路、水上、航空运输和联合运输合同纠纷提起的诉讼，由运输始发地、目的地或者被告住所地人民法院管辖。"其中运输始发地和运输目的地根据运输合同内容确定，而并不是以实际运输起点和终点为准。

（5）因船舶碰撞或者其他海事损害事故请求损害赔偿提起的诉讼，由碰撞发生地、碰撞船舶最先到达地、加害船舶被扣留地或者被告住所地人民法院管辖（《民事诉讼法》第 30 条）。

（6）因海难救助费用提起的诉讼，由救助地或者被救助船舶最先到达地人民法院管辖（《民事诉讼法》第 31 条）。

（7）因共同海损提起的诉讼，由船舶最先到达地、共同海损理算地或者航程终止地的人民法院管辖（《民事诉讼法》第 32 条）。

（8）劳动争议案件由用人单位所在地或者劳动合同履行地的基层人民法院管辖。劳动合同履行地不明确的，由用人单位所在地的基层人民法院管辖（《最高人民法院关于审理劳动争议案件适用法律若干问题的解释》第 8 条）。

（四）一般地域管辖

一般地域管辖，是指仅以当事人住所地与法院辖区的关系来确定管辖法院。对于不属于专属管辖、协议管辖和特殊地域管辖的案件，则采用一般地域管辖方法确定管辖法院。

1. 原则规定：原告就被告

根据《民事诉讼法》第 21 条第 1 款规定："对公民提起的民事诉讼，由被告住所地人民法院管辖；被告住所地与经常居住地不一致的，由经常居住地人民法院管辖。对法人或者其他组织提起的民事诉讼，由被告住所地人民法院管辖。"

根据《民事诉讼法解释》第 3 条和第 4 条规定，公民的住所地是指公民的户籍所在地，公民的经常居住地是指公民离开住所地至起诉时已连续居住一年以上的地方，但公民住院就医的地方除外。

法人或者其他组织的住所地是指法人或者其他组织的主要办事机构所在地。法人或者其他组织的主要办事机构所在地不能确定的，法人或者其他组织的注册地或者登记地为住所地。

参考判例：陈某与李某离婚纠纷管辖权异议案。

《民事诉讼法解释》针对一部分特殊案件，再次明确了适用原告就被告的原则，但是需要注意被告地点的特殊性。例如：《民事诉讼法解释》第 8 条规定的双方当事人都被监禁或被采取强制性教育措施的案件；《民事诉讼法解释》第 12 条规定的夫妻双方离开住所地超过 1 年，一方起诉离婚的案件。

参考判例：沈迪×与吴××民间借贷纠纷案。

2. 例外规定：被告就原告

根据《民事诉讼法》第 22 条规定：有四类民事案件由原告住所地人民法院管辖；原告住所地与经常居住地不一致的，由原告经常居住地人民法院管辖：①对不在中华人民共和国领域内居住的人提起的有关身份关系的诉讼；②对下落不明或者宣告失踪的人提起的有关身份关系的诉讼；③对被采取强制性教育措施的人提起的诉讼；④对被监禁的人提起的诉讼。

此外，根据《民事诉讼法解释》第 9 条和第 12 条规定，以下案件原告住所地法院也有管辖权：①追索赡养费案件的几个被告住所地不在同一辖区的；②夫妻一方离开住所地超过 1 年，另一方起诉离婚的。

参考判例：刘某、韩某离婚纠纷案。

四、应诉管辖

根据《民事诉讼法》第 127 条第 2 款规定："当事人未提出管辖异议，并应诉答辩的，视为受诉人民法院有管辖权，但违反级别管辖和专属管辖规定的除外。"据此，应诉管辖必须同时满足三个条件：一是当事人未提出管辖异议；二是该当事人积极应诉答辩；三是不得违反级别管辖和专属管辖规定。上述任何一个条件没有满足，都不能产生应诉管辖的后果。例如被告在提交管辖异议的同时，也提交了书面答辩状的，根据《民事诉讼法解释》第 223 条第 1 款规定："当事人在提交答辩状期间提出管辖异议，又针对起诉状的内容进行答辩的，人民法院应当依照民事诉讼法第一百二十七条第一款的规定，对管辖异议进行审查。"此外，如何理解当事人应诉答辩行为？《民事诉讼法解释》第 223 条将其解释为"就案件实体内容进行答辩、陈述或者反诉"。因此我们在判断应诉管辖是否成立的问题上，要严格按照上述两个法定条件进行分析。

> 参考判例：北京××综合超市股份有限公司南宁分公司与广西南宁梦××百货有限公司房屋租赁合同纠纷案。

五、共同管辖与选择管辖

共同管辖，是指依照法律规定，两个以上的人民法院对同一案件享有管辖权。选择管辖，是指两个以上的法院对诉讼都有管辖权时，当事人可以选择其中一个法院提起诉讼。

共同管辖与选择管辖实际上是一个问题的两个方面，即共同管辖体现了法院行使审判权，选择管辖体现着当事人行使诉权。共同管辖是选择管辖的前提，选择管辖是确定共同管辖案件中的选择规则，两者都是对地域管辖法律规定的补充。

《民事诉讼法》第 35 条规定，两个以上人民法院都有管辖权的诉讼，原告可以向其中一个人民法院起诉；原告向两个以上有管辖权的人民法院起诉的，由最先立案的人民法院管辖。为了防止法院之间在受理诉讼时相互推诿或者争抢管辖权。《民事诉讼法解释》第 36 条规定，两个以上人民法院都有管辖权的诉讼，先立案的人民法院不得将案件移送给另一个有管辖权的人民法院。人民法院在立案前发现其他有管辖权的人民法院已先立案的，不得重复立案；立案后发现其他有管辖权的人民法院已先立案的，裁定将案件移送给先立案的人民法院。

六、管辖权恒定原则

所谓管辖权恒定，是指某个法院对某个案件是否享有管辖权，应当以原告起诉时为准，法院在原告起诉时依法对该案取得管辖权的，该案件自始至终由其管辖，不因据以确定管辖的因素发生变化而变更管辖法院。

我国《民事诉讼法解释》第37、38条对管辖权恒定作了以下规定：第一，案件受理后，受诉人民法院的管辖权不受当事人住所地、经常居住地变更的影响；第二，有管辖权的人民法院受理案件后，不得以行政区域变更为由，将案件移送给变更后有管辖权的人民法院。因此管辖权恒定原则体现着人民法院管辖权在受理后，不受"当事人住所地、经常居住地"以及"行政区域变更"这两个因素的影响。

但是人民法院受理案件后，其管辖权是否会受到当事人提起增加或者变更诉讼请求等改变的影响？对此问题民事诉讼法并未明确规定。《民事诉讼法解释》第39条规定："人民法院对管辖异议审查后确定有管辖权的，不因当事人提起反诉、增加或者变更诉讼请求等改变管辖，但违反级别管辖、专属管辖规定的除外。"该条表明，在管辖权确定后如果当事人反诉、增加或者变更诉讼请求影响到级别管辖或属于专属管辖的，则不受管辖权恒定原则的约束。例如根据《最高人民法院关于审理民事级别管辖异议案件若干问题的规定》第3条规定："提交答辩状期间届满后，原告增加诉讼请求金额致使案件标的额超过受诉人民法院级别管辖标准，被告提出管辖权异议，请求由上级人民法院管辖的，人民法院应当按照本规定第一条审查并作出裁定"。

> 参考判例1：北京××集团有限责任公司与××省人民医院建设工程施工合同纠纷案。
> 参考判例2：浙江国×实业有限公司与康×投资集团有限公司等合同纠纷案。
> 参考判例3：福建省××发建设工程有限公司与沈阳××益群房地产开发有限公司等建设工程施工合同纠纷案。

七、移送管辖

《民事诉讼法》第36条规定："人民法院发现受理的案件不属于本院管辖

的，应当移送有管辖权的人民法院，受移送的人民法院应当受理。受移送的人民法院认为受移送的案件依照规定不属于本院管辖的，应当报请上级人民法院指定管辖，不得再自行移送。"移送管辖制度的法律要点主要包括：

（1）在时间上，人民法院已经受理案件。如果人民法院尚未受理即发现本院无管辖权的，则根据《民事诉讼法解释》第211条规定，应当裁定不予受理。

（2）人民法院应当将案件移送给有管辖权的人民法院，并不需要报请上级法院；受移送法院是否对该案件有管辖权，这是移送法院的单方面的主观判断，该主观判断是否正确并不影响移送管辖。

> 参考法律文书：民事裁定书（依职权移送管辖用）。

（3）受移送人民法院应当受理，不得再次移送案件。为了避免诉讼拖延，受移送法院无论认为本院是否对案件有管辖权，都应当先受理。如果受移送法院认为本院也没有管辖权的，既不能将案件退回，也不能移送到其他法院，而是应当报请自己上级人民法院进行指定管辖。

> 参考法律文书：民事裁定书（受移送人民法院报请指定管辖案件用）。

此外在司法解释中还出现了在特殊类型纠纷中因追加当事人进行的移送管辖。根据《最高人民法院关于审理证券市场因虚假陈述引发的民事赔偿案件的若干规定》第10条规定，人民法院受理以发行人或者上市公司以外的虚假陈述行为人为被告提起的诉讼后，经当事人申请或者征得所有原告同意后，可以追加发行人或者上市公司为共同被告。人民法院追加后，应当将案件移送发行人或者上市公司所在地有管辖权的中级人民法院管辖。

> 参考判例1：葛建×与安徽××会计师事务所管理人责任纠纷案。
> 参考判例2：路某某等诉山东××招标有限责任公司等合同纠纷案。

八、管辖权转移

《民事诉讼法》第38条规定："上级人民法院有权审理下级人民法院管辖

的第一审民事案件；确有必要将本院管辖的第一审民事案件移交下级人民法院审理的，应当报请其上级人民法院批准。下级人民法院对它所管辖的第一审民事案件，认为需要由上级人民法院审理的，可以报请上级人民法院审理。"

因此管辖权转移可能出现两种情况：

1. 由上级人民法院将案件的管辖权下放给下级人民法院的"下放性转移"

根据《民事诉讼法解释》第42条规定："下列第一审民事案件，人民法院依照民事诉讼法第三十八条第一款规定，可以在开庭前交下级人民法院审理：（一）破产程序中有关债务人的诉讼案件；（二）当事人人数众多且不方便诉讼的案件；（三）最高人民法院确定的其他类型案件（例如《最高人民法院关于审理环境民事公益诉讼案件适用法律若干问题的解释》第6条第2款规定，中级人民法院认为确有必要的，可以在报请高级人民法院批准后，裁定将本院管辖的第一审环境民事公益诉讼案件交由基层人民法院审理）。人民法院交下级人民法院审理前，应当报请其上级人民法院批准。上级人民法院批准后，人民法院应当裁定将案件交下级人民法院审理。"

参考法律文书：民事裁定书（上级法院移交下级法院审理用）。

2. 下级人民法院将案件上报给上级人民法院的"上调性转移"

这种方式既可能表现为下级法院请求上级人民法院审理本院管辖的案件，也可能表现为上级人民法院决定审理下级人民法院管辖的案件。但无论何种情况，最终都由上级人民法院最终决定。根据《最高人民法院关于调整高级人民法院和中级人民法院管辖第一审民商事案件标准的通知》第5条规定："对重大疑难、新类型和在适用法律上有普遍意义的案件，可以依照民事诉讼法第三十八条的规定，由上级人民法院自行决定由其审理，或者根据下级人民法院报请决定由其审理。"该规定为特定案件的上调性转移提供了依据。

参考判例1：董×诉曹×合同纠纷案。
参考判例2：蚌埠市禹会区人民检察院与陈×、陈志×环境污染责任纠纷案。

九、指定管辖

《民事诉讼法》第 37 条规定："有管辖权的人民法院由于特殊原因，不能行使管辖权的，由上级人民法院指定管辖。人民法院之间因管辖权发生争议，由争议双方协商解决；协商解决不了的，报请它们的共同上级人民法院指定管辖。"

上级人民法院指定某下级人民法院管辖民事案件，可能基于两种情况：

一是下级人民法院因特殊原因，例如自然灾害、全体审判人员被申请回避等不能行使管辖权时，上级人民法院需要另行指定其他人民法院审理案件；二是下级法院出现了管辖权争议，例如两个法院都认为自己无管辖权或者两个法院都认为自己应当管辖案件，则在争议法院无法协商解决的情况下，报请它们的共同上级人民法院指定管辖。该共同上级法院的确定标准是：双方为同属一个地、市辖区的基层人民法院的，由该地、市的中级人民法院及时指定管辖；同属一个省、自治区、直辖市的两个人民法院的，由该省、自治区、直辖市的高级人民法院及时指定管辖；双方为跨省、自治区、直辖市的人民法院，高级人民法院协商不成的，由最高人民法院及时指定管辖。

指定管辖裁定作出前，下级人民法院对案件作出判决、裁定的，上级人民法院应当在裁定指定管辖的同时，一并撤销下级人民法院的判决、裁定。

参考法律文书1：民事裁定书（有管辖权人民法院报请指定管辖案件用）。

参考法律文书2：民事裁定书（因管辖权争议报请指定管辖案件用）。

参考判例：××农村商业银行股份有限公司诉段×等金融借款合同纠纷案。

十、管辖权异议

《民事诉讼法》第 127 条第 1 款规定："人民法院受理案件后，当事人对管辖权有异议的，应当在提交答辩状期间提出。人民法院对当事人提出的异议，应当审查。异议成立的，裁定将案件移送有管辖权的人民法院；异议不成立的，裁定驳回。"当事人的管辖权异议法律要点分析如下：

（1）提出管辖权异议权的主体为双方当事人，并不限于被告。例如原告对受移送法院的管辖权提出异议，或者对被告的反诉提出管辖权异议等。诉讼第三人则不具有管辖异议权；

（2）异议的对象，既可能是地域管辖，也可能是级别管辖，但只能针对第一审法院管辖权提出，对第二审法院不得提出管辖权异议。

（3）管辖权异议时间，应当是在当事人提交答辩状期间。如果未在此期间提出管辖权异议，则发生失权后果。但例外情况是，《最高人民法院关于审理民事级别管辖异议案件若干问题的规定》第3条规定："提交答辩状期间届满后，原告增加诉讼请求金额致使案件标的额超过受诉人民法院级别管辖标准，被告提出管辖权异议，请求由上级人民法院管辖的，人民法院应当按照本规定第一条审查并作出裁定。"

（4）当事人提出管辖权异议后，法院应当审查。审查结果可能有：异议成立，裁定进行移送管辖；异议不成立的，裁定驳回。当事人对驳回异议的裁定可向上级人民法院提起上诉。

> 参考法律文书1：异议书（对管辖权提出异议用）。
> 参考法律文书2：民事裁定书（管辖权异议用）。
> 参考法律文书3：对驳回管辖异议裁定上诉状。
> 参考法律文书4：民事裁定书（不服管辖裁定上诉案件用）
> 参考判例1：杨×诉孙×宏民间借贷纠纷案。
> 参考判例2：盐城××置业有限公司与张×房屋买卖合同纠纷案。

拓展思考题

1. 如果一份合同约定了多个合同履行义务以及履行地点，如何确定合同履行地？

2. 如果一个合同纠纷并非为给付货币、交付不动产以及其他标的，而是单纯请求确认合同效力或者解除合同的诉讼，如何确定管辖法院？

3. 当事人能否就级别管辖提出管辖权异议？

4. 一审法院在被告缺席的情况下作出判决后，被告在第二审程序中可否提出针对第一审法院的管辖异议？

5. 当事人应诉答辩，人民法院在一审开庭前发现根据地域管辖本案不属于本院管辖的，如何处理？

6. 甲向乙起诉离婚诉讼案件，并涉及双方共同购买的一处房产的分割，该案是否作为不动产纠纷专属管辖？

7. 合同实际履行地点与约定履行地点不一致，如何处理？

8. 合同没有实际履行，同时合同也没有约定合同履行地，如何根据特殊地域管辖方法确定管辖法院？

9. 甲公司与乙公司签订管辖协议约定，双方因合同纠纷，提交双方住所地人民法院审理。因合同产生纠纷后，甲公司向其住所地人民法院起诉，乙公司提起管辖权异议是否合理？

10. 南京市玄武区人民法院与杭州市西湖区人民法院如果发生了一审管辖权争议且协商解决不了的，如何处理？

11. 非诉讼案件的级别管辖法院是基层人民法院管辖，各类非诉讼案件如何确定地域管辖法院？

12. 人民法院作出管辖权异议裁定前，原告申请撤诉的，如何处理？

13. 答辩期间届满后，原告增加诉讼请求金额，被告可否提出管辖权异议？

本章练习题

登录"民事诉讼法通达翻转教学平台软件"，通过"练习与考试"进行本章在线练习。

诉讼实务训练

登录"民事诉讼法通达翻转教学平台软件"，通过"实验教学"进行本章诉讼实务训练。

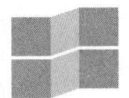

第八章

民事诉讼保障制度

学习目标

了解期间、送达的含义、意义、种类，掌握计算期间单位、方法及耽误期间的补救措施，明确送达的特点和效力，正确理解和适用法律规定的各种送达方式。了解保全的种类、条件、范围、措施及发生错误的补救办法；明确先予执行的适用范围、条件和申请人败诉的责任；掌握并正确适用保全和先予执行的程序规定。明确妨害民事诉讼行为的构成和种类；了解民事诉讼强制措施的性质、特点、作用；掌握各种强制措施的正确适用。

结合各类学习资料，建议本章自学时间不少于 6 小时。

视频资源

登录"民事诉讼法通达翻转教学平台软件"，通过"视频教学"进行本章视频学习。

参考法律文件	参考法律文书	参考判例

一、期间制度

期间是指法院、诉讼参与人进行或完成某种诉讼行为应当遵守的时间，是民事诉讼有序进行的重要保障。

（一）期间的分类

期间分为法定期间和指定期间，关系如下表：

法定期间	法律明文规定的期间	绝对不变期	法律明确规定，任何机构和人员都不得变更，如上诉期、申请再审的期间等
		相对不变期	法定期间一般不得改变，但特殊事由，可以依法延长期间，如一审审理期限
指定期间	法院根据审理案件的需要，依职权指定当事人及其他诉讼参与人进行诉讼行为的期间，特殊情况，法院可依职权变更		

（二）期间的计算方法

（1）期间以时、日、月、年计算；期间开始的时和日，不计算在期间内。以时起算的期间从次时起算；以日、月、年计算的期间从次日起算。例如，《民事诉讼法》第 101 条规定对情况紧急的财产保全的申请，法院接受申请后必须在 48 小时内作出裁定。如果法院在上午 9 时收到申请，法院收到申请的时间不计算在内，应从上午 10 时开始计算。再如，一审民事判决的上诉期为送达之日起 15 日，如果当事人是在 2 月 3 日收到的判决书，15 日上诉期应从2 月 4 日起算。

（2）期间届满最后一日是法定节假日的，以节假日后的第一个工作日为期间届满的日期。节假日既包括国家法定的节假日，如元旦春节等，也包括每周末的周六和周日。

（3）在途期间不包括在内。诉讼文书的交付日期，以该文书交邮时邮局在该文书邮件封皮上所盖的邮戳上的日期为准。诉讼文书在期满前交邮的，不算过期；

（4）根据《民事诉讼法解释》第 243 条规定："民事诉讼法第一百四十九条规定的审限（一审普通程序），是指从立案之日起至裁判宣告、调解书送达之日止的期间，但公告期间、鉴定期间、双方当事人和解期间、审理当事人提出的管辖异议以及处理人民法院之间的管辖争议期间不应计算在内。"

（三）期间的耽误与顺延

当事人因不可抗拒的事由或者其他正当理由耽误期限的，在障碍消除后10 日内，可以申请顺延期限，是否同意，由法院决定。

（1）事由：不可抗拒的事由或其他正当理由耽误期限；

（2）需要当事人申请，法院不能主动依职权顺延期限；

（3）申请时间：障碍消除后 10 日内。

参考法律文书：申请书（申请顺延期限用）。

二、送达制度

（一）送达的含义

送达在形式上体现为人民法院的一种诉讼活动，是人民法院依照法律规定的程序和方式将诉讼文书交付给当事人及其他诉讼参与人的诉讼行为。送达的意义不仅仅在于将诉讼文书送交给受送达人，使其了解诉讼文书内容，更重要的是送达行为包含着一定法律后果的产生。例如调解书送达给双方当事人签收后，发生法律效力，当事人必须履行，否则对方当事人可以向人民法院申请强制执行。

从送达的内容来看，送达制度具有以下特点：

（1）主体特定。人民法院是送达的法定主体，这意味着送达是人民法院的一种诉讼行为，当事人及其他诉讼参与人不能成为送达主体。

（2）对象特定。限定为当事人以及其他诉讼参与人，包括原告、被告、第三人和诉讼代理人、证人、翻译人员、鉴定人等。人民法院之间传达诉讼有关的文书并不属于送达的范畴。

（3）送达内容法定。送达的内容是诉讼文书，送达的诉讼文书种类繁多，大致包括两方面内容：当事人提交的各类民事诉讼文书；人民法院制作的有关诉讼文书，例如书面决定、调解书、裁决书、判决书等。

（4）方式和程序法定。我国民事诉讼法规定了法定的送达方式，因此人民法院实施送达行为，必须严格按照法律规定的方式和程序进行，否则不能被视为合法送达，不产生相应的送达法律效果。

如何确定当事人的送达地址？从最高人民法院司法政策角度，诉讼文书送达地址的确认采取自愿原则。例如当事人在纠纷发生之前约定送达地址的，人民法院可以将该地址作为送达诉讼文书的确认地址。当事人起诉或者答辩时应当依照规定填写送达地址确认书，如果当事人同意电子送达的，应当提供并确认传真号、电子信箱、微信号等电子送达地址。人民法院还充分利用中国审判流程信息公开网，建立了全国法院统一的电子送达平台，同时完善国家邮政机构以法院专递方式进行送达。甚至在当事人拒绝提供送达地址的情况下，也不会影响人民法院根据户籍资料等确定其住所或居所，使用挂号或快递对即送文书进行送达。

（二）送达方式

1. 直接送达

直接送达是指人民法院将诉讼文书直接送交受送达人或者受送达人同住成年家属。法人、其他组织的法定代表人、主要负责人，或者负责收件的人、诉讼代理人、受送达人指定的代收人签收或代收，效力等同于本人签收。

法院直接送达文书可以在当事人的住所以及住所外的其他地方，也可通知当事人到法院领取。根据《民事诉讼法解释》第131条第1款规定："人民法院直接送达诉讼文书的，可以通知当事人到人民法院领取。当事人到达人民法院，拒绝签署送达回证的，视为送达。审判人员、书记员应当在送达回证上注明送达情况并签名。"

注意：离婚诉讼中不能将诉讼文书交由在身份上既是与受送达人同住的成年家属，又是另一方当事人的人签收。

2. 留置送达

留置送达的前提是出现了《民事诉讼法》第86条的情形，受送达人或者他的同住成年家属拒绝接收诉讼文书。此时，送达人可以邀请有关基层组织或者所在单位的代表到场，说明情况，在送达回证上记明拒收事由和日期，由送达人、见证人签名或者盖章，把诉讼文书留在受送达人的住所；也可以把诉讼文书留在受送达人的住所，并采用拍照、录像等方式记录送达过程，即视为送达。

留置送达显然有两种形式：有见证人的留置送达和记录送达过程的留置送达。前一种方式需要见证人签名或盖章，见证人可以是受送达人住所地的居民委员会、村民委员会的工作人员以及受送达人所在单位的工作人员。后一种方式较为简便，送达人采用拍照、录像方式记录送达过程即可。但无论何种方式，都需要满足受送达人或他的同住成年家属"拒绝接收诉讼文书"这个前提。如果受送达人下落不明或者确实不在居住地址生活的，只能通过其他方式进行送达。

法院通知当事人到人民法院领取诉讼文书的，当事人到达人民法院，拒绝签署送达回证的，视为送达。审判人员、书记员应当在送达回证上注明送达情况并签名。

> 参考法律文书：送达回证（送达民事诉讼文书用）。
>
> 参考判例：苟钊×与胡×明民间借贷纠纷案。

3. 电子送达

《民事诉讼法》第 87 条规定，经受送达人同意，人民法院可以采用传真、电子邮件等能够确认其收悉的方式送达诉讼文书，但是，判决书、裁定书、调解书除外。传真、电子邮件等到达受送达人特定系统日期为送达日期。

受送达人同意采用电子方式送达的，应当在送达地址确认书中予以确认。

4. 委托送达

委托送达，是指直接送达有困难时，委托其他人民法院代为送达。负责审理该民事案件的人民法院称为委托法院，接受送达任务的法院称为受托法院。委托其他人民法院代为送达的，委托法院应当出具委托函，并附需要送达的诉讼文书和送达回证，以受送达人在送达回证上签收的日期为送达日期。从实际情况来看，需要委托有关人民法院送达的，往往是受送达人不在受诉法院或者发出诉讼文书的法院辖区内，或者因其他特殊原因，而需要委托其他法院代为送达。委托送达时，受委托人民法院应当自收到委托函及相关诉讼文书之日起 10 日内代为送达。

5. 转交送达

转交送达，是指人民法院将诉讼文书送交受送达人所在单位代收，然后转交给受送达人的送达方式。转交送达分为三种情况：①受送达人为军人的，通过所在部队团以上政治机关转交；②受送达人被监禁的，通过其所在监所转交；③受送达人被采取强制性教育措施的，通过其所在强制性教育机构转交。

6. 邮寄送达

邮寄送达，是指人民法院直接送达有困难的，将诉讼文书交邮局以法院专递的方式寄给受送达人。根据《最高人民法院关于以法院专递方式邮寄送达民事诉讼文书的若干规定》，人民法院直接送达诉讼文书有困难的，可以交由国家邮政机构以法院专递方式邮寄送达。以法院专递方式邮寄送达民事诉讼文书的，其送达与人民法院送达具有同等法律效力。邮寄送达的，以回执上注明的收件日期为送达日期。用邮寄送达的，在计算期间的时候，要把邮件的在途期间扣除。

根据《最高人民法院关于进一步加强民事送达工作的若干意见》，为了便于人民法院邮寄送达诉讼文书，当事人起诉或者答辩时应当向人民法院提供或者确认自己准确的送达地址，并填写送达地址确认书。送达地址包括邮政编码、详细地址以及受送达人的联系电话等。同意电子送达的，应当提供并确认接收民事诉讼文书的传真号、电子信箱、微信号等电子送达地址。当事人委托诉讼代理人的，诉讼代理人确认的送达地址视为当事人的送达地址。

当事人拒绝确认送达地址或拒绝应诉、拒接电话、避而不见送达人员、搬离原住所等躲避、规避送达，人民法院不能或无法要求其确认送达地址的，可以分别以下列情形处理：①当事人在诉讼所涉及的合同、往来函件中对送达地址有明确约定的，以约定的地址为送达地址；②没有约定的，以当事人在诉讼中提交的书面材料中载明的自己的地址为送达地址；③没有约定、当事人也未提交书面材料或者书面材料中未载明地址的，以一年内进行其他诉讼、仲裁案件中提供的地址为送达地址；④无以上情形的，以当事人一年内进行民事活动时经常使用的地址为送达地址。依上述方式仍不能确认送达地址的，自然人以其户籍登记的住所或者经常居住地登记的住址为送达地址，法人或者其他组织以其工商登记或其他依法登记、备案的住所地为送达地址。因受送达人自己提供或者确认的送达地址不准确、拒不提供送达地址、送达地址变更未及时告知人民法院、受送达人本人或者受送达人指定的代收人拒绝签收，导致诉讼文书未能被受送达人实际接收的，文书退回之日视为送达之日。

7. 公告送达

公告送达，是指人民法院在受送达人下落不明或者其他方法均无法送达时用张贴公告、登报等方法，通知受送达人在一定期限内受领送达文书的送达方式。公告送达自发出公告后 60 日，即视为送达。采用公告送达必须满足两个条件：①须受送达人下落不明；②须用上述六种方式均无法送达。公告送达可以在法院的公告栏和受送达人住所地张贴公告，也可以在报纸、信息网络等媒体上刊登公告，发出公告日期以最后张贴或者刊登的日期为准。对公告送达方式有特殊要求的，应当按要求的方式进行。公告期满，即视为送达。人民法院在受送达人住所地张贴公告的，应当采取拍照、录像等方式记录张贴过程。采用公告送达的，国内诉讼公告之日经过 60 日，涉外诉讼公告之日经过 3 个月视为送达。

公告送达的例外情况：①支付令不能公告送达；②简易程序审理的案件不能公告送达。

参考判例：孙某某诉田某某离婚纠纷案。

三、保全程序

保全是指人民法院在利害关系人提起诉讼或申请仲裁前或在诉讼过程中，根据利害关系人或当事人的申请，或必要时依职权对一定财产采取限制当事人处分或责令当事人实施或不实施一定行为的临时性保障措施。没有保全措施，被告极有可能将财产转移殆尽或挥霍一空，使判决书因无法执行而成"一纸空文"。因此保全实际上作为重要的民事诉讼法执行保障措施，对保护裁判的可执行性、维护当事人合法权益具有重要意义。

以时间为标准，保全可分为诉前保全和诉讼保全。诉前保全适用于情况紧急时，利害关系人不立即申请保全将会使其合法权益受到难以弥补的损害，可以在起诉前向人民法院申请保全。诉讼保全，则是当事人已经起诉，人民法院已经受理案件后采取的保全。

以保全的对象不同，保全可分为财产保全、行为保全和证据保全。财产保全指人民法院根据利害关系人或当事人的申请，或在必要情况下依职权，对一定财产采取强制性保护措施，以保证将来生效判决得以实现的程序规则和制度；行为保全是指人民法院根据利害关系人或当事人的申请，或在必要情况下依职权责令被申请人或相关主体作出一定行为或者禁止其作出一定行为，从而避免造成难以挽回的损失的程序规则和制度。我国婚姻关系诉讼中的人身保护令，以及知识产权侵权诉讼中的诉前禁令等都属于行为保全的范畴。

（一）诉前保全

（1）适用情形：不立即采取保全措施将会使申请人的合法权益受到难以弥补的损害；

（2）启动方式：只能依当事人申请，人民法院不依职权进行诉前保全；

（3）担保：人民法院应当责令申请人提供担保；利害关系人申请诉前财产保全的，应当提供相当于请求保全数额的担保；情况特殊的，人民法院可以酌情处理；

（4）管辖：利害关系人申请诉前保全，可以向被保全财产所在地、被申请人住所地以及对案件有管辖权的人民法院提出；

（5）保全后的起诉期限：在诉前申请保全的，申请人在法院采取保全措施后应当在 30 日内起诉或申请仲裁，否则法院应当解除保全措施。

> 参考法律文书 1：申请书（诉前或者仲裁前申请财产保全用）。
>
> 参考法律文书 2：申请书（申请诉前/仲裁前行为保全用）。
>
> 参考法律文书 3：民事裁定书（诉前财产保全用）。
>
> 参考判例：刘玉×与陶振×交通事故纠纷诉前保全实施案。

（二）诉讼保全

（1）适用情形：可能因当事人一方的行为或者其他原因使判决难以执行或者造成当事人其他损害的案件。

（2）启动方式：依当事人申请或者法院依职权。

（3）担保：法院采取保全措施，可以责令申请人提供担保，申请人不提供的，裁定驳回申请；《最高人民法院关于人民法院办理财产保全案件若干问题的规定》第 9 条规定："当事人在诉讼中申请财产保全，有下列情形之一的，人民法院可以不要求提供担保：（一）追索赡养费、扶养费、抚育费、抚恤金、医疗费用、劳动报酬、工伤赔偿、交通事故人身损害赔偿的；（二）婚姻家庭纠纷案件中遭遇家庭暴力且经济困难的；（三）人民检察院提起的公益诉讼涉及损害赔偿的；（四）因见义勇为遭受侵害请求损害赔偿的；（五）案件事实清楚、权利义务关系明确，发生保全错误可能性较小的；（六）申请保全人为商业银行、保险公司等由金融监管部门批准设立的具有独立偿付债务能力的金融机构及其分支机构的。法律文书生效后，进入执行程序前，债权人申请财产保全的，人民法院可以不要求提供担保。"人民法院依照民事诉讼法第 100 条规定责令申请保全人提供财产保全担保的，担保数额不超过请求保全数额的 30%；申请保全的财产系争议标的的，担保数额不超过争议标的价值的 30%。

> 参考法律文书：提供担保通知书（责令提供担保用）。

（4）管辖：受理案件的法院。但是注意在上诉案件中，第二审法院收到报送案件前，由一审法院采取保全措施。

> 参考法律文书1：申请书（申请诉讼财产保全用）。
> 参考法律文书2：申请书（申请诉讼行为保全用）。
> 参考法律文书3：民事裁定书（诉讼行为保全用）。
> 参考判例：××市五菱机械制造有限公司、江阴市××达科技有限公司因申请诉中财产保全损害责任纠纷案。

（5）期限：根据《最高人民法院关于人民法院办理财产保全案件若干问题的规定》第4条规定："人民法院接受财产保全申请后，应当在五日内作出裁定；需要提供担保的，应当在提供担保后五日内作出裁定；裁定采取保全措施的，应当在五日内开始执行。对情况紧急的，必须在四十八小时内作出裁定；裁定采取保全措施的，应当立即开始执行。"

总结与归纳：诉前保全和诉讼保全的对比，如下表：

	诉前保全	诉讼保全
适用条件	不立即采取保全措施将会使申请人合法权益受到难以弥补的损害	可能因当事人一方的行为或者其他原因使判决难以执行或造成当事人其他损害
启动方式	依利害关系人申请	可以依当事人申请，可以依法院职权
担保	申请人应当提供担保，否则驳回	可以责令申请人提供担保
管辖	被保全财产所在地、被申请人住所地或者对案件有管辖权的法院	受案人民法院
裁定	必须48小时内作出	情况紧急的48小时内作出

（三）保全的范围和方式

1. 保全的范围

根据我国《民事诉讼法》第102条的规定："保全限于请求的范围，或者与本案有关的财物。"限于请求的范围，即被保全财产的金额应与利害关系人的权利请求或与诉讼请求的金额大致相等，法院不能任意裁定财产保全的范围。与本案有关的财物，指被保全的财物是本案的诉讼标的物，或者虽不是本案的标的物，但与本案有实际牵连。

2. 保全的方式

根据《民事诉讼法》第 103 条规定，财产保全采取查封、扣押、冻结或者法律规定的其他方法。查封，是指法院对需要进行保全的财产清点后，加贴封条，就地封存，不许任何人处分的一种强制措施。扣押，是指法院将财物送到一定场所予以扣留，在一定期限内不许任何人处分或动用的一种强制措施。冻结，是指法院依法通知有关银行等金融机构临时性扣留存款的一种强制性措施。行为保全主要表现为责令被申请人或相关主体作出一定行为或者禁止其作出一定行为。

参考判例：孙兆×与冯红×交通事故责任纠纷诉前保全实施案。

3. 保全的救济

《最高人民法院关于人民法院办理财产保全案件若干问题的规定》第 25 条第 1、2 款规定："申请保全人、被保全人对保全裁定或者驳回申请裁定不服的，可以自裁定书送达之日起五日内向作出裁定的人民法院申请复议一次。人民法院应当自收到复议申请后十日内审查。对保全裁定不服申请复议的，人民法院经审查，理由成立的，裁定撤销或变更；理由不成立的，裁定驳回。"

参考判例：田学×与赵春×申请诉前财产保全复议案。

4. 保全的解除

保全的解除问题较为复杂，因为不同案件、不同程序和不同保全措施，具有不同的保全解除原因。因此保全的解除分散于不同的法律和司法解释当中。从程序角度讲，根据《最高人民法院关于人民法院办理财产保全案件若干问题的规定》，人民法院收到解除保全申请后，应当在 5 日内裁定解除保全；对情况紧急的，必须在 48 小时内裁定解除保全。

（四）证据保全

证据保全是指在证据可能灭失或以后难以取得的情况下，法院根据申请人的申请或依职权，对证据加以固定和保护的制度。

1. 诉中证据保全

（1）适用前提：证据可能灭失，例如证人可能因病死亡，物证和书证可能会腐烂、销毁；或日后难以取得。造成证据可能灭失或以后难以取得的，既有自然原因，也有人为原因。

（2）启动方式：当事人申请或者法院依职权采取。

（3）申请时间：举证期限届满前。

（4）管辖法院：受理案件的法院。

> 参考法律文书1：申请书（申请诉讼证据保全用）。
>
> 参考法律文书2：民事裁定书（诉讼证据保全用）。

2. 诉前证据保全

（1）适用：情况紧急，在证据可能灭失或日后难以取得的情况下，利害关系人可以在起诉或申请仲裁前申请证据保全。

（2）启动方式：只能依据当事人申请，法院不能依职权采取。

（3）管辖法院：利害关系人可以向证据所在地、被申请人住所地以及对案件有管辖权的法院提出申请。

（4）程序：法院在48小时内作出裁定。

（5）解除：申请人自保全之日起30日内不起诉或者申请仲裁的，人民法院解除保全措施。

> 参考法律文书1：申请书（申请诉前证据保全用）。
>
> 参考法律文书2：民事裁定书（诉前证据保全用）。
>
> 参考判例：××公司申请华×轩公司侵害专利权诉前证据保全案。

3. 关于证据保全的担保问题

证据保全可能对他人造成损失的，法院应当责令申请人提供相应的担保。

> 参考判例：江苏龙×建工集团有限公司与绵阳市××环保科技有限公司证据保全。

4. 证据保全措施

证据保全措施的对象可以是证人证言、物证、书证等。人民法院采取证据保全的主要方法有三种：①向证人进行询问调查，记录证人证言；②对文书、物品等进行拍照、录像、抄写或者用其他方法加以复制；③对证据进行鉴定或者勘验。人民法院可以根据具体情况，采取查封扣押拍照、录音、录像、复制、鉴定、勘验、制作笔录等方法。不论采取哪一种方法，人民法院都应当客观、真实地反映证据情况，以达到证明案件事实的目的。由人民法院裁定保全的证据，与人民法院依职权收集调查的其他证据有同等效力。诉讼证据一经保全，即免除了当事人提供该项证据的责任。但是，被保全的证据并不一定必然成为定案根据，还需要进一步综合审查判断，经过法庭质证，才能得出结论。

> 参考判例：郭秀×诉白山市××堂老百姓大药房连锁有限公司松江河八一桥店证据保全纠纷案。

总结与归纳：诉讼中证据保全和诉前证据保全对比，如下表：

	诉中证据保全	诉前证据保全
适用情形	证据可能灭失或日后难以取得	情况紧急，证据可能灭失或日后难以取得
启动方式	可以依职权，也可以依申请	只能依申请
时间	诉讼中，举证期限届满前	起诉或申请仲裁前
管辖	受理案件的法院	证据所在地、被申请人住所地、对案件有管辖权的法院
担保	证据保全可能对他人造成损失的，法院应当责令申请人提供相应的担保	

四、先予执行

先予执行是指在法院终局判决之前，为解决权利人生活或生产经营的急需，依法裁定义务人预先履行义务的制度。因此，这种在判决之前就要进行执行的制度，学习重点在于先予执行的申请条件和程序。

（一）适用情形

根据《民事诉讼法》第 106 条规定，先予执行适用于以下案件：①追索赡养费、抚养费、抚育费、抚恤金、医疗费等案件；②追索劳动报酬；③情况紧急需要先予执行。根据《民事诉讼法解释》第 170 条规定，情况紧急的情形包括：需要立即停止侵害、排除妨碍的；需要立即制止某项行为的；追索恢复生产、经营急需的保险理赔费的；需要立即返还社会保险金、社会救助资金的；不立即返还款项，将严重影响权利人生活和生产经营的。

（二）适用条件

根据《民事诉讼法》第107条规定，人民法院裁定先予执行，除了针对以上民事案件类型之外，还应当满足以下条件：①当事人之间权利义务关系明确；②申请人有实现权利的迫切需要；③当事人向法院提出申请；④被申请人有履行能力。

（三）先予执行程序

（1）申请：当事人应当向受诉法院申请，法院不能主动依职权采取先予执行。

> 参考法律文书：申请书（申请先予执行用）。

（2）担保：法院可以责令申请人提供担保，申请人拒不提供的，裁定驳回申请；申请人败诉的，应当赔偿被申请人因先予执行遭受的财产损失。

（3）范围：限于当事人诉讼请求的范围，且以当事人生活、生产经营的急需为限。

（4）申请时间：当事人申请先予执行的，应当在人民法院正式立案之后。人民法院尚未立案的，当事人地位尚未形成，无法提出先予执行申请。

（5）处理和救济：法院对于先予执行的申请应当进行审查，认为符合条件的，应当在受理案件后终审判决作出前采取。当事人对人民法院先予执行裁定不服，可以申请复议一次，复议不停止原裁定的执行。《民事诉讼法解释》第171条进一步规定："当事人对保全或者先予执行裁定不服的，可以自收到裁定书之日起五日内向作出裁定的人民法院申请复议。人民法院应当在收到复议申请后十日内审查。裁定正确的，驳回当事人的申请；裁定不当的，变更或者撤销原裁定。"

> 参考法律文书1：民事裁定书（先予执行用）。
> 参考法律文书2：复议申请书（申请对保全或者先予执行裁定复议用）。
> 参考法律文书3：民事裁定书（保全或者先予执行裁定复议用）。
> 参考判例：范××诉中国人民财产保险股份有限公司××支公司等先予执行案。

五、民事诉讼强制措施

民事诉讼的强制措施，是指对妨碍民事诉讼的人采取的具有制裁性质的强制性手段，以维护民事诉讼的秩序，保障诉讼当事人的利益安全，实现民事诉讼的顺利进行。

（一）妨害民事诉讼的行为表现

（1）必须到庭的被告，经传票传唤，无正当理由拒不到庭。

（2）违反法庭规则、扰乱法庭秩序的行为。如未经允许在开庭时录音、录像、拍照，冲击法庭和在法庭上哄闹等。

（3）伪造、毁灭重要证据，妨害人民法院审理案件。

（4）以暴力、威胁、贿买方法阻止证人作证或指使、贿买、胁迫他人作伪证。

（5）隐藏、转移、变卖、毁损已被查封、扣押的财产或已被清点并责令其保护的财产，转移已被冻结的财产。

（6）对司法工作人员、诉讼参与人、证人、翻译人员、鉴定人、勘验人、协助执行的人，进行侮辱、诽谤、诬陷、殴打或打击报复；以暴力、威胁或其他方法阻碍司法工作人员执行职务。

（7）有义务协助调查、执行的单位或组织拒不履行协助义务，这些行为包括：有关单位拒绝或妨碍法院调查取证的；银行、信用合作社和其他有储蓄业务的单位接到人民法院协助执行通知后，拒不协助查询、冻结或划拨存款的；有关单位接到人民法院协助执行通知书后，拒不协助扣留被执行人的收入，拒不办理有关财产权证照转移手续，拒不转交有关票证、证照或其他财产的；其他拒绝协助执行的行为。按照最高人民法院有关的司法解释，这些行为包括：擅自转移已被人民法院冻结的存款，或擅自解冻的；以暴力、威胁或者其他方法阻碍司法工作人员查询、冻结、划拨银行存款的；接到人民法院协助执行通知后，给当事人通风报信，协助其转移、隐匿财产的。

（8）恶意诉讼和恶意规避执行的行为。恶意诉讼是当事人为了谋取不正当利益，当事人之间恶意串通，通过诉讼、调解等方式所进行的虚假之诉；恶意规避执行是当事人为了逃避债务，被执行人与他人恶意串通，通过诉讼、仲裁、调解等方式所实施的规避执行的行为等。他人合法权益，包括案外人的合法权益、国家利益、社会公共利益。

（二）拘传

1. 适用对象

拘传范围扩大至被告之外，因此下列不属于不适用拘传的对象，例如证人、鉴定人、勘验人、第三人等。但是如果被告的法定代理人满足了拘传的适用条件，法院可以对其适用拘传。读者们需要明确"必须到庭的被告"的含义。根据《民事诉讼法解释》第 174 条规定，必须到庭的被告包括：①负有赡养、抚育、扶养义务；②不到庭就无法查清案情的被告；③给国家、集体或他人造成损害的未成年人的法定代理人，如其必须到庭，经两次传票传唤无正当理由拒不到庭也可以拘传。

2. 适用程序

根据《民事诉讼法》第 109 条规定，拘传适用于必须到庭的被告出现"经两次传票传唤"以及"无正当理由拒不到庭"的情况，因此上述两个条件必须全部满足才可以进行拘传。

因为拘传的本质，是人民法院依靠强制手段使被告到庭，因此适用拘传的程序非常严格。根据《民事诉讼法解释》第 175 条规定，拘传必须用拘传票，并直接送达被拘传人；在拘传前，应当向被拘传人说明拒不到庭的后果，经批评教育仍拒不到庭的，可以拘传其到庭。此外，拘传票应当由人民法院的院长签发。

参考法律文书：拘传票（拘传用）。

（三）训诫和责令退出法庭

1. 适用情形

训诫是一种针对违反法庭规则的诉讼参与人和其他人，采取的批评教育警告措施，促使其纠正违反法庭规则行为。法庭规则是法院开庭时由书记员向所有诉讼参与人和其他人宣读并应当遵守的纪律和秩序，它是开庭审理进行的保障。

责令退出法庭的措施较训诫严厉，是针对在开庭审理中违反法庭规则的诉讼参与人或其他人，强行命令其退出法庭的强制措施。审判人员既可以直接适用责令退出法庭的强制措施，也可以先适用训诫，然后视行为人的表现再决定是否适用责令退出法庭的强制措施。

2. 适用程序

训诫和责令退出法庭既可以由合议庭作出决定，也可以由独任审判员决定，并不需要法院院长批准，也不需要有书面决定书。诉讼参与人及其他人必须接受训诫和责令退出法庭的决定，并且无权申请复议和提起上诉。

> 参考判例：李某1与周某抚养费纠纷案。

（四）罚款与拘留

1. 适用情形

《民事诉讼法》第 110 条规定的严重扰乱法庭秩序。例如未经准许进行录音、录像、摄影的；未经准许以移动通信等方式现场传播审判活动的。

《民事诉讼法》第 111 条规定的法定情形。其中部分内容，在《民事诉讼法解释》第 187 条、第 188 条和第 189 条相应进行了具体化。

《民事诉讼法》第 112 条规定的当事人之间恶意串通，企图通过诉讼、调解等方式侵害他人合法权益的。

《民事诉讼法》第 113 条规定的被执行人与他人恶意串通，通过诉讼、仲裁、调解等方式逃避履行法律文书确定的义务的。

《民事诉讼法》第 114 条规定的有义务协助调查、执行的单位有法定行为之一的。

> 参考判例：王爱×与孙付×等合伙协议纠纷。

2. 适用程序

（1）罚款和拘留均使用书面决定书，必须由本院院长批准，合议庭和独任审判员无权决定；罚款、拘留可以单独适用，也可以合并适用，但是不得连续适用。发生新的妨害民事诉讼行为的，人民法院可以重新予以罚款、拘留。

> 参考法律文书：决定书（司法拘留并罚款用）。

（2）被罚款、拘留的人不服罚款、拘留决定申请复议的，应当自收到决定书之日起 3 日内向上级人民法院提出。上级人民法院应当在收到复议申请后 5 日内作出决定，并将复议结果通知下级人民法院和当事人。复议期间不停止原决定的执行；

参考法律文书：复议申请书（司法制裁复议案件用）。

（3）法院对被拘留人采取拘留措施后，应当在24小时内通知其家属；确实无法按时通知或者通知不到的，应当记录在案。

参考判例：付某某、章某某扰乱法庭案。

3. 期限与限额

拘留——15日以下。

罚款——对个人为10万以下，对单位为5万以上、100万以下。

参考法律文书：王××拘留决定书。

拓展思考题

1. 甲起诉乙偿还借款，诉讼中甲申请诉讼保全。被申请人以诉讼保全有错误请求甲赔偿损失，如何确定管辖法院？

2. 人民法院制作的民事调解书是否适用公告送达？

3. 如果受送达人故意向人民法院提供错误的送达地址，导致人民法院无法送达，人民法院如何处理？

4. 如果民事诉讼中证人无正当理由拒不到庭，人民法院如何处理？

5. 如果被告经过第二次传唤不到庭，是因为正当理由，人民法院如何处理？

6. 在执行阶段是否存在拘传的情形？

本章练习题

登录"民事诉讼法通达翻转教学平台软件"，通过"练习与考试"进行本章在线练习。

诉讼实务训练

登录"民事诉讼法通达翻转教学平台软件"，通过"实验教学"进行本章诉讼实务训练。

第九章
证据与证明

学习目标

了解民事诉讼证据的特征、作用、分类；了解民事诉讼证据种类；了解需要证明的事实和不需要证明的事实，明确举证责任在民事诉讼中的重要地位，了解举证责任的分配原则，以及合同纠纷和侵权纠纷中一般的举证责任分配方式。

结合各类学习资料，建议本章自学时间不少于6小时。

视频资源

登录"民事诉讼法通达翻转教学平台软件"，通过"视频教学"进行本章视频学习。

参考法律文件	参考法律文书	参考判例

人民法院认定事实作出裁判的基础，是对各类证据的取舍和判断过程，以事实为根据其实质就是以证据为根据。因此，证据裁判规则实际上成为以审判为中心的诉讼制度的关键环节。本章内容，将引导同学们正确认识证据在民事诉讼法中的形式、种类、规则以及人民法院在证据调查基础上的证明规范。

一、民事证据的三个属性

根据《民事诉讼法解释》第 104 条规定，人民法院应当组织当事人围绕证据的真实性、合法性以及与待证事实的关联性进行质证。因此我国立法上将民事证据的属性分为真实性、合法性和关联性三个方面。从司法实践角度讲，对不具备上述三个证据属性的证据材料，人民法院将予以排除。因此我们学习证据属性，主要是从这个角度了解人民法院对证据材料进行排除的法律原因。证据是否具备真实性、合法性和关联性，主要围绕证据能够成为证明案件事实的资格，即证据能力问题，至于该证据材料在满足三个属性的前提下是否能够证明待证事实，则属于该证据的证明能力问题。

（一）真实性

证据真实性是指证据能够反映案件真实情况。当事人提供的证明案件事实的手段和方法，真伪并存，因此人民法院需要从真实性角度鉴别和判断证据材料，去伪存真，将虚假证据进行排除。证据的真实性，还要求证据材料应当是客观存在的。作为证据事实，它不以任何人的主观意志为转移，它以真实而非虚无的、客观而非想象的面目出现于客观世界，且能够为人所认识和理解。例如证人的主观臆断、猜测、当事人依靠迷信手段的占卜算命结论等，都不具有客观存在性，因此也就不符合证据真实性的要求。民事证据的客观性，源于事物之间的普遍联系。具体来说，在民事法律关系的变动过程中，必然会以各种形式在客观世界里留下印迹，这些印迹，在民事诉讼中就表现为各种证据形式。证据的真实性一方面要求当事人在举证时必须向人民法院提供真实的证据，不得伪造、篡改证据、证人如实作证不得作伪证、鉴定人提供科学、客观的鉴定意见。另一方面要求人民法院在调查收集证据时应当保持客观，在审查核实证据时必须持客观的立场。

参考判例：黄梅县××商贸有限公司与左山×等买卖合同纠纷案。

（二）合法性

民事证据的合法性包括三个方面的内容：①证据的存在形式合法，即所有的证据都必须具备法律规定的特定形式要件；②证据的取得合法，即当事人和代理人在收集证据的时候，所使用的手段和程序必须符合法律规定；人民法院在依职权调查、收集证据时也同样要遵守法律的规定；③证据的提交和认定的程序合法。如《民事诉讼法》第63条规定，证据必须查证属实，才能作为认定事实的根据。

狭义上的证据合法性，主要是证据的取得合法性问题。《民事诉讼法解释》第 106 条规定:"对以严重侵害他人合法权益、违反法律禁止性规定或者严重违背公序良俗的方法形成或者获取的证据,不得作为认定案件事实的根据。"因此,在民事诉讼中所谓非法证据,是指形成和获取证据的方法不具有合法性,表现为三种形式:

(1) 严重侵害他人合法权益的。这表明,这种非法证据要达到对他人合法权益造成了实际的损害,而且造成损害的程度是严重的。这一定程度上体现了利益衡量的因素:对他人合法权益造成一般性侵害的,不会导致证据被排除的后果。此外,如果侵害的是他人的非法利益的话,不影响证据的采纳。

(2) 违反法律禁止性规定的。所谓法律禁止性规定,是指禁止某类行为的规范,其表述一般表现为不得、不可以、禁止等。如果当事人形成和调查证据行为违背了法律禁止性的行为义务,此时的证据则属于非法证据。例如对于未经对方当事人同意私自录制其谈话取得的资料,只要不是以严重侵害他人合法权益(如侵害隐私)或者违反法律禁止性规定的方法(如窃听),或者没有严重违反公序良俗取得的,仍可以作为认定案件事实的依据。

参考判例:郭元×与张××民间借贷上诉案。

(3) 严重违背公序良俗的。违背公序良俗一般表现为违反人伦、社会正义观念、乘他人无经验而获取不当利益等。因此尽管没有造成他人合法权益的严重损害,但如果采取了严重违背公序良俗的手段或方式获取证据,也应予以排除。当然,作为利益衡量的因素,也需要注意此处的非法证据应当达到"严重"违背公序良俗的程度,结合获取证据的方法、目的、动机、手段等因素来考虑。

(三) 关联性

证据的关联性,就是证据必须与案件待证事实之间存在一定的内在联系。如果作为证据的事实与要证明的事实没有联系,即使它是真实的、合法的,也不能作为证明案件事实的证据。关联性不涉及证据的真假和证明力的大小问题,其侧重的是证据与证明对象之间的形式性关系,即证据对于证明对象是否具有证明性。证据与事实之间是否具有内在联系,其实属于法官心证判断的内容,民事诉讼法一般不针对此进行特别规定。例如,当事人一贯的品格不能作为案件的证据,主要就是因为其与本案不具有关联性。

二、民事证据的分类

（一）民事证据的理论分类

1. 本证与反证

本证与反证的分类根据是证据与举证责任（有关举证责任问题可参考后文部分）承担者的关系。所谓本证，是指在民事诉讼中负有举证责任的一方当事人提出的，用以证明自己所主张事实的证据；所谓反证，是指没有举证责任的一方当事人提出的为证明对方所主张事实不真实的证据。本证和反证，与当事人在诉讼中是原告还是被告无直接关系，而与"证据是否由承担举证责任的人提出"有直接关系。例如甲起诉乙偿还借款1万元，原告甲应当对原被告之间存在借款关系负举证责任，因此如果原告甲提出能够证明该借款关系成立的借款合同，则该证据就是本证。而如果被告乙提出试图证明该借款关系不能成立的证据，则该证据是反证。例如乙请求证人丙出庭作证，证明上述借款合同系伪造。但是，如果被告乙主张已经将1万元偿还给了甲，甲的权利已经消灭，则被告对这一事实的主张应当负有举证责任，乙为证明这一主张所提出的证据依然属于本证，原告甲提出的否认该事实主张的证据则是反证。本证的作用在于使法院对待证事实的存在与否予以确信，并加以认定，反证的作用则是使法院对本证证明的事实的确信发生动摇，以致不能加以认定。

2. 直接证据与间接证据

直接证据是指能够单独证明案件事实的证据，例如现场目击证人对打架斗殴过程的事实陈述、记录交通事故经过的视频录像等。间接证据是指不能单独证明案件事实，需要与其他证据结合起来才能证明案件事实的证据，例如打架中伤人的凶器、交通事故现场的车轮痕迹等。一般情况下，直接证据的证明力大于间接证据，但间接证据在民事诉讼中仍具有重要的作用。在很多案件中由于不存在直接证据或者直接证据较少，人民法院就需要结合间接证据形成证据链条证明案件事实。间接证据的运用需要注意以下几点：首先，各个间接证据应当真实可靠；其次，各个间接证据具有一致性，不存在相互矛盾；最后，间接证据应当满足一定数量并形成充分的证据链条。因此，当一定数量的间接证据形成了一个整体证据链条时，即使没有直接证据也能够证明案件事实。

例如根据《最高人民法院关于依法妥善审理民间借贷案件的通知》的规定，人民法院在审理民间借贷纠纷案件中，除对借据、收据、欠条等债权凭证及银行流水等款项交付凭证进行审查外，还应结合款项来源、交易习惯、经济能力、财产变化情况、当事人关系以及当事人陈述等因素综合判断借贷的真实情况。因此，在判断借贷事实的问题上，有关联性的间接证据都是人民法院依法认定事实的重要依据。

3. 原始证据与传来证据

原始证据，就是直接来源于案件客观事实的证据，即人们通常所说的"第一手材料"，如合同的原件。传来证据是指不是直接来源于案件事实或原始出处，而是经过复制、复印、传抄、转述等中间环节形成的证据，是从原始证据派生出来的证据，故又称为派生证据，如合同的复印件、现场脚印的照片等。根据司法实践的经验证明，原始证据要比派生证据更可靠些。因此《最高人民法院关于民事诉讼证据的若干规定》（以下简称《证据规定》）第69条规定，无法与原件、原物核对的复印件、复制品不能单独作为认定事实的依据。但是在原始证据已经灭失或者无法提供给法庭时，传来证据将发挥一定的证明作用。例如《民事诉讼法解释》第111条规定，允许当事人在以下提交书证原件确有困难的情况提交复印件：①书证原件遗失、灭失或者毁损的；②原件在对方当事人控制之下，经合法通知提交而拒不提交的；③原件在他人控制之下，而其有权不提交的；④原件因篇幅或者体积过大而不便提交的；⑤承担举证证明责任的当事人通过申请人民法院调查收集或者其他方式无法获得书证原件的。

需要注意的是，证据本身是否表现为复制的形式，对于区分原始数据和传来证据虽有一定意义，但不是绝对的标准。在有些情况下，证据虽然具有复制品的形式，但却属于原始证据。例如，在名誉侵权案件中，加害人将手写的诽谤信复印多份广为散发，那些复印的诽谤信虽为复制品，但是属于原始证据，如果原告对被告复印的诽谤信再行复印，得来的复制件才是传来证据。

（二）民事证据的法定分类

1. 当事人陈述

案件当事人是民事纠纷的亲历者，因此其针对案件的陈述可以作为人民法院认定事实的法定依据。但是也正因为当事人是民事纠纷的利害关系人，因此其陈述很有可能不客观、不真实，甚至相当程度上当事人陈述的事实就是案件需要证明的对象。因此《证据规定》第76条规定："当事人对自己的主张，只有本人陈述而不能提出其他相关证据的，其主张不予支持。但对方当事人认可的除外。"上述法条中的"主张"，应当理解为当事人提出的事实主张，而非其权利主张。因此对方当事人认可当事人的陈述，应当理解为对方当事人进行了事实自认，不能理解为对方当事人承认了当事人的诉讼请求。

除了当事人本人的陈述可以作为证据之外，民事诉讼法还规定了一种"专家辅助人"进行陈述的证据形式。根据《民事诉讼法》第79条规定："当事人可以申请人民法院通知有专门知识的人出庭，就鉴定人作出的鉴定意见或者专业问题提出意见。"《民事诉讼法解释》第122条第1、2款规定："当事人可以依照民事诉讼法第七十九条的规定，在举证期限届满前申请一至二名具有专门知识的人出庭，代表当事人对鉴定意见进行质证，或者对案件事实所涉及的专业问题提出意见。具有专门知识的人在法庭上就专业问题提出的意见，视为当事人的陈述。"因此，专家辅助人尽管并非案件当事人，但是一旦被人民法院允许在法庭上提出专业意见，其陈述的意见等同于当事人的陈述，而非独立的证据类型。

参考法律文书：申请书（申请通知有专门知识的人出庭用）。
参考判例：江苏省××市人民检察院诉许建×、许×仙民事公益诉讼案。

2. 书证

书证是指用文字、符号或图画所表达的思想内容来证明案件事实的证据。常见的书证包括合同书、各种证件、信件、车船票、单据等。书证是用思想内容来证明案件事实的；书证的思想内容是通过文字、符号或者图画等表达的。至于该事项内容通过何种载体来体现并不影响书证的成立，例如书写在木板上的借款合同，该木板就属于书证范畴。按照制作主体的不同，可将书证分为公文书与私文书。公文书，是指国家机关社会团体依职权制作的公文书证，如人民法院制作的判决书、仲裁机关制作的裁决书、婚姻登记机关制作的结婚证书等。私文书，是指公文书以外的文书，如公民个人制作的借据、商事合同等。区分公文书与私文书的意义主要在于两者的证明力不同，审查判断其是否真实的侧重点也不同。公文书的证明力一般大于私文书。对公文书真实性的审查判断侧重于看该文书是否为国家机关或社会团体依职权制作;对私文书则侧重于看文书是否有制作者本人的签名或盖章。

3. 物证

物证是指以物质材料的存在、外形、质量、规格、体积等证明案件事实情况的一切物品和痕迹。并不是所有的书面材料都是书证,有些书面材料不是以其记载或表达的思想内容而是以其外部特征等对案件起证明作用,这样的书面文件就不是书证,而是物证。例如尽管在一款木板上刻有双方借款内容,但为了证明被告故意损坏该木板的事实,该木板又可以成为物证。

物证与书证之间有着明显的区别,其主要区别在于:

(1) 物证以其存在、外形等外部特征和物质属性证明案件真实情况;书证则以文书或物品所记载的思想内容证明案件事实。

(2) 法律对物证无特殊的形式上的特定要求,只要能以其存在、外形、特征证明案件事实,就可以作为物证;书证则不同,法律有时规定其必须具备特定形式或履行了特定的程序后,才具有证据效力。

(3) 物证是一种客观实在,不反映人的主观意志,其客观性较强;而书证是一定主体制作的,反映了人的主观意志,其主观性较强。

4. 视听资料

视听资料,是指利用录音、录像等反映的视听素材来证明案件事实的证据。《民事诉讼法解释》第 116 条明确指出,视听资料包括录音资料和影像资料。与其他证据种类相比较视听资料具有以下特征:①视听资料需要特定的载体。视听资料的载体包括:录音带、录像带、胶片、磁盘、光盘、U 盘、硬盘、可录音或拍照的手机等。这些载体都是随着科学技术的发展逐渐进入人们的生活中的,均需要通过特殊的视听设施才能再现。②视听资料能够形象地证明案件事实。例如,录像能够动态地反映行为人的周边环境及其行为过程,让人有身临其境之感;录音能够再现行为人的言谈话语,从这些言谈话语所反映出的行为人的声音变化中甚至可以判断行为人当时的心理状态。③视听资料易于保存和伪造。随着科学技术的发展,视听资料一般都可以复制、修改和剪辑,因此也极易伪造。正因为如此,对视听资料的审查比较严格。《民事诉讼法》第 71 条规定,人民法院对视听资料,应当辨别真伪,并结合本案的其他证据,审查确定能否作为认定事实的根据。《证据规定》第

69 条则规定，存在有疑点的视听资料，不能单独作为认定案件事实的依据。

《民事诉讼法解释》第 116 条第 3 款规定："存储在电子介质中的录音资料和影像资料，适用电子数据的规定。"因此上述录音录像资料并不属于视听资料的证据类型。

5. 电子数据

电子数据是指通过电子邮件、电子数据交换、网上聊天记录、博客、微博客、手机短信、电子签名、域名等形成或者存储在电子介质中的信息。存储在电子介质中的录音资料和影像资料，适用电子数据的规定。电子数据既不是视听资料，也不属于书证、物证等证据形式，民事诉讼法将其作为一种独立的证据类型进行规范，有利于民事诉讼事实的查明，符合现代社会民事诉讼的要求。

参考判例：周××等与黄×等侵权责任纠纷案。

6. 证人证言

证人证言是指了解案件情况的单位或个人向人民法院就其知晓的事实所做的陈述或证词。

（1）证人的资格。《民事诉讼法》第 72 条第 2 款规定："不能正确表达意思的人，不能作证。"我国民事诉讼的证人资格条件为"能够正确表达意思"，因此待证事实与其年龄、智力状况或者精神健康状况相适应的无民事行为能力人和限制民事行为能力人可以作为证人。除此以外，以下人员不得作为本案的证人：诉讼代理人在同一案件中不得作为证人；办理本案的审判人员、书记员、鉴定人、勘验人、翻译人员或检察人员，不得同时是本案证人。《证据规定》第 58 条还规定，证人不得旁听法庭审理，询问证人时，其他证人不得在场。这意味着，旁听法庭审理的人也就失去了作为证人的资格。

（2）证人证言的形式要求。证人以出庭作证为作证形式。只有满足《民事诉讼法》第 73 条规定的法定情形：因健康原因不能出庭的；因路途遥远，交通不便不能出庭的；因自然灾害等不可抗力不能出庭的；其他有正当理由不能出庭的，证人才可以通过"书面证言、视听传输技术或者视听资料等方式"不出庭作证。

证人能够作证还需要满足两个程序条件。一是根据《民事诉讼法解释》第 117 条规定，证人应当经法院通知出庭作证（但双方当事人同意并经人民法院准许的除外）；二是根据《民事诉讼法解释》第 120 条规定，证人应当签署保证书，否则不得作证。因此签署保证书也是证人作证的法定条件之一。当然，证人出庭作证也有一定的保障机制。《民事诉讼法》第 74 条规定，证人因履行出庭作证义务而支出的交通、住宿、就餐等必要费用以及误工损失，由败诉一方当事人负担。当事人申请证人作证的，由该当事人先行垫付；当事人没有申请，人民法院通知证人作证的，由人民法院先行垫付。

> 参考法律文书 1：申请书（申请通知证人出庭作证用）。
> 参考法律文书 2：保证书（证人出庭作证保证用）。

从证明力的角度，证人应当客观陈述其亲身感知的事实，不得使用猜测、推断或者评论性的语言。因此"猜测、推断或者评论性"的证人证言不能作为认定事实的依据。此外，《证据规定》第 69 条规定了三种证人证言不得"单独"作为认定事实的依据：未成年人所作的与其年龄和智力状况不相当的证言，与一方当事人或者其代理人有利害关系的证人出具的证言，无正当理由未出庭作证的证人证言。这是因为上述证人因为其特殊情况，会有证言不客观、不真实的可能性。

> 参考判例：刘小×与王×花饲养动物损害责任纠纷案。

7. 鉴定意见

鉴定意见是指鉴定人接受聘请或者指派，对与案件有关的专门性问题进行鉴别后作出的书面结论性意见，例如法医学鉴定、笔迹鉴定、痕迹鉴定、精神病学鉴定等。鉴定人不同于证人：①证人由案件本身决定，不可由他人代替，鉴定人则是在案件发生后指定，可以更换；②鉴定人必须有专门知识或技能，证人则无需这个条件；③证人陈述的是他所知道的案件事实，鉴定人提供的则是他运用专门知识对事实作出的分析结论。

> 参考法律文书：申请书（申请鉴定用）。

根据《民事诉讼法》第 76 条规定，鉴定人可能由当事人协商确定，也可能由人民法院指定。《民事诉讼法解释》第 121 条规定，人民法院准许当事人鉴定申请的，应当组织双方当事人协商确定具备相应资格的鉴定人。当事人协商不成的，由人民法院指定。符合依职权调查收集证据条件的，人民法院应当依职权委托鉴定，在询问当事人的意见后，指定具备相应资格的鉴定人。但无论基于何种原因进行鉴定，只要当事人对鉴定意见有异议或者人民法院认为鉴定人有必要出庭的，鉴定人应当出庭作证。根据《全国人民代表大会常务委员会关于司法鉴定管理问题的决定》，我国对法医类、物证类、声像资料以及其他应当实行登记管理的鉴定人和鉴定机构实行登记管理制度。因此，对于这些事项需要鉴定的，无论用以上哪种方式确定鉴定人，都应当委托已列入鉴定人名册的鉴定人，但不得直接委托，而是由其所在的鉴定机构统一接受委托。由于各鉴定机构之间没有隶属关系，所以委托鉴定机构从事司法鉴定业务，不受地域范围的限制。

根据《民事诉讼法》第78条规定："……经人民法院通知，鉴定人拒不出庭作证的，鉴定意见不得作为认定事实的根据；支付鉴定费用的当事人可以要求返还鉴定费用。"

> 参考判例1：江苏××特贸易有限公司诉张月×不当得利纠纷案。
> 参考判例2：江西××汽运集团某某汽运有限公司诉许某某融资租赁合同纠纷案。

8. 勘验笔录

勘验笔录，是指人民法院工作人员对涉案现场、物品或物体进行实地查验、拍照、测量后，制成的笔录、照片、示意图等，是人民法院调查收集证据的一种形式。

> 参考法律文书：勘验笔录（勘验物证和现场用）。

三、举证期限

举证期限，是指负有举证责任的当事人，应当在法律规定或者人民法院指定的期限内提出证明其主张的证据，逾期不提出证据的，将承担相应的不利后果。举证期限能够有利于防止证据突袭、防止当事人滥用诉讼权利损害对方当事人的利益，有利于提高诉讼效率，便于集中审理，防止诉讼拖延。举证期限规则主要包括期限的确定、逾期举证后果两个重要方面。

（一）举证期限的确定

举证期限既可以由当事人协商确定，也可以由人民法院确定，同时举证期限届满后，人民法院也可能会根据实际情况酌情再次确定举证期限。适用简易程序审理的民事案件，当事人举证的期限由当事人协商决定，但最长不得超过15日。

人民法院确定举证期限，第一审普通程序案件不得少于15日，当事人提供新的证据的第二审案件不得少于10日。举证期限届满后，当事人对已经提供的证据，申请提供反驳证据或者对证据来源、形式等方面的瑕疵进行补正的，人民法院可以酌情再次确定举证期限，该期限不受前款规定的限制（《民事诉讼法解释》第99条）。

依照《证据规定》第33条规定，人民法院应当在送达案件受理通知书和应诉通知书的同时向当事人送达举证通知书。举证通知书应当载明人民法院根据案件情况指定的举证期限。诉讼过程中，当事人主张的法律关系的性质或者民事行为的效力与人民法院根据案件事实作出的认定不一致的，人民法院应当告知当事人可以变更诉讼请求。在此情况下，当事人变更诉讼请求的，人民法院应当重新指定举证期限。

如在举证期限届满前无法完成举证，符合以下条件的当事人可以申请延长：当事人在举证期限内提交证据材料确有困难；当事人应当在举证期限内向人民法院申请延期举证；经人民法院准许。人民法院经审查，确属应当延期举证的情形，可以决定延期。当事人在延长的举证期限内提交证据材料仍有困难的，可以再次提出延期申请，是否准许由人民法院决定。

参考法律文书：申请书（申请延长举证期限用）。

（二）逾期举证的后果

如果当事人在举证期限以后提交证据，就产生了逾期举证的认定问题。针对这种情况，可能会出现证据的失权（不采纳）和不失权（采纳）两种不同后果：

（1）视为未逾期。《民事诉讼法解释》第101条第2款规定："当事人因客观原因逾期提供证据，或者对方当事人对逾期提供证据未提出异议的，视为未逾期。"

（2）当事人因故意或者重大过失与其提供证据。《民事诉讼法解释》第

102 条规定，当事人因故意或者重大过失逾期提供的证据，人民法院不予采纳。但该证据与案件基本事实有关的，人民法院应当采纳，并依照《民事诉讼法》第 65 条、第 115 条第 1 款的规定予以训诫、罚款。

（3）当事人非因故意或者重大过失逾期提供的证据。根据《民事诉讼法解释》第 102 条规定，对当事人非因故意或者重大过失逾期提供的证据人民法院应当采纳，并对当事人予以训诫。

无论是因为何种原因导致逾期举证，当事人一方要求另一方赔偿因逾期提供证据致使其增加的交通、住宿、就餐、误工、证人出庭作证等必要费用的，人民法院可予支持。

以上不同的法律后果，我国立法上针对逾期举证采取了"以不失权为原则、失权为例外"的立法模式。需要注意的是，证据失权属于证据法责任；训诫、罚款则属于诉讼法责任；因逾期提供证据赔偿增加的交通费用等损失属于民法责任，不能相互混淆。

（4）当事人逾期可以提交"新的证据"。根据《证据规定》第 41 条规定，新的证据需要满足以下条件：①一审程序中的新的证据包括：当事人在一审举证期限届满后新发现的证据；当事人确因客观原因无法在举证期限内提供，经人民法院准许，在延长的期限内仍无法提供的证据。②二审程序中的新的证据包括：一审庭审结束后新发现的证据；当事人在一审举证期限届满前申请人民法院调查取证未获准许，二审法院经审查认为应当准许并依当事人申请调取的证据。

如果属于"新的证据"，人民法院结合当事人提交证据的具体情况进行采纳，否则就可能产生证据失权的后果。

参考判例：郭×诉郭新×民间借贷纠纷案。

四、证据的收集

（一）当事人调查收集证据

收集、提供证据是当事人的诉讼权利之一，同时《民事诉讼法解释》第 90 条规定："当事人对自己提出的诉讼请求所依据的事实或者反驳对方诉讼请求所依据的事实，应当提供证据加以证明，但法律另有规定的除外。在作出判决前，当事人未能提供证据或者证据不足以证明其事实主张的，由负有举证证明责任的当事人承担不利的后果。"因此，提供与诉讼请求有关的证据既是当事人的权利，也是义务。

（二）人民法院调查收集证据

《民事诉讼法》第 64 条规定，当事人及其诉讼代理人因客观原因不能自行收集的证据，或者人民法院认为审理案件需要的证据，人民法院应当调查收集。

1. 当事人及其诉讼代理人因客观原因不能自行收集的证据

《民事诉讼法解释》第 94 条规定，当事人及其诉讼代理人因客观原因不能自行收集的证据包括：证据由国家有关部门保存，当事人及其诉讼代理人无权查阅调取的；涉及国家秘密、商业秘密或者个人隐私的；当事人及其诉讼代理人因客观原因不能自行收集的其他证据。当事人及其诉讼代理人因客观原因不能自行收集的证据，可以在举证期限届满前书面申请人民法院调查收集。

参考法律文书：申请书（申请人民法院调查收集证据用）。

2. 人民法院认为审理案件需要的证据

《民事诉讼法解释》第 96 条规定，人民法院有权依职权调查收集审理案件需要的证据，主要包括：涉及可能损害国家利益、社会公共利益的；涉及身份关系的；涉及《民事诉讼法》第 55 条规定诉讼的；当事人有恶意串通损害他人合法权益可能的；涉及依职权追加当事人、中止诉讼、终结诉讼、回避等程序性事项的。

四、证明对象

证明对象是民事诉讼中需要用证据加以证明的案件事实。证明对象既是当事人收集提供证据、调查辩论的对象，也是人民法院事实审查的范围和事实审理的对象。

（一）证明对象的范围

1. 民事实体法争议事实

实体法事实关系到诉讼当事人的实体权利义务，也关系到人民法院对案件的实体处理，因此是民事诉讼中主要的证明对象。在实体法事实中，要件事实、间接事实、辅助事实都可能在当事人之间存在争议，就需要加以证明。例如债权的存在、免责事由的成立等事实。

2. 民事程序法争议事实

程序法事实，虽然不直接涉及当事人的实体权利，但对当事人的实体权利及诉讼程序会产生很大的影响，能够产生诉讼法上的效果。比如，对某一个审判人员是否具有导致回避的事实、原告当事人资格、证据的合法性等事实问题。

3. 交易习惯

《最高人民法院关于适用〈中华人民共和国合同法〉若干问题的解释（二）》第 7 条第 2 款规定："对于交易习惯，由提出主张的一方当事人承担举证责任。"

4. 外国法律、国际条约、地方性法规

外国法律不属于我国人民法院审判人员职务上应当知悉的范围；地方性法规往往也不为审判人员所知悉，因此都属于待证事实范畴。

（二）免证事实的范围

1. 自认事实

《民事诉讼法解释》第 92 条规定："一方当事人在法庭审理中，或者在起诉状、答辩状、代理词等书面材料中，对于己不利的事实明确表示承认的，另一方当事人无需举证证明。"构成自认显然需要满足以下两个条件：

（1）要在诉讼过程中进行自认，包括法庭审理中，或者在起诉状、答辩状、代理词等书面材料中进行。因此当事人私下进行的承认并不发生自认的法律后果。此外，根据《民事诉讼法解释》第 107 条规定："在诉讼中，当事人为达成调解协议或者和解协议作出妥协而认可的事实，不得在后续的诉讼中作为对其不利的根据，但法律另有规定或者当事人均同意的除外。"

（2）要以"明确表示"为条件，即用积极的诉讼行为来实现对己不利事实的承认。但是《证据规定》第 8 条规定了一个特殊情况：对一方当事人陈述的事实，另一方当事人既未表示承认也未否认，经审判人员充分说明并询问后，其仍不明确表示肯定或者否定的，视为对该项事实的承认。

自认尽管可以依法免除对方当事人的举证责任，但并非绝对。首先，根据《民事诉讼法解释》第 92 条规定，"涉及身份关系、国家利益、社会公共利益等应当由人民法院依职权调查的事实"以及"自认的事实与查明的事实不符的"并不适用自认规则。其次，当事人可以撤回自认。根据《证据规定》第 8 条规定，当事人在法庭辩论终结前撤回承认并经对方当事人同意，或者有充分证据证明其承认行为是在受胁迫或者重大误解情况下作出且与事实不符的，不能免除对方当事人的举证责任。另根据《证据规定》第74条规定，诉讼过程中，当事人在起诉状、答辩状、陈述及其委托代理人的代理词中承认的对己方不利的事实和认可的证据，人民法院应当予以确认，但当事人反悔并有相反证据足以推翻的除外。

> 参考判例：蒋玉×诉楼天×民间借贷纠纷案。

2. 自然规律以及定理、定律

自然规律与定理不必证明，是由于它们的科学性与正确性早已被反复验证。

3. 众所周知的事实

众所周知的事实，也叫公知的事实，是指在一定范围内人们广为知晓的事实，包括生活常识、习俗、有重大影响的事件等。这些事实通常没有必要再去证明。但是，对方当事人有相反的证据足以推翻的除外。

4. 推定的事实

推定，是指根据某一事实的存在而作出的与之相关的另一事实存在或不存在的假定。根据法律规定或者已知事实和日常生活经验法则推定出的另一事实无需证明。推定的事实包括事实上推定的事实和法律上推定的事实。

（1）事实推定。事实推定，指在法律没有明文规定的情况下，法官依据经验法则，从已知事实推定事实存在的假定。这种推定并不属于法律明确规定的范畴，因此法官可以根据其实践经验和逻辑推理自由裁量，决定是否适用。例如丈夫到法院起诉，要求与妻子离婚。法院在审理此案时，丈夫要求对其生育能力进行鉴定并进行亲子鉴定。经委托鉴定，丈夫目前没有生育能力，但是妻子拒绝做亲子鉴定。据此，法院推定妻子所生的女儿亲生父亲并非丈夫，丈夫不应该承担女儿的抚养义务。

（2）法律推定。法律推定是一种由成文法明确的法律条款，从某一法律事实推定另一法律事实存在或者不存在的一种诉讼现象。以下举例说明：

《民事诉讼法解释》第112条规定："书证在对方当事人控制之下的，承担举证证明责任的当事人可以在举证期限届满前书面申请人民法院责令对方当事人提交。申请理由成立的，人民法院应当责令对方当事人提交，因提交书证所产生的费用，由申请人负担。对方当事人无正当理由拒不提交的，人民法院可以认定申请人所主张的书证内容为真实。"该主张即为推定的事实，无需另行证明。

《最高人民法院关于审理民间借贷案件适用法律若干问题的规定》第 2 条第 2 款规定："当事人持有的借据、收据、欠条等债权凭证没有载明债权人，持有债权凭证的当事人提起民间借贷诉讼的，人民法院应予受理。被告对原告的债权人资格提出有事实依据的抗辩，人民法院经审理认为原告不具有债权人资格的，裁定驳回起诉。"根据此条内容，原告持有未载明债权人的债权凭证起诉，法律推定其为"债权人"。但是该推定事实可能因为被告提出有事实依据的抗辩（例如证明原告并非真正的债权人）被推翻。

《民事诉讼法解释》第 114 条规定，国家机关或者其他依法具有社会管理职能的组织，在其职权范围内制作的文书所记载的事项推定为真实。

推定事实并非都是无可争议的事实，在法律允许当事人提出相反的证据推翻推定事实的情况下，当事人提出相反的证据后，推定事实将重新成为证明对象。

参考判例：姜建×与荆×噪声污染责任纠纷案。

5. 其他免证事实

（1）已为人民法院发生法律效力的裁判所确认的事实，当事人有相反证据足以推翻的除外。

（2）已为仲裁机构生效裁决所确认的事实，当事人有相反证据足以推翻的除外。

（3）已为有效公证文书所证明的事实，当事人有相反证据足以推翻的除外。

五、举证责任及其分配

（一）主观举证责任和客观举证责任

学理上的举证责任往往分为主观举证责任和客观举证责任两个方面。

从当事人行为意义上理解的主观举证责任，即《民事诉讼法解释》第 90 条第 1 款规定："当事人对自己提出的诉讼请求所依据的事实或反驳对方诉讼请求所依据的事实，应当提供证据加以证明，但法律另有规定的除外。"因此，"谁主张，谁举证"这一规范，体现着《民事诉讼法》第 64 条规定的"提供证据责任"，是当事人提出主张以后，所负有的"提交证据加以说明"

的诉讼法义务。但是行为意义上的主观举证责任，并不必然导致当事人承担不利的诉讼后果。例如甲起诉乙偿还借款 10 万元，被告乙为反驳甲的诉讼请求主张自己根本没有向甲借过 10 万元钱，但乙对其反驳行为没有提供证据，并不因此导致乙将承担不利的后果。但是如果乙为反驳甲的诉讼请求主张该 10 万元为甲赠与自己的金钱，如果乙对此没有提供证据加以证明，则将承担不利的后果（赠与事实不存在）。因此我们对主观举证责任的理解，仅仅限于当事人对其主张的"证据提供义务"角度是不够的。

如果当事人没有提供证据加以证明，是否承担不利后果，需要根据客观举证责任进行判断。根据《民事诉讼法解释》第 90 条第 2 款规定："在作出判决前，当事人未能提供证据或者证据不足以证明其事实主张的，由负有举证证明责任的当事人承担不利的后果。"该法条所指的"举证证明责任"即为客观举证责任，是人民法院在事实真伪不明情况下，应当由哪一方当事人承担不利后果的一种裁判规则。

那么，当事人究竟需要对哪些法律事实承担客观举证责任？某个要件事实应当由哪一方当事人承担客观证明责任？以上两个方面实际上属于同一个问题的两面，都取决于客观证明责任的分配这一问题。根据《民事诉讼法解释》第 91 条规定，主张法律关系存在的当事人，应当对产生该法律关系的基本事实承担举证证明责任；主张法律关系变更、消灭或者权利受到妨害的当事人，应当对该法律关系变更、消灭或者权利受到妨害的基本事实承担举证证明责任。我们需要注意，该条并未明确区分原告或者被告的客观举证责任，这是因为法律关系存在、变更、消灭或者妨害的事实，既可能是原告也可能是被告的主张内容。当然，实际上主张法律关系存在事实的当事人多数是原告，而主张法律关系变更、消灭或者权利受到妨害事实的主要是被告。因此，我们在判断某项事实究竟由哪一方当事人承担客观举证责任，首先需要判断出该事实究竟属于法律关系的成立事实，还是法律关系的变更、消灭或者妨害事实。例如在甲起诉乙偿还借款 10 万元的诉讼中，乙在某年某月某日从甲借款 10 万元这一事实，显然属于借贷法律关系产生的事实，因此应当由主张双方存在该借贷法律关系的甲承担客观举证责任。如果该事实不能得到证明的，甲承担不利后果（不能认定借贷关系存在）。

客观举证责任分配关系到不利后果由哪一方当事人承担，显然成为法院在要件事实真伪不明的情况下如何进行裁判的方法。因此，在民事诉讼法及相关司法解释中，举证责任或者证明责任的相关条款都与客观证明责任相关。但是与民事诉讼相关司法解释的用词并不一致，例如《民事诉讼法解释》使用的"举证证明责任"与《证据规定》使用的"举证责任"，实际上均为"客观证明责任"之意。

（二）合同纠纷举证责任分配

《证据规定》第5条对合同纠纷中的举证责任进行了详细规定："在合同纠纷案件中，主张合同关系成立并生效的一方当事人对合同订立和生效的事实承担举证责任；主张合同关系变更、解除、终止、撤销的一方当事人对引起合同关系变动的事实承担举证责任。对合同是否履行发生争议的，由负有履行义务的当事人承担举证责任。对代理权发生争议的，由主张有代理权一方当事人承担举证责任。"

事实上，上述条款中当事人之所以应当承担相应的举证责任，与《民事诉讼法解释》第91条所规定的基本分配原则原理相同，都需要根据法律关系的产生、变更、消灭或者妨害的要件事实分配举证责任。

但是如何理解"主张合同关系成立并生效的一方当事人"？谁是"主张合同关系变更、解除、终止、撤销的一方当事人"？这个问题需要结合具体诉讼请求进行区分。比较直观的例子是，如果甲公司根据买卖合同诉请乙公司履行合同的付款义务，主张合同成立并生效的一方当事人显然是原告甲公司。如果乙公司辩称双方已经解除了该买卖合同而无需履行义务的，则该主张属于合同关系的解除情形，应当由乙公司承担举证责任。有的时候我们需要考虑，围绕某一个事实，究竟分配给哪一方当事人承担举证责任。例如甲乙公司之间的买卖合同是否已经解除这一事实，属于主张合同关系解除的一方当事人，即乙公司承担举证责任。因此，"某一方当事人对哪些要件事实承担举证责任的问题"与"某一要件事实由哪一方当事人承担举证责任的问题"属于实质相同、观察角度不同的关系。因此《证据规定》第5条显然可以换一个角度表述为：合同订立和生效的事实由主张合同关系成立并生效的一方当事人承担举证责任；引起合同关系变动的事实（变更、解除、终止、撤销）的事实，由主张合同关系变更、解除、终止、撤销的一方当事人承担举证责任。

参考判例：蒋玉×诉楼天×民间借贷纠纷案。

此外，根据《最高人民法院关于适用〈中华人民共和国合同法〉若干问题的解释（二）》第 6 条规定，提供格式条款一方对已尽合理提示及说明义务承担举证责任。根据《最高人民法院关于审理劳动争议案件适用法律若干问题的解释》第 13 条规定，因用人单位作出的开除、除名、辞退、解除劳动合同、减少劳动报酬、计算劳动者工作年限等决定而发生的劳动争议，用人单位负举证责任。

（三）侵权纠纷举证责任分配

侵权案件的举证责任分配，除了要结合举证责任一般分配原则之外，还需要结合侵权类型、特殊侵权的法律要件等方面进行具体学习。一般而言，我国侵权责任采取过错责任原则，因此不属于特殊侵权（例如无过错责任、过错推定责任、因果关系推定责任等）的侵权案件，采取过错责任原则。从过错责任原则角度讲，侵权的法律构成要件包括四个方面：过错、侵权行为、损害后果和因果关系。因此主张侵权成立的当事人需要承担上述四个方面法律构成要件事实的举证责任。主张侵权关系消灭、妨害要件事实的当事人，主要对免责事由、减轻责任事由以及受害人过错事实承担举证责任。例如《产品质量法》第 41 条第 2 款规定："生产者能够证明有下列情形之一的，不承担赔偿责任：（一）未将产品投入流通的；（二）产品投入流通时，引起损害的缺陷尚不存在的；（三）将产品投入流通时的科学技术水平尚不能发现缺陷的存在的。"上述免责事由将由主张产品质量侵权关系消灭、妨害要件的当事人（主要是被告）承担举证责任。

参考判例：张丽×等诉李作×等机动车交通事故责任纠纷案。

侵权案件举证责任分配的学习重点，需要放在特殊侵权的问题上。因为除了按照过错责任原则之外，侵权案件还存在侵权要件推定的情况，主要表现为过错推定、因果关系推定、无过错责任和违法行为推定四个方面。

1. 过错推定

过错推定本质上仍然属于过错责任原则，是过错责任原则的一种特殊适用方式，表现为：在诉讼中如果加害人不能证明损害的发生自己无过错，那么就从损害事实的本身推定加害人在致人损害的行为中有过错，并为此承担赔偿责任。《侵权责任法》第 6 条第 2 款规定："根据法律规定推定行为人有过错，行为人不能证明自己没有过错的，应当承担侵权责任。"但是如果加害人能够证明自己无过错的，则可以推翻上述的过错推定，从而不承担侵权赔偿责任。因此，从这个角度来说，过错推定原则仍然需要满足构成侵权四个方面的法律要件，只不过"过错"这一要件并不需要受害人证明，而是由法律推定的事实。在我国《侵权责任法》中，比较典型的过错推定原则主要适用于以下案件：

（1）无民事行为能力人在教育机构受侵害时，教育机构的过错推定责任（第38条）。

（2）法定情况下，医疗机构的过错推定责任（第58条）。

（3）非法占有高度危险物中所有人、管理人的过错推定责任（第75条）。

（4）动物园的过错推定责任（第81条）。

（5）建筑物、构筑物或者其他设施脱落、坠落造成他人损害的过错推定责任（第85条）。

（6）堆放物侵权的过错推定责任（第88条）。

（7）林木折断侵权的过错推定责任（第90条）。

（8）窨井管理人的过错推定责任（第91条）。

参考判例1：李春×等诉××市第一人民医院医疗损害责任纠纷案。
参考判例2：谢某某诉上海动物园饲养动物致人损害纠纷案。

2. 因果关系推定

（1）环境污染致人损害案件。在环境污染侵权责任确定中，只要证明加害人已经排放了可能危及人身健康的有害物质，而公众的人身健康在排污后受到或正在受到危害，就可以推定这种危害是由该排污行为所致。《证据规定》第4条明确规定，因环境污染引起的损害赔偿诉讼，由加害人就法律规定的免责事由及其行为与损害结果之间不存在因果关系承担举证责任。上述两个方面的举证责任，其中的"免责事由"属于加害人对其主张的侵权消灭事实承担的举证责任；而后者就是因果关系在此类案件中因法律推定，使加害人承担了相应的举证责任，受害人无需就因果关系进行举证。

参考判例：朱占×诉启东某新型建材有限公司水污染损害赔偿纠纷案。

（2）医疗行为引起的侵权诉讼。《证据规定》第 4 条规定，在医疗行为引起的侵权诉讼中，医疗机构就医疗行为与损害结果之间不存在因果关系承担举证责任。

（3）共同危险行为致人损害的侵权诉讼。《证据规定》第 4 条规定，在共同危险行为致人损害的侵权诉讼中，实施危险行为的人就其行为与损害结果之间不存在因果关系承担举证责任。

参考判例：汪贵×诉丁忠×等人财产损害赔偿案。

3. 无过错责任

根据《侵权责任法》第 7 条规定："行为人损害他人民事权益，不论行为人有无过错，法律规定应当承担侵权责任的，依照其规定。"因此无过错责任的侵权构成要件只有三个方面，即损害事实的存在、加害人的行为、加害人行为与损害事实之间的因果关系，而不考虑过错的存在与否。按照无过错责任原则的侵权类型案件，被告证明自己并无过错，仍然可能需要承担损害赔偿责任，因此这种责任也被称为"严格责任"。在我国《侵权责任法》中，典型的无过错责任类型比较多，主要包括：

（1）无民事行为能力人、限制民事行为能力人致人损害的，监护人承担无过错责任（第 32 条）。

（2）用人单位的工作人员因执行工作任务致人损害的，用人单位承担无过错责任（第 34 条）。

（3）提供个人劳务一方因劳务致人损害的，接受劳务一方承担无过错责任（第 35 条）。

（4）因产品存在缺陷造成他人损害的，生产者和销售者承担的不真正连带责任，为无过错责任。销售者具有过错的，承担最终责任；销售者无过错的，生产者承担最终责任（第 41~43 条）。

（5）机动车与行人、非机动车驾驶人之间发生道路交通事故的，机动车一方承担无过错责任（第 48 条）。

（6）因环境污染致人损害的，污染者承担无过错责任（第 65~68 条）。

（7）高度危险责任中，从事高度危险作业者，高度危险物品的经营者、占有人承担无过错责任（第 69~77 条）。

（8）饲养的动物致人损害的，动物饲养人或者管理人承担无过错责任

(但动物园承担过错推定责任)(第78~80条、第82~84条)。

(9)建筑物倒塌致人损害的,建设单位与施工单位承担无过错责任(第86条)。

(10)医疗机构违反告知义务,给患者造成损害的,医疗机构承担无过错责任(第55条)。

(11)因医疗产品致患者损害的,医疗机构与产品提供者承担不真正连带责任的,为无过错责任(第59条)。

(12)在公共道路上倾倒、堆放、遗撒妨碍通行物的,行为人承担无过错责任(第89条)。

> 参考判例1:谢×丹诉陈土×饲养动物损害责任纠纷案。
> 参考判例2:陈秀×诉何桂×人身损害赔偿纠纷抗诉案。

4. 违法行为推定

《证据规定》第4条还规定了一种特殊侵权的举证责任分配形式:"因新产品制造方法发明专利引起的专利侵权诉讼,由制造同样产品的单位或者个人对其产品制造方法不同于专利方法承担举证责任。"这显然是依据了我国《专利法》第61条第1款的规定:"专利侵权纠纷涉及新产品制造方法的发明专利的,制造同样产品的单位或者个人应当提供其产品制造方法不同于专利方法的证明。"这种举证责任划分,实际上是将新产品制造方法发明专利侵权案件中的"违法行为"要件事实进行了推定处理。从一般侵权案件角度讲,"涉案新产品制造方法是否同于发明专利"这一事实本属于违法行为要件,理应当由专利权人(原告)承担举证责任,但事实上原告证明上述事实极其困难。因此在分配举证责任时,该"涉案新产品制造方法是否同于发明专利"这一违法行为成为推定的事实,但如果制造同样产品的单位或者个人(被告)证明了"涉案新产品制造方法不同于发明专利"的事实,则可以推翻上述推定结果。

拓展思考题

1. 甲公司和乙公司经济纠纷一案,在法院庭前调解过程中,乙公司为了能够与对方达成调解协议,认可了某一项对己不利的事实。但是诉讼过程中双方未能达成调解协议。一审开庭审理过程中,甲公司提出乙公司已经明确了该项事实的承认，法院对此能否适用自认规则？

2. 当事人自行委托有关部门进行鉴定并作出鉴定意见，人民法院如何处理？

3. 原告提起的诉讼中，关键的书证被被告掌控，但被告拒不提出该书证，人民法院如何处理？

4. 甲和乙的民事纠纷经过了法院调解但未能成功，人民法院在调解过程中已经确认了 A 事实，当事人之间无争议，该事实在法院审判过程中是否需要当事人举证？

5. 民事诉讼中的非法证据，与刑事诉讼中的非法证据有何不同？

6. 我国目前"私人侦探"调查收集的证据，能否作为人民法院认定事实的依据？

7. 夫妻一方在婚姻存续期间向第三人的借款，是否属于夫妻共同债务，这一事实的举证责任如何分配？结合《最高人民法院关于适用〈中华人民共和国婚姻法〉若干问题的解释（二）》第 24 条、《最高人民法院关于审理涉及夫妻债务纠纷案件适用法律有关问题的解释》第 2 条和第 3 条进行分析。

本章练习题

登录"民事诉讼法通达翻转教学平台软件"，通过"练习与考试"进行本章在线练习。

诉讼实务训练

登录"民事诉讼法通达翻转教学平台软件"，通过"实验教学"进行本章诉讼实务训练。

第十章
第一审程序

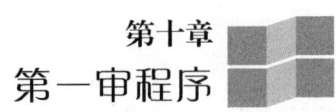

学习目标

了解第一审普通程序的含义、内容，及重要地位和作用；明确各个诉讼阶段的具体任务、要求和所要达到的目的；掌握和正确适用普通程序的各项法律规定；熟悉审理案件诉讼程序的特点。通过本章学习为学好整个审判程序打下基础。了解简易程序的含义、特点和意义；明确简易程序的适用范围及简易程序与普通程序的关系；正确理解和适用简易程序以及小额诉讼程序的法律规定。

结合各类学习资料，建议本章自学时间不少于 7 小时。

视频资源

登录"民事诉讼法通达翻转教学平台软件"，通过"视频教学"进行本章视频学习。

参考法律文件　　　**参考法律文书**　　　**参考判例**

一、起诉与受理

（一）诉的种类

根据原告诉讼请求的内容和目的，民事诉讼可分为确认之诉、变更之诉（形成之诉）和给付之诉。

1. 确认之诉

确认之诉,是指原告提出请求人民法院确认其与对方当事人之间存在或者不存在一定民事法律关系的诉讼,分为积极的确认之诉和消极的确认之诉。确认之诉的双方当事人,对双方之间是否存在一定的民事法律关系存在争议,或者对双方之间民事法律关系的存在状态存在争议,因此请求人民法院进行确认。确认之诉的对象,是双方之间的民事法律关系,因此法律事实不能成为确认之诉的对象。例如原告请求人民法院确认其与对方在某年某月某日共同书写了一张借据,该诉讼内容并非针对民事法律关系,因此并不构成合格的确认之诉。确认之诉仅仅需要由人民法院对民事法律关系的存在与否或者存在状态进行确认,因此并不涉及法律关系的变化和实现,也因此确认之诉并不存在裁判执行的问题。

此外,确认之诉的提起,应当满足一定的必要性,例如双方对民事法律关系的存在与否或者存在状态发生了争议,如果该争议不能得到解决则会导致原告方法律地位的不安定性等。

2. 变更之诉

变更之诉也称为形成之诉,是指当事人请求人民法院改变或消灭其与对方当事人之间的民事法律关系的诉讼,例如解除婚姻关系之诉(离婚)、解除收养关系之诉、解除合同之诉等。变更之诉不同于确认之诉在于,变更之诉的双方当事人对双方之间的民事法律关系的存在并无争议,而是对是否要改变以及如何改变该民事法律关系存在争议。一旦人民法院作出改变或者消灭双方民事法律关系的生效判决,则双方民事法律关系将发生变化或者消灭的法律后果。在我国民法中,权利人可以凭借单方意思表示对民事法律关系进行改变或者消灭,即民法上的形成权。如果根据民法上的形成权单方改变或者撤销民事法律关系,此时并无起诉的必要,例如法定代理人的追认权、法定合同解除权等。但是权利人在行使形成权的过程中,可能与对方之间发生争议,因此有必要向人民法院提起诉讼进行救济。例如值得注意的是,在法律有明确规定的情况下,原告也可以要求法院判决变更他人之间的民事法律关系。例如,债权人可依据合同法上的撤销权,请求人民法院作出判决,撤销债务人与第三人之间以明显不合理的低价转让财产的行为,从而消灭债务人与第三人之间已成立的买卖合同关系。

3. 给付之诉

给付之诉，是指原告请求人民法院判令被告向其履行特定给付义务的诉讼。在给付之诉中，原告要求被告履行的给付义务可能表现为给付一定数额的货币或财产，可能表现为某种特定的行为的作为和不作为，如请求被告支付租金、返还借用物、停止侵害名誉权、立刻停止排放污水的行为等。给付之诉的特点在于人民法院的判决内容包含了民事义务的履行内容，因此具有执行力。当被告不履行给付义务时，原告可以将生效判决作为执行依据申请人民法院强制执行。需要注意的是，在相当一部分给付之诉中，原被告之间可能对双方之间的民事法律关系的存在性存在争议，但并不能因此认为该诉讼为确认之诉。例如甲公司请求乙公司返还租赁物诉讼中，乙公司否认与甲公司之间存在租赁合同关系，我们不能将该案件理解为确认双方租赁合同关系是否存在的确认之诉。在判断诉的类型的问题上，我们的注意力应当放在原告的诉讼请求上，至于诉讼过程中双方围绕某些具体法律问题产生的争议，不能将其作为判断诉的类型的依据。

（二）起诉的一般条件

根据《民事诉讼法》第119条规定，起诉必须符合下列条件：

（1）原告是与本案有直接利害关系的公民、法人和其他组织。该项条件是对提起诉讼的原告资格的限制。从当事人的权利能力角度来看，能够成为原告的既可能是公民，也可以是法人和其他组织（具体可见第四章内容）。但无论是哪一种诉讼主体，都必须要满足与本案有利害关系这一条件。原告与本案有利害关系，在起诉角度仅仅需要从形式上判断即可。例如原告起诉要求被告向其返还借款，原告就是本案的利害关系人。但至于人民法院经过审理之后查明被告并未向原告进行借款，并不影响原告的当事人身份，人民法院应当判决驳回原告的诉讼请求。但如果从形式上，提起诉讼的原告与本案并没有任何权利义务关系，则可以认为该原告并不满足起诉条件。同时，在学习中也要注意有时存在无实体关系人依法享有起诉权的情况，例如被宣告失踪人的财产代管人、公益诉讼的法定机关和组织、遗产管理人等，也享有法定的起诉权。

（2）有明确的被告。何谓明确的被告？根据《民事诉讼法解释》第209条第1款规定：“原告提供被告的姓名或者名称、住所等信息具体明确，足以使被告与他人相区别的，可以认定为有明确的被告。”显然“有明确的被告”

这一要求，与民事诉讼法对原告的利害关系人要求完全不同，其立法目的仅仅是为了确定被告的身份能够被识别、避免被告同他人的身份相混淆。因此从这个角度来看，只要能够通过姓名、名称、性别、住所等内容将被告与其他单位或个人独立识别出来，则原告的该起诉条件就是符合法律规定的。从起诉条件的角度来看，被告并不存在如同原告的"利害关系人"或者"适格"的问题，被告是否为争议法律关系的义务主体或者责任主体并不影响案件的受理。只要原告提出了明确的被告，且符合其他起诉条件，人民法院就应该受理并进入实体审理程序。如果人民法院经过审理确认该被告不应承担民事责任，可以判决驳回原告的诉讼请求。当然，被告应当具有民事诉讼权利能力，否则便不具有当事人的身份资格。

参考判例：深圳市××祥融资担保有限公司诉张鸿×追偿权纠纷案。

（3）有具体的诉讼请求和事实、理由。诉讼请求是提起诉讼的原告，通过人民法院向被告提出的权利主张，具体包括要求对方承担特定的民事责任、确认双方民事法律关系、变更或解除双方的民事法律关系等。结合具体的诉讼类型，诉讼请求也相应有所不同。事实和理由是当事人主张的诉讼请求的依据，有关诉讼请求的选择、事实理由的陈述等具体方面，读者们可以参考有关法律文书写作的学习资料进行学习。从民事诉讼法的角度，诉讼请求和事实、理由在起诉状中，需要满足"具体"的法定要求。不过何谓"具体"，司法解释并没有给出确切的标准，读者们可以参考有关法律文书写作的视频学习资源，了解诉讼请求和事实、理由的书写特点。

（4）属于人民法院受理民事诉讼的范围和受诉人民法院管辖。该条件实际上包含了两个方面：首先，提起诉讼的案件应当属于人民法院的主管范围，即是人民法院依法可以受理的民事案件。不属于法院受理的民事案件（例如刑事案件、行政纠纷、宗教事务、学术争议等）。则人民法院不予受理；其次，提起诉讼的案件属于受诉人民法院管辖。根据级别管辖和地域管辖的相关规定，民事案件应当向有管辖权的人民法院提起。如果受诉人民法院在审查起诉阶段发现自己无管辖权，则应当裁定不予受理。

参考法律文书：民事起诉状（公民提起民事诉讼用）。
参考判例：孙×林福利待遇纠纷案。

（三）反诉的特殊条件

民事诉讼中的反诉，是指在已经开始的民事诉讼中，本诉的被告向本诉的原告提起的独立反请求。反诉的构成，实质上是受理本诉的人民法院，将本诉被告针对本诉原告的起诉进行合并审理形成的诉讼现象。因此反诉首先要理解成为本诉被告向本诉原告提出的独立的诉讼请求。从民事主体处分权的角度讲，在本诉中作为被告的一方当事人，当然也有权对本诉的原告提起诉讼。但是，本诉被告向本诉原告提起的诉讼，能否被受理本诉的人民法院受理并与本诉合并审理，则不仅仅取决于被告提起的诉讼的一般起诉条件，还要满足其他一系列实质和程序要件。在很多参考资料中，上述要件直接称为反诉的构成要件，但同学们应当明确这一问题的实质所在：反诉的构成，即等于反诉与本诉合并审理的诉讼法问题。

1. 反诉的实质要件

反诉的实质要件，是反诉与本诉之间必须具有实质的牵连性，只有具备了这种牵连性，人民法院将反诉与本诉合并审理才具有实际意义，才能够实现节约诉讼成本、提高审判效率、实现纠纷一次性解决的目的。如果不具有实质牵连性，即使反诉满足了起诉的一般条件，受理本诉的人民法院也不得将其与本诉合并审理。目前的主流观点认为，反诉与本诉的牵连性，主要表现为反诉请求与本诉请求基于同一法律关系，或者基于同一法律事实。例如基于合同关系，本诉原告起诉要求被告履行合同，被告对原告提起诉讼请求撤销该合同，该案件中被告的反请求与本诉请求即基于同一合同法律关系。再如原告甲起诉要求乙赔偿因打架导致自己受伤的损失，被告乙也向甲提起诉讼要求甲赔偿两人打架导致自己受伤的损失，该案件中被告乙的反请求与本诉请求即基于同一法律事实（同一打架纠纷）。根据《民事诉讼法解释》第233条规定，反诉与本诉的诉讼请求基于相同法律关系、诉讼请求之间具有因果关系，或者反诉与本诉的诉讼请求基于相同事实的，人民法院应当合并审理。

参考判例：××维他命饮料（江苏）有限公司诉北京××饮料销售有限公司等侵害商标权及不正当竞争纠纷案。

2. 反诉的程序要件

（1）反诉应满足起诉的一般程序要件。反诉应当同本诉一样，首先必须符合《民事诉讼法》第 119 条规定的起诉条件，但是从当事人角度讲，反诉的提出仅限于本诉的被告向本诉的原告提出，并不涉及第三人。

参考法律文书：民事反诉状（公民提起民事反诉用）。

（2）反诉的管辖法院条件。受理本诉的人民法院应当对反诉具有管辖权，这实际上属于起诉一般程序要件之一，但是根据《民事诉讼法解释》第 233 条第 3 款规定："反诉应由其他人民法院专属管辖，或者与本诉的诉讼标的及诉讼请求所依据的事实、理由无关联的，裁定不予受理，告知另行起诉。"由此可知，由于反诉只能向受理本诉的法院提出，因此审理本诉的法院可以基于牵连管辖而获得对反诉的管辖权。但如果反诉属于另一法院专属管辖，受理本诉的法院则无权管辖，本诉的被告只能向有专属管辖权的法院另行起诉。专属管辖多因涉及公共利益而具有强制性，不允许随意变更，具有不可改变性、排他性，由某一法院专属管辖的案件，其他任何法院都无权管辖。

（3）反诉的程序条件。反诉与本诉应当使用同一种诉讼程序，这是本诉法院将本诉与反诉合并审理的必然前提条件。具体而言，反诉与本诉都适用普通程序或者反诉与本诉都适用简易程序，否则不但不会简化诉讼程序，反而会造成诉讼拖延。

（4）反诉的提起时间。反诉应当在本诉审理期间，才具有合并审理的意义。因此，本诉受理之后，才存在反诉受理的可能，但是本诉被告最迟在什么诉讼阶段之前提起反诉呢？对此问题《民事诉讼法解释》第 232 条规定："在案件受理后，法庭辩论结束前，原告增加诉讼请求，被告提出反诉，第三人提出与本案有关的诉讼请求，可以合并审理的，人民法院应当合并审理。"因此，本诉被告提起反诉，应当在法庭辩论终结前提出。

但值得注意的是，《民事诉讼法解释》第 328 条规定："在第二审程序中，原审原告增加独立的诉讼请求或者原审被告提出反诉的，第二审人民法院可以根据当事人自愿的原则就新增加的诉讼请求或者反诉进行调解；调解不成的，告知当事人另行起诉。"因此，原审被告有权在第二审程序中提起反诉，但是第二审人民法院将其与本诉合并审理的，只能进行调解，不得直接进行判决。

除了反诉，我们还需要掌握民事公益诉讼、第三人撤销之诉（本教材第六章内容）以及在执行阶段出现的执行异议之诉（本教材第十三章内容）的特殊诉讼条件问题。以下仅围绕民事公益诉讼问题展开学习。

参考判例1：××市规划建筑设计研究院发展有限公司与××市国土资源局合同纠纷案。

（三）公益诉讼的特殊起诉条件

1. 公益诉讼的主管案件

第一类是环境污染公害案件。在我国，工业化、城市化进程带来的环境污染问题越来越严重，但环境保护与公害治理的司法救济尚不完备。为此，2012年《民事诉讼法》将环境保护案件加入民事公益诉讼范畴，以有效地保护环境资源。

第二类是侵害众多消费者合法权益的案件。在消费者权益保护立法方面，我国通过《消费者权益保护法》与相关法律（如《产品质量法》《药品管理法》等）相互配合，在保护消费者权益方面提供了相对完善的实体法。但是面对众多不特定消费者权益受到侵害时，常常缺少合理的司法救济渠道。为此，2012年《民事诉讼法》将侵害众多消费者合法权益的案件纳入公益诉讼的范围。

2. 公益诉讼的原告资格

《民事诉讼法》第55条第1款规定：对污染环境、侵害众多消费者合法权益等损害社会公共利益的行为，法律规定的机关和有关组织可以向人民法院提起诉讼。

（1）法律规定的机关。从现行法律规定来看，目前明确可以提起民事公益诉讼的行政机关，包括两类：

一是海洋环境监管部门。《海洋环境保护法》第89条第2款规定："对破坏海洋生态、海洋水产资源、海洋保护区，给国家造成重大损失的，由依照本法规定行使海洋环境监督管理权的部门代表国家对责任者提出损害赔偿要求。"该条款既是赋权条款，也是限定条款，即将海洋生态资源损失索赔主体限定为行使海洋环境监督管理权的部门。

二是检察机关。《最高人民法院、最高人民检察院关于检察公益诉讼案件适用法律若干问题的解释》第4条规定，人民检察院以公益诉讼起诉人身份提起公益诉讼，依照民事诉讼法、行政诉讼法享有相应的诉讼权利，履行相应的诉讼义务，但法律、司法解释另有规定的除外。

（2）有关组织。根据现行法律和司法解释的规定，可以提起民事公益诉讼的社会组织有：

第一，符合条件的消费者协会。《消费者权益保护法》第 47 条规定："对侵害众多消费者合法权益的行为，中国消费者协会以及在省、自治区、直辖市设立的消费者协会，可以向人民法院提起诉讼。"

第二，专门从事环境保护公益活动的社会组织。《环境保护法》第 58 条第 1 款规定："对污染环境、破坏生态、损害社会公共利益的行为，符合下列条件的社会组织可以向人民法院提起诉讼：（一）依法在设区的市级以上人民政府民政部门登记；（二）专门从事环境保护公益活动连续五年以上且无违法记录。"《最高人民法院关于审理环境民事公益诉讼案件适用法律若干问题的解释》第 2 条至第 5 条进一步明确，提起环境公益诉讼的社会组织应当符合下列条件：①属于依照法律、法规的规定在设区的市级以上人民政府民政部门登记的社会团体、民办非企业单位以及基金会等社会组织；②社会组织章程确定的宗旨和主要业务范围是维护社会公共利益，且从事环境保护公益活动的；③社会组织提起的诉讼所涉及的社会公共利益，应与其宗旨和业务范围具有关联性；④社会组织在提起诉讼前 5 年内未因从事业务活动违反法律、法规的规定受过行政、刑事处罚的。

我国法律和司法解释未赋予公民个人公益诉讼的原告资格。如果放开个人的公益诉讼主体资格，可能会造成诉讼数量过多的局面。此外，个人举证能力相对薄弱、取证困难，在目前社会条件下，不适合作为公益诉讼的起诉主体。当然在很多情况下，损害公共利益的行为也会损害个人利益，此时根据《民事诉讼法解释》第 288 条规定，人民法院受理公益诉讼案件，不影响同一侵权行为的受害人根据民事诉讼法第一百一十九条规定提起诉讼。

> 参考判例：谢知×等与北京市朝阳区××之友环境研究所环境侵权责任纠纷案。

3. 公益诉讼的共同原告

根据《最高人民法院关于审理消费民事公益诉讼案件适用法律若干问题的解释》第 7 条规定，人民法院受理消费民事公益诉讼案件后，依法可以提起诉讼的其他机关或者社会组织，可以在一审开庭前向人民法院申请参加诉讼。人民法院准许参加诉讼的，列为共同原告；逾期申请的，不予准许。

根据《最高人民法院关于审理环境民事公益诉讼案件适用法律若干问题

的解释》第 10 条规定，人民法院受理环境民事公益诉讼后，应当在立案之日起五日内将起诉状副本发送被告，并公告案件受理情况。有权提起诉讼的其他机关和社会组织在公告之日起三十日内申请参加诉讼，经审查符合法定条件的，人民法院应当将其列为共同原告；逾期申请的，不予准许。

> 参考法律文书：公告（环境污染或者生态破坏公益诉讼公告受理用）。

4. 公益诉讼的管辖法院

《民事诉讼法解释》第 285 条规定，公益诉讼案件由侵权行为地或者被告住所地中级人民法院管辖，但法律、司法解释另有规定的除外。因污染海洋环境提起的公益诉讼，由污染发生地、损害结果地或者采取预防污染措施地海事法院管辖。根据《最高人民法院关于审理环境民事公益诉讼案件适用法律若干问题的解释》第 6 条和第 7 条规定，第一审环境民事公益诉讼案件由污染环境、破坏生态行为发生地、损害结果地或者被告住所地的中级以上人民法院管辖。经最高人民法院批准，高级人民法院可以根据本辖区环境和生态保护的实际情况，在辖区内确定部分中级人民法院受理第一审环境民事公益诉讼案件。《最高人民法院关于审理消费民事公益诉讼案件适用法律若干问题的解释》第 3 条规定，消费民事公益诉讼案件管辖适用《民事诉讼法解释》第 285 条的有关规定。经最高人民法院批准，高级人民法院可以根据本辖区实际情况，在辖区内确定部分中级人民法院受理第一审消费民事公益诉讼案件。

> 参考判例：南通××化工科技有限公司诉江苏省××市人民检察院等环境污染损害赔偿民事公益诉讼案。

（四）法院受理程序

1. 立案登记制

根据《民事诉讼法解释》第 208 条规定，人民法院接到当事人提交的民事起诉状时，对符合《民事诉讼法》第 119 条的规定，且不属于第 124 条规定情形的，应当登记立案。立案登记制强调的是，只要当事人向人民法院提交了符合形式要件的起诉状，人民法院就应当接收。但至于接受起诉材料后是否立案，还需要进行一定的审查程序。因此立案登记制并不等于人民法院必须现场决定是否受理案件，对此我们要注意以下四个方面的情况：

第一，当场不能判定是否符合起诉条件的，应当接收起诉材料，并出具注明收到日期的书面凭证，在 7 日内决定是否登记立案。对认定不符合起诉条件的，人民法院应当在 7 日内裁定不予受理。

第二，需要补充必要相关材料的，人民法院应当及时告知当事人。在补齐相关材料后，应当在 7 日内决定是否立案。

第三，人民法院认为当事人的起诉不符合法律规定的，应当释明和指导，指引当事人补正。当事人补正后，再决定是否登记立案，不得未经释明和指引即以起诉不符合条件为由不接收诉状。

第四，人民法院在 7 日内不能确定是否符合起诉条件的，应当先行登记立案，进入审理程序。如果在立案以后发现起诉不符合法律规定的，则应当裁定驳回起诉。

> 参考法律文书 1：民事裁定书（对起诉不予受理用）。
> 参考法律文书 2：民事裁定书（驳回起诉用）。

《最高人民法院关于人民法院登记立案若干问题的规定》第 10 条规定：对以下情形的诉讼案件，不予登记立案："（一）违法起诉或者不符合法律规定的；（二）涉及危害国家主权和领土完整的；（三）危害国家安全的；（四）破坏国家统一和民族团结的；（五）破坏国家宗教政策的；（六）所诉事项不属于人民法院主管的。"

2. 依法不予受理的主要情形

（1）依照行政诉讼法的规定，属于行政诉讼受案范围的（属于刑事案件的也应当不予受理）。

（2）依照法律规定，双方当事人达成书面仲裁协议申请仲裁、不得向人民法院起诉。

（3）依照法律规定，应当由其他机关处理的争议（不属于法院主管范围）。

（4）不属于本院管辖的案件。

（5）对判决、裁定、调解书已经发生法律效力的案件，当事人又起诉的（准许撤诉的裁定除外）。重复起诉违背了一事不再理的原则，因此人民法院对于已经生效裁判的民事案件应当按照审判监督程序进行审理，当事人又起诉的不予受理。在这一问题上，我们还需要掌握重复起诉的判断标准。根据《民事诉讼法解释》第247条第1款规定："当事人就已经提起诉讼的事项在诉讼过程中或者裁判生效后再次起诉，同时符合下列条件的，构成重复起诉：（一）后诉与前诉的当事人相同；（二）后诉与前诉的诉讼标的相同；（三）后诉与前诉的诉讼请求相同，或者后诉的诉讼请求实质上否定前诉裁判结果。"

重复起诉的判断是个较为复杂的问题，因为这需要结合具体案件综合分析诉讼标的、诉讼请求的因素对案件同一性的影响。诉讼标的是当事人在实体法上的权利义务或者法律关系，与长期以来我国民事诉讼实践中对审判对象的理解相同。在民事诉讼中，由于诉的种类不同，其诉讼标的也就不同。在给付之诉中，诉讼标的是原告基于某种法律关系，向被告所提出的履行一定义务的实体权利的请求权；在确认之诉中，诉讼标的是原告提出的要求确认的某个法律关系；在变更之诉中，诉讼标的是原告提出变更或消灭的同被告之间现存的某一法律关系。

诉讼请求是建立在诉讼标的基础上的具体声明，是民事法律关系的外在形式或具体体现，具体的请求内容对于诉讼中识别诉讼标的及理清其范围具有实际意义。司法解释在诉讼标的之外，将诉讼请求的同一性作为判断此诉与彼诉的标准之一，即后诉与前诉的诉讼请求相同，或者后诉的诉讼请求实质上否定前诉裁判结果。在前诉与后诉当事人相同、诉讼标的同一的情形下，以下情形可被认为属于重复诉讼：一是后诉提起与前诉相反的诉讼请求的，例如，甲起诉乙要求确认法律关系有效，乙又起诉甲请求确认法律关系无效；二是后诉的请求实质上否定前诉裁判结果的情形，例如甲起诉乙要求依法律关系进行给付，乙又起诉甲请求确认法律关系无效。此外，通常给付之诉中隐含确认之诉的内容，例如，原告先提起确认之诉，请求法院确认双方当事人间买卖合同关系有效，其诉讼请求被法院驳回后，原告又提起给付之诉，要求法院判令被告依合同给付一定金钱。虽然原告两次起诉的诉讼请求不相同，但是原告第二次起诉的诉讼请求在实质上否定了前诉的裁判结果，因此，应当将后诉认定为重复起诉。

> 参考判例 1：王建×与重庆市××食品有限公司解除租赁协议纠纷案。
>
> 参考判例 2：深圳市××生活用品有限公司与深圳市××硅胶电子有限公司侵害外观设计专利权纠纷案。
>
> 参考判例 3：罗某、鲁某离婚后财产纠纷案。

（6）依照法律规定，在一定期限内不得起诉的案件，在不得起诉的期限内起诉的，不予受理。例如根据《婚姻法》第 34 条规定："女方在怀孕期间、分娩后一年内或中止妊娠后六个月内，男方不得提出离婚。女方提出离婚的，或人民法院认为确有必要受理男方离婚请求的，不在此限。"

（7）判决不准离婚和调解和好的离婚案件，判决、调解维持收养关系的案件，没有新情况、新理由，原告在 6 个月内又起诉。此外根据《民事诉讼法解释》第 214 条第 2 款规定："原告撤诉或者按撤诉处理的离婚案件，没有新情况、新理由，六个月内又起诉的，比照民事诉讼法第一百二十四条第七项的规定不予受理。"

（8）一审原告在第二审程序中撤回起诉后重复起诉的。

（9）一审原告在再审程序中撤回起诉后重复起诉的。

（10）公益诉讼案件的裁判发生法律效力后，其他依法具有原告资格的机关或者组织就同一侵权行为另行提起公益诉讼的。

（11）属于其他人民法院专属管辖的反诉，或者与本诉无关联的反诉。

（12）案外人对人民法院驳回其执行异议的裁定不服，提起第三人撤销之诉的。

（13）劳动纠纷未先申请劳动争议仲裁的。根据《劳动法》第 83 条规定："劳动争议当事人对仲裁裁决不服的，可以自收到仲裁裁决书之日起十五日内向人民法院提起诉讼。一方当事人在法定期限内不起诉又不履行仲裁裁决的，另一方当事人可以申请强制执行。"

如果人民法院认定原告提起的诉讼存在上述法定的不予受理的情形，不予登记立案的同时，应当在 7 日内出具书面裁定不予受理。当事人对不予受理的裁定不服的，依法可以提起上诉。如果在立案后发现存在不予受理情形的，人民法院应当裁定驳回起诉。

参考判例：深圳市金×实业股份有限公司与××钢铁（集团）有限责任公司等承包经营合同、侵权责任纠纷上诉案。

3. 依法必须受理的主要情形

《民事诉讼法解释》除了明确规定不予受理的具体情形之外，也规定了在一些特殊情况下人民法院必须受理的情形。我们在掌握下列情形的同时，也要理解法院必须受理的原因：

（1）裁定不予受理、驳回起诉的案件，原告再次起诉，符合起诉条件且不属于《民事诉讼法》第124条规定情形的，人民法院应予受理。

（2）原告撤诉或者人民法院按撤诉处理后，原告以同一诉讼请求再次起诉的，人民法院应予受理。

（3）夫妻一方下落不明，另一方诉至人民法院，只要求离婚，不申请宣告下落不明人失踪或者死亡的案件，人民法院应当受理，对下落不明人公告送达诉讼文书。

（4）当事人超过诉讼时效期间起诉的，人民法院应予受理。

（5）裁判发生法律效力后，发生新的事实，当事人再次提起诉讼的，人民法院应当依法受理。这种情况属于对"一事不再理"原则的突破情形，例如根据《民事诉讼法解释》第218条规定，赡养费、扶养费、抚育费案件，裁判发生法律效力后，因新情况、新理由，一方当事人再行起诉要求增加或者减少费用的，人民法院应作为新案受理。对原告的起诉是否符合"新的事实"条件，应当依法予以审查。此审查仅审查"新的事实"是否有明确主张，至于该"新的事实"是否属实，在起诉的受理阶段无需审查，而有待于受理后进行审查处理。

参考判例：许某某诉叶某某生命权、健康权、身体权纠纷案。

4. 公益诉讼的受理条件

根据《民事诉讼法解释》第284条规定，公益诉讼的受理条件除了原告具有法定的主体资格之外，还包括：①有明确的被告；②有具体的诉讼请求；③有社会公共利益受到损害的初步证据；④属于人民法院受理民事诉讼的范围和受诉人民法院管辖。除此以外，针对不同类型的公益诉讼，人民法院需要审查不同的起诉材料。

根据《最高人民法院关于审理消费民事公益诉讼案件适用法律若干问题的解释》第 4 条规定：提起消费民事公益诉讼应当提交下列材料：①符合民事诉讼法第 121 条规定的起诉状，并按照被告人数提交副本；②被告的行为侵害众多不特定消费者合法权益或者具有危及消费者人身、财产安全危险等损害社会公共利益的初步证据；③消费者组织就涉诉事项已按照《消费者权益保护法》第 37 条第（四）项或者第（五）项的规定履行公益性职责的证明材料。

根据《最高人民法院关于审理环境民事公益诉讼案件适用法律若干问题的解释》第 8 条规定，提起环境民事公益诉讼应当提交下列材料：①符合《民事诉讼法》第 121 条规定的起诉状，并按照被告人数提出副本；②被告的行为已经损害社会公共利益或者具有损害社会公共利益重大风险的初步证明材料；③社会组织提起诉讼的，应当提交社会组织登记证书、章程、起诉前连续 5 年的年度工作报告书或者年检报告书，以及由其法定代表人或者负责人签字并加盖公章的无违法记录的声明。

> 参考判例：中国某发展基金会诉宁夏××科技股份有限公司环境污染公益诉讼案。

二、审前准备程序

人民法院受理案件后，并非立即进行开庭审理，而需经过一系列的开庭前准备工作，称之为审前准备程序。我国民事诉讼审前准备程序主要包括以下内容：

1. 向原告送达案件受理通知书，向被告送达应诉通知书

法院受理原告的起诉后，应当立即向原告送达案件受理通知书和向被告送达应诉通知书，便于当事人及时知晓案件的诉讼状况。

> 参考法律文书 1：受理案件通知书（通知提起诉讼的当事人用）。
> 参考法律文书 2：应诉通知书（通知对方当事人用）。

2. 在法定期间内向当事人送达诉讼文书

当事人通过人民法院交换起诉状与答辩状，有助于人民法院与当事人初

步了解案件的大致情况，尽早明确争议焦点，从而有针对性地做好庭审准备，以提高庭审效率。根据《民事诉讼法》第 125 条规定，"人民法院应当在立案之日起五日内将起诉状副本发送被告，被告应当在收到之日起十五日内提出答辩状"；"人民法院应当在收到答辩状之日起五日内将答辩状副本发送原告。"

> 参考法律文书：民事答辩状（公民对民事起诉提出答辩用）。

3. 告知当事人诉讼权利义务与合议庭组成人员

根据《民事诉讼法》第 126 条规定："人民法院对决定受理的案件，应当在受理案件通知书和应诉通知书中向当事人告知有关的诉讼权利义务，或者口头告知。"根据《民事诉讼法》第 128 条规定："合议庭组成人员确定后，应当在三日内告知当事人。"

> 参考法律文书 1：诉讼权利义务告知书（告知当事人用）。
> 参考法律文书 2：合议庭组成人员通知书（通知当事人用）。

4. 向双方当事人送达举证通知书

根据《证据规定》第 33 条规定，法院应当在送达案件受理通知书和应诉通知书的同时向当事人送达举证通知书。举证通知书应当载明举证责任的分配原则与要求，可以向法院申请调查取证的情形，法院根据案件情况指定的举证期限以及逾期提供证据的法律后果。

> 参考法律文书：举证通知书（通知当事人用）。

5. 确定举证期限，当事人收集和提供证据

根据《民事诉讼法解释》第 99 条的规定，举证时限的确定有两种方式：一是由当事人双方协商确定，并经法院认可；二是由人民法院依职权决定。如果举证时限是由法院指定的，指定的期限不得少于 15 日。在当事人收集证据有困难的情况下，法院可以协助当事人进行证据资料的准备，即在符合法定情形下，当事人可以申请法院收集证据；在例外情况下，法院对某些特定案件也可以依职权收集证据。

6. 案件分流

根据《民事诉讼法》第 133 条规定："人民法院对受理的案件，分别情

形，予以处理：（一）当事人没有争议，符合督促程序规定条件的，可以转入督促程序；（二）开庭前可以调解的，采取调解方式及时解决纠纷；（三）根据案件情况，确定适用简易程序或者普通程序；（四）需要开庭审理的，通过要求当事人交换证据等方式，明确争议焦点。"

7. 庭前会议

庭前会议由主审法官主持，由双方当事人及其代理人、证人参加。会议的主要内容是法官组织当事人交换证据材料及清单。在交换过程中，提供证据的一方当事人说明证据要证明的主要问题，明确案件争议焦点。如果法官发现有存在当事人之间没有争议的事实，法官将告知当事人不再对此进行质证，同时也要告知当事人开庭审理阶段法庭需要调查的事项和重点。有效的庭前会议，可以极大促进案件争点的形成，使将来的开庭审理能够建立在对当事人攻击防御手段充分准备和了解的基础上，避免突袭裁判，提高审判效率。另一种理想的诉讼结局是，当事人可以在庭前会议时充分预计到诉讼的后果，从这一角度大大提高诉讼和解或者法院调解的成功率。

8. 其他事项

主要涉及可能存在的当事人追加的问题。必须共同进行诉讼的当事人没有参加诉讼的，应当通知其参加诉讼，追加为共同诉讼人。本案的诉讼标的涉及有独立请求权第三人的利益，或本案的处理结果与第三人存在法律上的利害关系，有独立请求权第三人可以向本院提出诉讼请求，参加诉讼，无独立请求权的第三人可以申请参加，或由法院通知其参加诉讼。

三、开庭审理

开庭审理是指法院在当事人和诉讼参与人的参加下，依照法定程序和方式，认定事实并依法作出裁判的诉讼活动。

（一）庭前准备

庭前准备主要完成两项工作：①告知当事人及其他诉讼参与人出庭日期。法院在确定开庭日期后，应当在开庭3日前告知当事人及其他诉讼参与人。对当事人出庭应当采用传票传唤，对其他诉讼参与人以通知书通知其到庭。②发布开庭审理公告。法院对于公开开庭审理的案件，应当在开庭3日前发布公告，公告当事人的姓名、案由及开庭的时间和地点。

（二）开庭准备

开庭准备分两个阶段进行：首先，由书记员查明当事人和其他诉讼参与人是否到庭，并向审判长报告。同时，向全体诉讼参与人和旁听群众宣布法庭纪律；其次，由审判长宣布开庭，核对当事人身份，宣布案由，宣布审判人员、书记员名单，然后告知当事人有关诉讼权利义务，并询问当事人是否提出回避申请。当事人提出回避申请的，法院应当依法作出处理。

（三）法庭调查

法庭调查，是指审判人员在法庭上对证据进行全面审查核实和认证的诉讼活动，因此法庭调查实质上进行的是证据调查。根据《民事诉讼法》第138条规定，法庭调查按照下列顺序进行：当事人陈述；告知证人的权利义务，证人作证，宣读未到庭的证人证言；出示书证、物证、视听资料和电子数据；宣读鉴定意见；宣读勘验笔录。

（四）法庭辩论

法庭辩论是当事人及其诉讼代理人在合议庭的主持下，根据法庭调查阶段查明的事实和证据，阐明自己的观点和意见，相互进行言词辩驳的诉讼活动。根据《民事诉讼法》第141条规定："法庭辩论按照下列顺序进行：（一）原告及其诉讼代理人发言；（二）被告及其诉讼代理人答辩；（三）第三人及其诉讼代理人发言或者答辩；（四）互相辩论。法庭辩论终结，由审判长按照原告、被告、第三人的先后顺序征询各方最后意见。"

（五）评议宣判

根据《民事诉讼法》第142条规定："法庭辩论终结，应当依法作出判决。判决前能够调解的，还可以进行调解，调解不成的，应当及时判决。"根据《民事诉讼法》第149条规定，人民法院适用普通程序审理民事案件，应当在立案之日起6个月内审结。有特殊情况需要延长的，由本院院长批准，可以延长6个月；还需要延长的，报请上级法院批准。

无论是公开审理还是不公开审理的案件，都必须公开宣告判决。判决的宣告有当庭公开宣判和择日定期宣判两种形式。当庭宣判的，应当在10日内向当事人发送判决书；定期宣判的，宣判后立即向当事人发送判决书。

人民法院适用第一审普通程序审理的案件，应当在立案之日起6个月内审结。有特殊情况需要延长的，由本院院长批准，可以延长6个月；还需要延长的，报请上级人民法院批准。

参考法律文书1：延长第一审普通程序审理期限报告（报请本院院长批准用）。

参考法律文书2：延长第一审普通程序审理期限请示（报请上级人民法院批准用）。

四、审理的特殊情况

（一）撤诉

1. 撤诉与按撤诉处理

广义的撤诉包括撤回本诉、撤回反诉、撤回第三人之诉、撤回上诉等。狭义的撤诉是指原告向人民法院请求撤回起诉。除了原告可以口头或者书面形式主动撤诉之外，民事诉讼法还规定了按撤诉处理的情形。按撤诉处理是指原告虽然没有提出撤诉申请，但其在诉讼中的特定行为已经表明其不积极进行民事诉讼，因此法院依法决定注销案件不再进行审理的行为。按撤诉处理主要有以下情况：

（1）《民事诉讼法》第143条规定："原告经传票传唤，无正当理由拒不到庭的，或者未经法庭许可中途退庭的，可以按撤诉处理；……"

（2）《民事诉讼法解释》第235条规定："无民事行为能力的当事人的法定代理人，经传票传唤无正当理由拒不到庭，属于原告方的，比照民事诉讼法第一百四十三条的规定，按撤诉处理；……"

（3）原告应预交而未预交案件受理费，人民法院应当通知其预交，通知后仍不交纳，或申请缓、减、免未获人民法院批准仍不交纳诉讼费用的，按撤诉处理。

参考法律文书1：申请书（申请撤回起诉用）。

参考法律文书2：民事裁定书（未预交案件受理费按撤回起诉处理用）。

参考法律文书3：民事裁定书（不参加诉讼按撤诉处理用）。

参考判例：张怀×与王××房屋租赁合同纠纷案。

2. 撤诉的司法监督

尽管撤诉是原告的一项诉讼权利，但是我们要注意人民法院对撤诉行为的监督。

（1）根据《民事诉讼法解释》第238条规定："当事人申请撤诉或者依法可以按撤诉处理的案件，如果当事人有违反法律的行为需要依法处理的，人民法院可以不准许撤诉或者不按撤诉处理。"该条同时规定："法庭辩论终结后原告申请撤诉，被告不同意的，人民法院可以不予准许。"因此，即使原告提出了撤诉，也有可能人民法院不予准许。

> 参考法律文书：民事裁定书（不准许撤诉用）。
> 参考判例：上海××物流有限公司诉上海××庆铃汽车修理服务有限公司房屋租赁合同纠纷案。

（2）根据《民事诉讼法解释》第290条规定，公益诉讼案件的原告在法庭辩论终结后申请撤诉的，人民法院不予准许。这是因为公益诉讼周期长、涉及利益广泛、诉讼成本高，允许原告在法庭辩论终结后撤诉，如果其他有起诉权的主体仍可再次起诉，将消耗大量司法及社会资源。但需要注意的是，《最高人民法院关于审理环境民事公益诉讼案件适用法律若干问题的解释》第26条规定，负有环境保护监督管理职责的部门依法履行监管职责而使原告诉讼请求全部实现，原告申请撤诉的，人民法院应予准许。

（3）根据《最高人民法院关于适用〈中华人民共和国婚姻法〉若干问题的解释（二）》第2条规定，人民法院受理申请宣告婚姻无效案件后，经审查确属无效婚姻的，应当依法作出宣告婚姻无效的判决。原告申请撤诉的，不予准许。

3. 撤诉的法律后果

（1）诉讼程序终结。诉被撤销后，诉讼程序便告结束，法院不能对案件再继续进行审理和作出判决，这是撤诉的最直接的法律后果。但是原告撤回本诉，并不影响反诉和第三人之诉的审理。根据《民事诉讼法解释》第237条规定："有独立请求权的第三人参加诉讼后，原告申请撤诉，人民法院在准许原告撤诉后，有独立请求权的第三人作为另案原告，原案原告、被告作为另案被告，诉讼继续进行。"《民事诉讼法解释》第239条规定，人民法院准许本诉原告撤诉的，应当对反诉继续审理。

（2）诉讼费用由原告负担。原告撤诉的负担诉讼费用，但减半收取。

（3）诉讼时效重新开始计算。原告起诉后，诉讼时效中断，而自法院裁定准予撤诉之日起，诉讼时效重新开始计算。

（4）由于法院并未对撤诉的案件作出实体判决，当事人的实体权利义务争议仍然存在。因此当事人就同一诉讼标的、同一事实及理由，再次提起诉讼的，法院应当予以受理。

（二）缺席判决

在法庭审理过程中，人民法院仅在一方当事人到庭的情况下，经过审理并依法作出判决的诉讼制度，即为缺席判决。缺席判决主要适用于以下法定情形：

（1）原告经过传票传唤拒不出庭或未经许可中途退庭按撤诉处理，被告提出反诉的，可以对原告缺席判决；

（2）被告经传票传唤，无正当理由拒不到庭的，或未经法庭许可中途退庭的；（此时需要注意特殊情况下对被告可能拘传），可以对被告缺席判决；

（3）法院裁定不准原告撤诉的，原告经传票传唤，无正当理由拒不到庭的或者中途退庭的，可以对原告缺席判决；

（4）无民事行为能力的被告人的法定代理人，经传票传唤无正当理由拒不到庭的，可以缺席判决。

从诉讼理论上讲，被告缺席法庭审理，是在被告经合法送达文书和传票传唤的基础上进行的，因此在诉讼程序上完全可以视为被告放弃了其当庭陈述、举证和质证的诉讼权利。但不能就认为，被告承认了原告的诉讼请求，或者对原告主张事实的自认，人民法院并不当然地据此对原告的诉讼主张完全认定，仍要结合证据材料的真实性、关联性和合法性客观地进行审查，甚至必要时可能进行职权证据调查。

（三）延期审理

人民法院经过审前准备程序，将在确定的日期进行开庭审理。但是由于发生法定的特殊情况，开庭审理无法按期或继续进行，人民法院必须推迟进行开庭审理，因此出现了民事诉讼法上的延期审理制度。延期审理制度的学习要点包括：

1. 法定事由

根据《民事诉讼法》第146条规定，延期审理的法定原因包括：必须到庭的当事人和其他诉讼参与人有正当理由没有到庭的；当事人临时提出回避申请的；需要通知新的证人到庭，调取新的证据，重新鉴定、勘验，或者需要补充调查的；其他应当延期的情形。

2. 诉讼后果

人民法院决定延期审理，实质上是将开庭审理的日期向后顺延，其他诉讼活动并不因此受到影响，应当继续进行。因此，延期审理仅仅对开庭审理这一环节发生作用，但是延期的时间应当计算在审理期限之内。此外，如果法院不准许延期审理，当事人无故不到庭参加庭审的，人民法院可以按照缺席审理方式进行。

> 参考判例 1：何兰×与李启×、马×芳民间借贷纠纷案。
> 参考判例 1：吴亮×与陈晓×民间借贷纠纷案。

（四）诉讼中止

延期审理仅仅会导致开庭审理的日期向后顺延，并不影响诉讼其他活动的正常进行。但是如果在诉讼过程中出现了法定事由，导致诉讼活动根本无法继续进行的话，则出现了另一种诉讼制度——诉讼中止。诉讼中止制度的学习要点有：

1. 法定事由

根据《民事诉讼法》第 150 条规定，诉讼中止的法定事由包括：一方当事人死亡，需要等待继承人表明是否参加诉讼的；一方当事人丧失诉讼行为能力，尚未确定法定代理人的；作为一方当事人的法人或者其他组织终止，尚未确定权利义务承受人的；一方当事人因不可抗拒的事由，不能参加诉讼的；本案必须以另一案的审理结果为依据，而另一案尚未审结的；其他应当中止诉讼的情形。

2. 诉讼后果

人民法院裁定诉讼中止后，人民法院和当事人、其他诉讼参与人就本案的一切诉讼活动都应当停止进行，因此诉讼中止的时间不计算在审理期限之内。与延期审理不同的是，诉讼中止的情形适用于诉讼程序开始后作出判决前的任何诉讼阶段，延期审理的情形仅仅适用于开庭审理阶段。此外，人民法院决定延期审理之后，重新开庭的日期通常可以确定；但是人民法院裁定诉讼中之后，何时恢复诉讼，受诉法院则难以进行判断和确定。

> 参考法律文书：民事裁定书（中止诉讼用）。
> 参考判例：陈友×等与陈子×等恢复原状、不动产登记纠纷案。

（五）诉讼终结

人民法院裁定诉讼中止以后，诉讼程序有可能恢复进行，但是如果出现了法定事由，使诉讼程序继续进行显然无必要或者不可能，此时人民法院将裁定终结诉讼，这一制度称为诉讼终结。诉讼终结制度的学习要点有：

1. 法定事由

根据《民事诉讼法》第 151 条规定，诉讼终结的法定原因有：原告死亡，没有继承人，或者继承人放弃诉讼权利的；被告死亡，没有遗产，也没有应当承担义务的人的；离婚案件一方当事人死亡的；追索赡养费、扶养费、抚育费以及解除收养关系案件的一方当事人死亡的。

2. 诉讼后果

诉讼终结是一种民事诉讼的特殊结束状态，当事人之间的民事争议其实并没有得到真正解决，只是因为法定事由的出现，上述民事争议已经没有继续审理的必要和可能。诉讼终结的裁定一经作出即发生法律效力，当事人不得上诉，也不得申请复议，自裁定送达当事人之日起或宣布之日起发生法律效力。诉讼终结的案件，当事人不得以同一事实和理由，就同一诉讼标的再行起诉，法院也不得再行受理此案。

参考法律文书：民事裁定书（终结诉讼用）。

五、简易程序

（一）简易程序的适用

1. 适用案件

简易程序是一审普通程序的简化，是人民法院审理简单民事案件适用的审判程序。根据《民事诉讼法解释》第 256 条规定，"简单民事案件中的事实清楚，是指当事人对争议的事实陈述基本一致，并能提供相应的证据，无须人民法院调查收集证据即可查明事实；权利义务关系明确是指能明确区分谁是责任的承担者，谁是权利的享有者；争议不大是指当事人对案件的是非、责任承担以及诉讼标的争执无原则分歧。"

例外情形是，根据《民事诉讼法解释》第 257 条规定，下列案件，不适用简易程序：起诉时被告下落不明的；发回重审的；当事人一方人数众多的；适用审判监督程序的；涉及国家利益、社会公共利益的；第三人起诉请求改变或者撤销生效判决、裁定、调解书的；其他不宜适用简易程序的案件。

2. 适用法院

根据《民事诉讼法》第 157 条规定，简易程序适用于基层人民法院和它派出的法庭。因此中级以上人民法院不适用简易程序。但是例外情形是：《海事诉讼特别程序法》第 98 条规定，"海事法院审理事实清楚、权利义务关系明确、争议不大的简单的海事案件，可以适用《中华人民共和国民事诉讼法》简易程序的规定。"海事法院级别相当于中级人民法院，但海事法院对简单海事案件可以适用简易程序。

3. 程序选择与转换

简易程序与普通程序的选择，人民法院在审前准备阶段进行确定，当事人也有权在开庭前约定适用简易程序，而且当事人约定适用简易程序，并不受简单民事案件的条件约束（依法不适用简易程序的案件除外）。

《民事诉讼法》第 163 条规定："人民法院在审理过程中，发现案件不宜适用简易程序的，裁定转为普通程序。"《民事诉讼法解释》第 269 条也规定，当事人就案件适用简易程序提出异议，人民法院经审查，异议成立的，裁定转为普通程序。但要注意的是，根据《民事诉讼法解释》第 260 条规定："已经按照普通程序审理的案件，在开庭后不得转为简易程序审理。"

> 参考法律文书 1：异议书（对适用简易程序提出异议用）。
> 参考法律文书 2：民事裁定书（简易程序转为普通程序用）。
> 参考判例：何兰×与李启×、马×芳民间借贷纠纷案。

（二）简易程序的特点

1. 审理方式简便

例如，《民事诉讼法》第 159 条规定："基层人民法院和它派出的法庭审理简单的民事案件，可以用简便方式传唤当事人和证人、送达诉讼文书、审理案件，但应当保障当事人陈述意见的权利。"《民事诉讼法解释》第 261 条规定："适用简易程序审理案件，人民法院可以采取捎口信、电话、短信、传真、电子邮件等简便方式传唤双方当事人、通知证人和送达裁判文书以外的诉讼文书。"《民事诉讼法解释》第 267 条规定："适用简易程序审理案件，可以简便方式进行审理前的准备。"

2. 适用独任制

简单的民事案件由审判员一人独任审理，书记员进行记录。

3. 审理期限较短

《民事诉讼法》第 161 条规定："人民法院适用简易程序审理案件，应当在立案之日起三个月内审结。"另根据《民事诉讼法解释》第 258 条第 1 款规定："适用简易程序审理的案件，审理期限到期后，双方当事人同意继续适用简易程序的，由本院院长批准，可以延长审理期限。延长后的审理期限累计不得超过六个月。"人民法院发现案情复杂，有权将诉讼转为普通程序审理，审理期限自人民法院立案之日计算。

> 参考法律文书：延长简易程序审理期限报告（报请本院院长批准用）。

（三）小额诉讼程序

在人民法院适用简易程序审理的案件中，如果诉讼标的额满足法定要求的，则将适用更简化的"小额诉讼程序"。根据《民事诉讼法》第 162 条规定，基层人民法院和它派出的法庭审理简单的民事案件，标的额为各省、自治区、直辖市上年度就业人员年平均工资 30%以下的，则适用小额诉讼程序。《民事诉讼法解释》第 273 条规定："海事法院可以审理海事、海商小额诉讼案件。案件标的额应当以实际受理案件的海事法院或者其派出法庭所在的省、自治区、直辖市上年度就业人员年平均工资百分之三十为限。"同时，《民事诉讼法解释》第 274 条进一步列举了小额诉讼案件的九种类型：①买卖合同、借款合同、租赁合同纠纷；②身份关系清楚，仅在给付的数额、时间、方式上存在争议的赡养费、抚育费、扶养费纠纷；③责任明确，仅在给付的数额、时间、方式上存在争议的交通事故损害赔偿和其他人身损害赔偿纠纷；④供用水、电、气、热力合同纠纷；⑤银行卡纠纷；⑥劳动关系清楚，仅在劳动报酬、工伤医疗费、经济补偿金或者赔偿金给付数额、时间、方式上存在争议的劳动合同纠纷；⑦劳务关系清楚，仅在劳务报酬给付数额、时间、方式上存在争议的劳务合同纠纷；⑧物业、电信等服务合同纠纷；⑨其他金钱给付纠纷。

例外情况是，根据《民事诉讼法解释》第 275 条规定，不适用小额诉讼程序审理的案件有：人身关系、财产确权纠纷；涉外民事纠纷；知识产权纠纷；需要评估、鉴定或者对诉前评估、鉴定结果有异议的纠纷；其他不宜适用一审终审的纠纷。

小额诉讼程序的特点，一是实行一审终审，即小额诉讼程序中的所有裁判都是立刻生效的，当事人不得提起上诉；二是小额诉讼案件的举证期限由人民法院确定，也可以由当事人协商一致并经人民法院准许，但一般不超过7日。

除此以外，没有特别规定的，小额诉讼程序适用简易程序的有关规定。当事人对按照小额诉讼案件审理有异议的，应当在开庭前提出。人民法院经审查，异议成立的，适用简易程序的其他规定审理。

参考法律文书1：异议书（对适用小额诉讼程序提出异议用）。

参考法律文书2：适用简易程序其他规定审理通知书（小额诉讼转换通知当事人用）。

参考判例：重庆市××物业管理有限公司与陈凤琼等物业服务合同纠纷案。

六、民事裁判

（一）民事判决

民事判决，是指人民法院审理民事案件终结之时，依据事实和法律，对双方当事人争议的案件实体问题作出的具有法律拘束力的结论性判定。民事判决具有以下特点：①民事判决是人民法院行使民事审判权的结果；②人民法院民事判决的对象，是当事人之间争议的民事实体问题，或者当事人请求确认的实体法律关系；③民事判决是人民法院结案的方式之一；④民事判决都以书面判决书形式作出，不存在口头判决。

参考法律文书：民事判决书（第一审普通程序用）。

（二）民事裁定

民事裁定，是指人民法院在审理民事案件和执行过程中，对程序问题所作的权威性判定。民事裁定和民事判决的区别在于：①适用对象不同。民事裁定用于处理程序问题，而民事判决用于解决实体问题；②是否可以上诉的范围不同。一审的民事判决（除最高人民法院、基层人民法院适用简易程序审理的小额诉讼案件和非讼案件的判决外）都可以上诉，而一审裁定除不予受理、对管辖权有异议和驳回起诉的民事裁定外，其他民事裁定都不允许上诉；③上诉的期间不同。判决的上诉期间为 15 日，裁定的上诉期间为 10 日；④表现形式不同。判决只能以书面判决书形式作出，裁定既可以用书面形式也可以用口头形式；⑤法律后果不同。判决处理的是案件的实体问题，受一事不再理原则约束；裁定处理实体问题，因此案件不受一事不再理原则的约束。例如判决驳回诉讼请求的，原告不得重复起诉。但是裁定驳回起诉的，原告具备起诉条件后可以再次提起诉讼。

《民事诉讼法》第 154 条规定，裁定适用于下列范围：①不予受理；②对管辖权有异议的；③驳回起诉；④保全和先予执行；⑤准许或者不准许撤诉；⑥中止或者终结诉讼；⑦补正判决书中的笔误；⑧中止或者终结执行；⑨撤销或者不予执行仲裁裁决；⑩不予执行公证机关赋予强制执行效力的债权文书；⑪其他需要裁定解决的事项。

（三）民事决定

民事决定是人民法院就诉讼中的特殊事项依法作出的处理。民事决定不同于民事判决：前者解决特殊问题，而后者解决实体问题。民事决定不同于民事裁定：前者是对特殊情况的处理，而后者重在对法定程序问题的判定。

1. 民事决定的适用范围

根据《民事诉讼法》的规定，民事决定主要适用于下列事项：第一，决定是否回避。第二，决定采取排除妨害民事诉讼行为的强制措施。第三，决定是否准许当事人提出顺延诉讼期限的申请。第四，决定是否准许当事人提出的免交、减交或者缓交诉讼费用的司法救助申请。第五，决定重大疑难问题。人民法院审判委员会对解决重大疑难问题，如决定生效判决案件的再审等，应作出决定。第六，决定暂缓执行。

2. 民事决定的法律效力

民事决定有口头形式和书面形式两种类型，一经作出即发生法律效力，不准上诉。当事人对于回避的决定，可以向作出决定的人民法院申请复议一次。对于罚款拘留的决定，当事人不服的，可以向上一级人民法院申请复议一次。

（四）民事调解书

详见本书第二章"法院调解"相关部分。

拓展思考题

1. 如何解释劳动争议发生后必须先申请劳动争议仲裁，才能提起民事诉讼？

2. 甲向乙提起偿还借款诉讼，但是法院发现甲起诉材料中提供的乙的居住地址不实，法院无法向被告送达，法院能否因此裁定驳回起诉？

3. 第三人撤销之诉不同于普通民事诉讼的起诉条件有哪些？

4. 原被告在诉讼中达成了诉讼和解，当事人能否重新提起诉讼？

5. 甲公司以返还租赁物起诉要求乙公司偿还某型号机器一台，被驳回后针对同一争议事实，以不当得利请求返还该机器，是否构成重复起诉？

6. 甲公司起诉请求乙公司赔偿侵权损害财产损失 12 万元，法院作出判决后甲公司又以乙公司同一侵权行为导致实际损失额为 20 万元为由，对超出的 8 万元另行起诉，法院是否受理？

7. 人民法院进行诉的合并审理，哪些需要经过当事人同意？哪些不需要当事人同意？

8. 民事公益诉讼案件不同于普通民事诉讼的起诉条件有哪些？

9. 甲公司起诉乙公司返还欠款 12 万元。在诉讼过程中，乙公司自动履行了向甲公司的 12 万元的欠款返还义务。甲公司坚持诉讼，人民法院应如何处理？

10. 公益诉讼是否适用简易程序？

11. 当事人约定适用普通程序而不选择简易程序，该约定是否有效？

12. 《婚姻法》第 46 条规定，有法定情形之一导致离婚的，无过错方有权请求损害赔偿。现甲因丈夫乙在婚姻存续期间实施家庭暴力，仅起诉请求乙承担损害赔偿责任，人民法院如何处理？

本章练习题

登录"民事诉讼法通达翻转教学平台软件"，通过"练习与考试"进行本章在线练习。

诉讼实务训练

登录"民事诉讼法通达翻转教学平台软件"，通过"实验教学"进行本章诉讼实务训练。

学习目标

了解第二审程序的含义、性质和意义；明确第二审程序发生的基础及与第一审程序的关系；掌握提起上诉的条件和程序；正确适用受理和审判民事上诉案件的具体规定。正确理解审判监督程序的性质、特点、意义及与第二审程序的区别；了解我国再审制度的三种启动方式（申请再审、决定再审和抗诉）及相互关系；熟悉当事人申请再审和人民检察院提出抗诉的法律规定；掌握提起和审理再审案件的程序及再审程序和再审裁判的内容和法律效力。

结合各类学习资料，建议本章自学时间不少于 6 小时。

视频资源

登录"民事诉讼法通达翻转教学平台软件"，通过"视频教学"进行本章视频学习。

参考法律文件　　　　　参考法律文书　　　　　参考判例

一、第二审程序

第二审程序，是指因当事人不服地方各级人民法院尚未生效的一审判决或裁定而依法向上一级人民法院提起上诉，上一级人民法院据此对案件进行审判所适用的程序。由于我国民事诉讼实行的是两审终审制度，第二审法院作出的判决、裁定是终审的判决，因此，第二审程序又称终审程序。又由于第二审程序是因为当事人依法上诉而引起的，所以第二审程序又称上诉审程序。

（一）上诉的提起

1. 提起上诉的主体

一审的当事人，无论原告、被告都有权提起上诉，成为上诉人。但是对第三人而言，有独立请求权的第三人依法可以提起上诉，无独立请求权第三人仅在法院判决其承担民事责任的情况下才可以提起上诉。同学们也要结合之前的学习内容，注意诉讼代理人、诉讼代表人的上诉权问题。在当事人都有上诉权的情况下，可能会出现同时提起上诉的情况。根据《民事诉讼法解释》第317条和第318条规定，人民法院将提起上诉的当事人均列为上诉人，对方当事人为被上诉人和原审其他当事人。必要共同诉讼的上诉当事人较为特别。根据《民事诉讼法解释》第319条规定："必要共同诉讼人的一人或者部分人提起上诉的，按下列情形分别处理：（一）上诉仅对与对方当事人之间权利义务分担有意见，不涉及其他共同诉讼人利益的，对方当事人为被上诉人，未上诉的同一方当事人依原审诉讼地位列明；（二）上诉仅对共同诉讼人之间权利义务分担有意见，不涉及对方当事人利益的，未上诉的同一方当事人为被上诉人，对方当事人依原审诉讼地位列明；（三）上诉对双方当事人之间以及共同诉讼人之间权利义务承担有意见的，未提起上诉的其他当事人均为被上诉人。"

2. 提起上诉的对象

根据本书第三章内容，我国实行两审终审制，当事人依法可以对人民法院的一审判决和裁定提起上诉。但是有部分民事裁判，实行一审终审，当事人不得提起上诉。主要包括：最高人民法院的一审判决、裁定；法院调解书；一般的裁定书（除不予受理、驳回起诉、驳回管辖权异议）；特别程序所作判决；小额诉讼程序的判决、裁定；非诉讼案件的裁判。另外根据《最高人民法院关于适用〈中华人民共和国婚姻法〉若干问题的解释（一）》第9条规定，有关婚姻效力的判决一经作出，即发生法律效力，当事人不得提起上诉。

3. 提起上诉的期限

根据《民事诉讼法》第164条规定："当事人不服地方人民法院第一审判决的，有权在判决书送达之日起十五日内向上一级人民法院提起上诉。当事人不服地方人民法院第一审裁定的，有权在裁定书送达之日起十日内向上一级人民法院提起上诉。"因此，针对判决和裁定的上诉期限有所不同。

4. 上诉的理由和形式

人民法院并不审查当事人上诉的理由。只要当事人不服一审裁判，都可以提起上诉，但是当事人应当提交符合法律规定的书面上诉状，口头上诉无效。上诉状应当通过原审人民法院提出，并按照对方当事人或者代表人的人数提交副本。当事人直接向第二审人民法院上诉的，第二审人民法院应当在5日内将上诉状移交原审人民法院。原审人民法院收到上诉状后，应当在5日内将上诉状副本送达对方当事人，对方当事人在收到之日起15日内提出答辩状。人民法院应当在收到答辩状之日起5日内将副本送达上诉人。对方当事人不提出答辩状的，不影响人民法院审理。原审人民法院收到上诉状、答辩状，应当在5日内连同全部案卷和证据，报送第二审人民法院。

> 参考法律文书：民事上诉状（当事人提起上诉用）。

5. 上诉的受理

上诉的受理，是指第二审人民法院按照程序要求，对当事人提起的上诉进行审查，对符合上诉条件的案件予以立案的诉讼行为。根据最高人民法院《关于人民法院立案工作的暂行规定》，第二审人民法院收到第一审人民法院移送的上诉材料及一审案件卷宗材料，应当查对以下内容：①上诉状、审裁判文书齐全；一审卷宗应与案件移送函标明的数量相符；②上诉人递交上诉状的时间在法定上诉期限以内；虽然超过法定上诉期限，但提交了因不可抗拒的事由或具有其他正当理由申请顺延上诉期限的书面材料；③附有上诉案件受理费单据或者上诉人关于缓、减、免上诉费用的申请。卷宗、材料不齐全的，应当及时通知第一审人民法院补正。

第二审人民法院立案机构经过审查对有关材料核实无误的，应当填写立案登记表，编立案号，向当事人发送上诉案件受理通知书和上诉案件应诉通知书，并将案卷材料于立案登记的第二日移交有关审判庭。

> 相关法律文书1：第二审受理案件通知书。
>
> 相关法律文书2：第二审应诉通知书。

（二）第二审的审理

（1）审判组织：由审判员组成合议庭审理。

（2）审理范围：《民事诉讼法》第 168 条规定："第二审人民法院应当对上诉请求的有关事实和适用法律进行审查。"因此我国第二审程序是在第一审程序的基础上的一种继续审理，而非重新全面审理。当事人没有提出请求的，第二审法院不予审理，但一审判决违反法律禁止性规定，或者损害国家利益、社会公共利益、他人合法权益的除外。同时，《民事诉讼法解释》第 342 条规定，当事人在第一审程序中实施的诉讼行为，在第二审程序中对该当事人仍具有拘束力。当事人推翻其在第一审程序中实施的诉讼行为时，人民法院应当责令其说明理由。理由不成立的，不予支持。

（3）审理形式：第二审程序以开庭审理为原则，但是合议庭经过阅卷和调查，询问当事人，对没有提出新的事实、证据或者理由，合议庭认为不需要开庭的，可以径行判决、裁定。根据《民事诉讼法解释》第 333 条规定，第二审人民法院对下列上诉案件可以不开庭审理：①不服不予受理、管辖权异议和驳回起诉裁定的；②当事人提出的上诉请求明显不能成立的；③原判决、裁定认定事实清楚，但适用法律错误的；④原判决严重违反法定程序，需要发回重审的。

（4）审理期限。人民法院审理对判决的上诉案件，应当在第二审立案之日起 3 个月内审结。有特殊情况需要延长的，由本院院长批准。人民法院审理对裁定的上诉案件，应当在第二审立案之日起 30 日内作出终审裁定。

（三）第二审中的撤诉

1. 撤回上诉

撤回上诉是指上诉人在第二审受理案件后、判决宣告前，放弃其上诉请求的诉讼行为，是当事人行使处分权的表现。

（1）申请撤回上诉的条件。《民事诉讼法》第 173 条规定："第二审人民法院判决宣告前，上诉人申请撤回上诉的，是否准许，由第二审人民法院裁定。"据此规定，申请撤回上诉必须具备以下条件：第一，申请撤回上诉的主体只限于提起上诉的上诉人、上诉人的法定代理人，被上诉人无权申请撤回上诉；第二，申请撤回上诉必须在第二审法院判决宣告前提出；第三，撤回上诉的申请是上诉人及其法定代理人自愿提出的，第二审人民法院不得动员上诉人及其法定代理人撤回上诉。对于上诉人撤回上诉的申请，是否准许，由第二审人民法院审查并作出裁定。《民事诉讼法解释》第337条规定，在第二审程序中，当事人申请撤回上诉，人民法院经审查认为一审判决确有错误，或者当事人之间恶意串通损害国家利益、社会公共利益、他人合法权益的，不应准许。

（2）按撤回上诉处理。《诉讼费用交纳办法》规定，上诉人在收到人民法院预交诉讼费用的通知后7日内不预交又未提出司法救助申请，或者申请司法救助未获批准，在人民法院指定期限内仍未交纳诉讼费用的，第二审法院按上诉人自动撤回上诉处理。在第二审程序中，不适用《民事诉讼法》第143条"按撤诉处理"的规定。

> 参考法律文书：民事裁定书（二审撤回上诉用）。
> 参考判例：王章×按自动撤回上诉处理。

（3）撤回上诉的法律后果。撤回上诉的当事人丧失对案件的上诉权。此外，上诉人撤回上诉后第二审法院终结对二审案件的审理程序，第一审判决裁定发生法律效力，申请撤回上诉的当事人负担第二审的诉讼费用，但特殊情况是，当事人在二审阶段达成了和解协议，上诉人在此基础上撤回上诉的，当事人仍可能围绕该和解协议提起诉讼。

> 参考判例：杨文×诉何凤×等追偿权纠纷案。

2. 撤回起诉

《民事诉讼法解释》第338条规定，在第二审程序中，原审原告申请撤回起诉，经其他当事人同意，且不损害国家利益、社会公共利益、他人合法权益的，人民法院可以准许。准许撤诉的，应当一并裁定撤销一审裁判。原审原告在第二审程序中撤回起诉后重复起诉的，人民法院不予受理。另外《民事诉讼法解释》第339条规定，双方当事人因达成二审和解协议而由上诉人申请撤诉的，经审查符合撤诉条件的，人民法院应予准许。

> 参考法律文书；民事裁定书（二审准许或不准许撤回起诉用）。
> 参考判例1：洪×与××县供销合作社联合社确认合同有效纠纷案。
> 参考判例2：天津开发区××物业管理有限公司与天津××达电梯工程有限公司修理合同纠纷案。

（四）第二审的裁判

根据《民事诉讼法》和《民事诉讼法解释》相关规定，第二审法院根据不同情况，可能作出如下裁判：

适用法定情形	第二审法院裁判方式
原判决、裁定认定事实清楚，适用法律正确	用判决、裁定方式驳回上诉，维持原判决
原判决、裁定认定事实或者适用法律错误	用判决、裁定方式改判、撤销、变更
原判决认定基本事实不清	可以裁定撤销原判决发回重审，也可以查清事实后依法改判
原判决严重违反法定程序（《民事诉讼法解释》第325条规定的情形）	撤销原判决，发回重审
原判决、裁定认定事实或者适用法律虽有瑕疵，但裁判结果正确的	可以在判决、裁定中纠正瑕疵后维持原裁判
查明第一审人民法院作出的不予受理裁定有错误的	撤销原裁定的同时，指令第一审人民法院立案受理
查明第一审人民法院作出的驳回起诉裁定有错误的	撤销原裁定的同时，指令第一审人民法院审理
认为第一审人民法院受理案件违反专属管辖规定的	裁定撤销原裁判并移送有管辖权的人民法院
认为依法不应由人民法院受理的	可以直接裁定撤销原裁判，驳回起诉
二审组织调解并达成协议的	制作调解书并送达后，原审人民法院的判决即视为撤销
在第二审程序中，原审原告申请撤回起诉，经其他当事人同意，且不损害国家利益、社会公共利益、他人合法权益的	可以准许。准许撤诉的，应当一并裁定撤销一审裁判
第二审人民法院判决宣告前，上诉人可以申请撤回上诉	是否准许由第二审人民法院裁定。

读者们还要结合第三章中"两审终审制"的内容，掌握《民事诉讼法解释》第326~329条涉及的二审特殊程序问题。

参考判例1：郑×与杨雪×、张璐×间借贷纠纷案。

参考判例2：成都××通讯有限责任公司与杨×买卖合同纠纷案。

参考判例3：张×与××泓建集团有限公司侵权责任纠纷管辖权异议上诉案。

参考判例4：××控股管理有限公司与上海××贸易有限公司等服务合同纠纷上诉案。

参考法律文书：第二审裁判结果。

二、审判监督程序

审判监督程序又称"再审程序"，是指人民法院对已生效而确实有错误的判决、裁定和调解书，通过再次审理并作出裁判予以纠正。虽然第二审程序也是一种救济机制，但再审制度与二审之间存在本质差异，最大的区别在于：再审程序是对生效裁判法律效力的突破，属于特殊救济机制；二审程序是对未生效裁判的预防性纠错机制，属于两审终审制下的常规性救济机制。尽管我国民事诉讼法并无当事人必须先通过第二审程序救济之后才能申请再审的规定，但是我国最高人民法院［2013］民申字第2411号民事裁定书确立了一个原则：当事人在一审裁判作出后无正当理由未提起上诉，其后申请再审的，人民法院不予审查。这一判例值得我们关注。

参考判例：王贺×与××建业安装工程总公司等建设施工合同纠纷案。

（一）当事人申请再审

1. 申请再审的条件

（1）管辖法院条件。根据《民事诉讼法》第199条规定："当事人对已经发生法律效力的判决、裁定，认为有错误的，可以向上一级人民法院申请再审；当事人一方人数众多或者当事人双方为公民的案件，也可以向原审人民法院申请再审。"另根据《民事诉讼法解释》第426条规定："对小额诉讼案件的判决、裁定，当事人以民事诉讼法第二百条规定的事由向原审人民法院申请再审的，人民法院应当受理。申请再审事由成立的，应当裁定再审，组成合议庭进行审理。作出的再审判决、裁定，当事人不得上诉。当事人以不应按小额诉讼案件审理为由向原审人民法院申请再审的，人民法院应当受理。理由成立的，应当裁定再审，组成合议庭审理。作出的再审判决、裁定，当事人可以上诉。"

参考判例：××欣祥物业有限公司诉蒋伟×物业服务合同纠纷案。

（2）生效裁判条件。当事人应当对可以进行再审的判决书、裁定书和调解书提出再审申请。

（3）申请期限条件。根据《民事诉讼法》第205条规定，当事人申请再审，应当在判决、裁定发生法律效力后6个月内提出；但是在下列情形下，当事人应自知道或者应当知道之日起6个月内提出：有新证据，足以推翻原判决、裁定；原判决、裁定认定事实主要证据是伪造的；据以作出原判决的判决、裁定的法律文书被撤销或者变更的；审判人员审理该案有贪污受贿，徇私舞弊，枉法裁判行为的。

（4）申请再审主体。有资格申请再审的是诉讼当事人，但根据《民事诉讼法解释》第375条规定，当事人死亡或者终止的，其权利义务承继者可以根据《民事诉讼法》第199条、第201条的规定申请再审。判决、调解书生效后，当事人将判决、调解书确认的债权转让，债权受让人对该判决、调解书不服申请再审的，人民法院不予受理。

此外需要注意两个特殊主体：①遗漏的必要共同诉讼人。根据《民事诉讼法解释》第422条第1款规定："必须共同进行诉讼的当事人因不能归责于本人或者其诉讼代理人的事由未参加诉讼的，可以根据民事诉讼法第二百条第八项规定，自知道或者应当知道之日起六个月内申请再审，但符合本解释第四百二十三条规定情形的除外。"②案外人。《民事诉讼法解释》第423条规定，案外人对驳回其执行异议的裁定不服，认为原判决、裁定、调解书内容错误损害其民事权益的，可以自执行异议裁定送达之日起6个月内，向作出原判决、裁定、调解书的人民法院申请再审。案外人申请再审需要满足三个条件：第一，案外人申请再审以案外人提出执行异议为前置条件。这一条件隐含着一个时间条件，即案外人申请再审都是在执行阶段提出。如果案外人在执行程序启动之前认为生效裁判、调解书有错误损害其合法权益的，可以依法提起第三人撤销之诉，而不得申请再审。如果案外人仅仅以自己对执行标的具有阻却执行的民事权利，并不认为原裁判错误的，只能通过提起异议之诉进行救济，不得申请再审。第二，案外人对执行异议裁定不服，认为原裁判有错误的，应当在收到执行异议裁定之日起6个月内提起再审申请。第三，案外人应向作出生效判决、裁定、调解书的法院申请再审。

相关法律文书1：民事裁定书（驳回案外人申请再审）。

相关法律文书2：民事裁定书（案外人申请再审案件裁定再审）。

（5）再审事由。再审事由，是指依法应当启动再审程序的法定情形。在再审程序的第一阶段，再审申请受理法官仅负责形式要件的审查，并登记立案。在此阶段，当事人应在再审申请书中写明其再审申请符合法定的再审事由，才符合再审申请的形式要求。而在再审程序的第二阶段，再审申请审查法官负责立案后对再审事由是否成立进行审查并决定是否裁定再审。因此，再审事由显然是启动再审的钥匙。根据《民事诉讼法》第200条和第201条规定，当事人申请再审的法定事由包括：①有新的证据，足以推翻原判决、裁定的；②原判决、裁定认定的基本事实缺乏证据证明的；③原判决、裁定认定事实的主要证据是伪造的；④原判决、裁定认定事实的主要证据未经质证的；⑤对审理案件需要的主要证据，当事人因客观原因不能自行收集，书面申请人民法院调查收集，人民法院未调查收集的；⑥原判决、裁定适用法律确有错误的；⑦审判组织的组成不合法或者依法应当回避的审判人员没有回避的；⑧无诉讼行为能力人未经法定代理人代为诉讼或者应当参加诉讼的当事人，因不能归责于本人或者其诉讼代理人的事由，未参加诉讼的；⑨违反法律规定，剥夺当事人辩论权利的；⑩未经传票传唤，缺席判决的；⑪原判决、裁定遗漏或者超出诉讼请求的；⑫据以作出原判决、裁定的法律文书被撤销或者变更的；⑬审判人员审理该案件时有贪污受贿，徇私舞弊，枉法裁判行为的。当事人对已经发生法律效力的调解书，提出证据证明调解违反自愿原则或者调解协议的内容违反法律的，可以申请再审。经人民法院审查属实的，应当再审。

参考判例：××农村商业银行有限责任公司诉佟桂×等民间借贷纠纷案。

（6）申请再审的对象。并非所有生效裁判都可以进行审判监督程序，以下裁判不得申请再审：

第一，适用特别程序、督促程序、公示催告程序、破产程序等非讼程序审理的案件，当事人不得申请再审；

第二，根据《民事诉讼法解释》第381条规定："当事人认为发生法律效力的不予受理、驳回起诉的裁定错误的，可以申请再审。"因此除上述裁定之外的裁定书，不适用再审程序。

参考判例：葛某某财产损害赔偿纠纷。

第三，根据《民事诉讼法》第202条规定："当事人对已经发生法律效力的解除婚姻关系的判决、调解书，不得申请再审。"但是结合《民事诉讼法解释》第382条规定，当事人就离婚案件中的财产分割问题可以申请再审，具体是："如涉及判决中已分割的财产，人民法院应当依照民事诉讼法第二百条的规定进行审查，符合再审条件的，应当裁定再审；如涉及判决中未作处理的夫妻共同财产，应当告知当事人另行起诉。"

相关法律文书：民事再审申请书（申请再审用）。

2. 人民法院对再审申请的审查

再审的审查是人民法院对再审申请是否符合法定事由进行审查，决定是否裁定再审。再审审查具有再审过滤、预防当事人滥用权利的功能，是人民法院进行再审审理之前的诉讼阶段。

（1）受理再审申请。人民法院应当自收到符合条件的再审申请书等材料之日起5日内向再审申请人发送受理通知书，并向被申请人及原审其他当事人发送应诉通知书、再审申请书副本等材料。

（2）不予受理。根据《民事诉讼法解释》第383条第1款规定："当事人申请再审，有下列情形之一的，人民法院不予受理：（一）再审申请被驳回后再次提出申请的；（二）对再审判决、裁定提出申请的；（三）在人民检察院对当事人的申请作出不予提出再审检察建议或者抗诉决定后又提出申请的。"如果受理再审申请后查明有上述事实的，则应当裁定终结审查。此外，人民法院对当事人就依法不得申请再审的生效裁判提出再审申请的，也应当通知不予受理。

> 相关法律文书1：再审申请案件受理（不受理）通知书。
>
> 相关法律文书2：再审申请案件应诉通知书（通知被申请人用）。

（3）裁定终结再审申请审查。《民事诉讼法解释》第402条规定："再审申请审查期间，有下列情形之一的，裁定终结审查：（一）再审申请人死亡或者终止，无权利义务承继者或者权利义务承继者声明放弃再审申请的；（二）在给付之诉中，负有给付义务的被申请人死亡或者终止，无可供执行的财产，也没有应当承担义务的人的（在确认之诉中不适用。在确认之诉中，即使被申请人死亡或者终止，仍然可以通过启动再审纠正原审判决的错误，确认正确的法律关系或者法律事实）；（三）当事人达成和解协议且已履行完毕的，但当事人在和解协议中声明不放弃申请再审权利的除外；（四）他人未经授权以当事人名义申请再审的；（五）原审或者上一级人民法院已经裁定再审的；（六）有本解释第三百八十三条第一款规定情形。"依法不予受理再审申请。

> 参考法律文书：民事裁定书（终结再审审查）。
>
> 参考判例：××合金厂诉××银行太仓支行等借款合同纠纷案。

（4）裁定再审。人民法院受理申请再审的案件后，应当依照《民事诉讼法》第200条、第201条、第204条等规定，对当事人主张的再审事由进行审查。人民法院应当自收到再审申请书之日起3个月内审查，认定再审事由符合法律规定的，裁定再审。

根据《民事诉讼法》第204条，因当事人申请裁定再审的案件由中级人民法院以上的人民法院审理，但当事人依照《民事诉讼法》第199条的规定选择向基层人民法院申请再审的除外。最高人民法院、高级人民法院裁定再审的案件，由本院再审或者交其他人民法院再审，也可以交原审人民法院再审。因此，我国人民法院裁定再审的类型有：①本院裁定再审；即当事人向作出生效裁判的人民法院申请再审，该法院裁定再审。②上级人民法院裁定提审；根据《最高人民法院关于民事审判监督程序严格依法适用指令再审和发回重审若干问题的规定》第3条规定，有下列情形之一的，最高人民法院、高级人民法院应当提审：a. 原判决、裁定系经原审人民法院再审审理后作出的；b. 原判决、裁定系经原审人民法院审判委员会讨论作出的；c. 原审审判人员在审理该案件时有贪污受贿，徇私舞弊，枉法裁判行为的；d. 原审人民法院对该案无再审管辖权的；e. 需要统一法律适用或裁量权行使标准的；f. 其他不宜指令原审人民法院再审的情形。③上级人民法院裁定指令或指定下级人民法院再审。指令再审是指上级人民法院指令原审人民法院进行再审。《最高人民法院关于民事审判监督程序严格依法适用指令再审和发回重审若干问题的规定》第 2 条规定："因当事人申请裁定再审的案件一般应当由裁定再审的人民法院审理。有下列情形之一的，最高人民法院、高级人民法院可以指令原审人民法院再审：（一）依据民事诉讼法第二百条第（四）项、第（五）项或者第（九）项裁定再审的；（二）发生法律效力的判决、裁定、调解书是由第一审法院作出的；（三）当事人一方人数众多或者当事人双方为公民的；（四）经审判委员会讨论决定的其他情形。"指定再审，是指上级人民法院将案件指定与原审人民法院同级的其他人民法院进行再审，受指定的人民法院应当进行再审。

（5）驳回再审申请。人民法院应当自收到再审申请书之日起 3 个月内审查，认为再审事由不符合法律规定的，裁定驳回再审申请。《民事诉讼法解释》第 395 条第 2 款规定，当事人主张的再审事由不成立，或者当事人申请再审超过法定申请再审期限、超出法定再审事由范围等不符合民事诉讼法和本解释规定的申请再审条件的，人民法院应当裁定驳回再审申请。另外根据《民事诉讼法解释》第 405 条规定，当事人的再审请求超出原审诉讼请求的，人民法院也应通过裁定驳回再审申请的方式进行处理。

人民法院在审查再审申请期间，不停止原判决、裁定、调解书的执行；当事人的再审申请符合法律规定裁定再审的，应当同时裁定中止原判决裁定、调解书的执行，并及时通知双方当事人。但是，追索赡养费、扶养费、抚育费、抚恤金、医疗费用劳动报酬等的案件，可以不中止执行。

上述各个不同的审查结果，读者们需要注意各自对应不同的法定情形。申请再审的简要程序关系如下图所示：

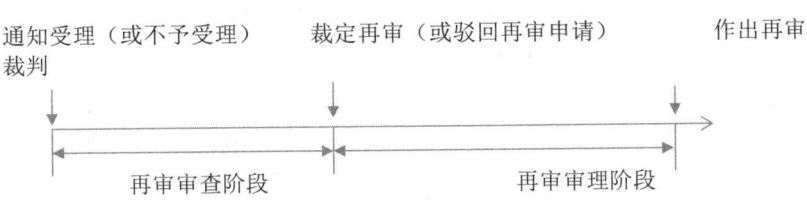

> 参考判例 1：季某抚养纠纷案。
>
> 参考判例 2：朱德×与李长×健康权纠纷案。

（二）人民法院依职权启动再审

根据《民事诉讼法》第 198 条的规定，法院决定再审的途径有两种情况：一是作出生效判决、裁定、调解书法院的院长提请本院审判委员会讨论决定再审；二是最高人民法院、上级人民法院决定再审

1. 作出生效判决、裁定、调解书的法院发动再审

各级人民法院院长，发现本院作出的发生法律效力的判决、裁定、调解书确有错误，认为有必要进行再审的，可以将案件提交本院审判委员会讨论决定再审。这里需要注意的是，一审宣判后，原审人民法院发现判决有错误的，应当区分情况加以处理：当事人在上诉期内提出上诉的，原审人民法院可以提出原审判决有错误的意见，报送第二审人民法院，由第二审人民法院按照第二审程序进行审理；当事人在上诉期内未提起上诉的，原审人民法院可以依法决定再审。

2. 最高人民法院、上级人民法院启动再审

最高人民法院对全国各级地方人民法院、上级人民法院对下级人民法院的审判活动享有监督权，当最高人民法院发现全国各级地方人民法院作出的生效裁判、调解书确有错误时，可以启动审判监督程序加以纠正。当上级人民法院发现下级人民法院作出的生效裁判、调解书确有错误时，也可以启动审判监督程序加以纠正。最高人民法院、上级人民法院启动审判监督程序的方式有两种：一是提审，二是指令下级法院再审。"提审"，是指最高人民法院或上级人民法院对于下级人民法院作出的发生法律效力的裁判、调解书，发现其确有错误的，依职权直接决定再审并将案件提至本院进行审理的行为。"指令再审"，是指最高人民法院或上级人民法院对于下级人民法院作出的发生法律效力的裁判、调解书，发现其确有错误的，依职权直接指令下级人民法院再行审理的行为。

有下列情形之一的，上一级人民法院不得指令原审人民法院再审：①原审人民法院对该案本就无管辖权的；②原审法院审理该案时，审判人员有贪污受贿，徇私舞弊，枉法裁判行为的；③原审判决、裁定系经原审人民法院审判委员会讨论作出的；④其他不宜指令原审人民法院再审的。

（三）人民检察院启动审判监督程序

1. 抗诉启动方式

人民检察院是国家的法律监督机关，对法院的审判活动享有监督的职权。

根据《民事诉讼法》第 208 条规定，最高人民检察院对各级人民法院已经发生法律效力的判决、裁定，上级人民检察院对下级人民法院已经发生法律效力的判决、裁定，发现有《民事诉讼法》第 200 条规定情形之一的，或者发现调解书损害国家利益、社会公共利益的，应当提出抗诉。例如杭州市人民检察院依法对杭州市西湖区人民法院的生效判决提出抗诉。关系如下表：

最高人民法院	最高人民检察院
省高级人民法院	省人民检察院
市中级人民法院	市人民检察院
基层人民法院	基层检察院

地方各级人民检察院对同级人民法院的生效裁判有法定情形（《民事诉讼法》第 200 条规定情形之一）的，或者调解书违背社会公共利益的不能提起抗诉，但可以向同级法院提出检察建议，并报上级检察院备案，或者提请上级检察院向同级法院提起抗诉；各级人民检察院对审判监督程序以外的其他审判程序中审判人员的违法行为，也有权向同级人民法院提出检察建议。

此外，人民检察院因履行法律监督职责提出检察建议或者抗诉的，可以向当事人或者案外人调查核实有关情况。

2. 当事人向人民检察院申请检察建议或者抗诉

根据《民事诉讼法》第 209 条规定："有下列情形之一的，当事人可以向人民检察院申请检察建议或者抗诉：（一）人民法院驳回再审申请的；（二）人民法院逾期未对再审申请作出裁定的；（三）再审判决、裁定有明显错误的。人民检察院对当事人的申请应当在三个月内进行审查，作出提出或者不予提出检察建议或者抗诉的决定。当事人不得再次向人民检察院申请检察建议或者抗诉。"

根据《民事诉讼法解释》第 419 条规定："人民法院收到再审检察建议后，应当组成合议庭，在三个月内进行审查，发现原判决、裁定、调解书确有错误，需要再审的，依照民事诉讼法第一百九十八条规定裁定再审，并通知当事人；经审查，决定不予再审的，应当书面回复人民检察院。"

> 参考判例：姜思×、代永×土地承包经营权纠纷案。

3. 抗诉的法律效果

（1）人民检察院依法对损害国家利益、社会公共利益的发生法律效力的判决、裁定、调解书提出抗诉，或者经人民检察院检察委员会讨论决定提出再审检察建议的，人民法院应予受理。

（2）人民检察院对已经发生法律效力的判决以及不予受理、驳回起诉的裁定依法提出抗诉的，人民法院应予受理，但适用特别程序、督促程序、公示催告程序、破产程序以及解除婚姻关系的判决、裁定等不适用审判监督程序的判决、裁定除外。

（3）人民检察院依照《民事诉讼法》第209条第1款第（三）项规定对有明显错误的再审判决、裁定提出抗诉或者再审检察建议的，人民法院应予受理。

> 参考判例：靳淑×与被申诉人鲍永×等所有权确认纠纷案。

（4）人民检察院依当事人的申请对生效判决、裁定提出抗诉，符合下列条件的，人民法院应当在30日内裁定再审：①抗诉书和原审当事人申请书及相关证据材料已经提交；②抗诉对象为依照民事诉讼法和本解释规定可以进行再审的判决、裁定；③抗诉书列明该判决、裁定有《民事诉讼法》第208条第1款规定情形；④符合《民事诉讼法》第209条第1款第（一）项、第（二）项规定情形。不符合前款规定的，人民法院可以建议人民检察院予以补正或者撤回；不予补正或者撤回的，人民法院可以裁定不予受理。

> 相关法律文书1：民事裁定书（不予受理抗诉）。
> 相关法律文书2：裁定再审裁定书（抗诉案件）。

（四）再审的审理

1. 中止执行

法院一旦裁定再审，原生效裁判、调解书就可能存在错误而被改判。无论该判决裁定调解书是否已进入执行程序，法院均应裁定中止原裁判、调解书的执行。但是追索赡养费、扶养费、抚育费、抚恤金、医疗费用、劳动报酬等的案件，可以不中止执行。

> 参考判例：伍×诉甘×等民间借贷纠纷裁定再审案。

2. 审理范围

根据《民事诉讼法解释》第 405 条规定，人民法院审理再审案件应当围绕再审请求进行。当事人的再审请求超出原审诉讼请求的，不予审理；符合另案诉讼条件的，告知当事人可以另行起诉。但如果人民法院发现已经发生法律效力的判决、裁定损害国家利益、社会公共利益、他人合法权益的，应当一并审理。

3. 审理的法院

（1）当事人申请的再审。因当事人申请而裁定再审的案件由中级以上人民法院审理；但当事人依法选择向基层人民法院申请再审的除外；最高级人民法院、高级人民法院裁定再审的案件，由本院再审或者交由其他法院再审，也可以交由原审法院再审。详见附表如下：

生效裁判的法院	申请再审法院	再审该案的法院
基层法院	中级	该中院
	*该基层法院	该基层法院
中级法院	高级法院	该高院、该中院或者其他中院
	*该中级法院	该中级法院
高级法院	最高法院	最高院、该高院或者其他高院
	*该高院	该高院

注：*是指符合法定条件向原审法院申请再审的情形，即当事人一方人数众多或双方都是公民的情形。

（2）法院启动的再审。如果是本院启动的再审，由本院审理；如果是上级法院启动的再审，由该上级法院提审或指令下级法院再审。

（3）检察院抗诉的再审。原则上由接受抗诉的法院再审（接受抗诉的法院是原生效裁判的上级法院，故相当于提审）；有《民事诉讼法》第 200 条法定情形第（一）项到第（五）项（即证据问题），可以交给下级法院审理，但是经下级法院再审审理过的除外。

4. 再审审理的程序

人民法院审理再审案件，应当另行组成合议庭。由于我国民事诉讼法实行两审终审制，因此再审没有独立的审理程序，而是适用一审或二审程序进行审理。具体区分如下：

（1）原生效裁判是第一审法院作出的，按照第一审程序审理，所作裁判可以上诉。

（2）原生效裁判是第二审法院作出的，按照第二审程序审理，所作裁判是终审裁判。

（3）上级法院按照审判监督程序提审的，按照二审程序审理，所作裁判是终审裁判。

（4）原生效裁判属于小额诉讼案件的判决、裁定，按照第一审程序审理，所作裁判不可以上诉。

（5）对案外人申请再审的案件，按照第二审程序审理，所作判决为终审判决，当事人不可以提起上诉。

（四）再审审理的结果

1. 裁定终结再审程序

《民事诉讼法解释》第406条第1款规定："再审审理期间，有下列情形之一的，可以裁定终结再审程序：（一）再审申请人在再审期间撤回再审请求，人民法院准许的；（二）再审申请人经传票传唤，无正当理由拒不到庭的，或者未经法庭许可中途退庭，按撤回再审请求处理的；（三）人民检察院撤回抗诉的；（四）有本解释第四百零二条第一项至第四项规定情形的。"再审程序终结后，人民法院裁定中止执行的原生效判决自动恢复执行。

参考判例：宜兴市××置业有限公司诉无锡荣×建筑工程有限公司建设工程施工合同纠纷案。

2. 对裁定、判决的处理

（1）维持原裁判。人民法院经再审审理认为，原判决、裁定认定事实清楚、适用法律正确的，应予维持；原判决、裁定认定事实、适用法律虽有瑕疵，但裁判结果正确的，应当在再审判决、裁定中纠正瑕疵后予以维持。

（2）依法改判。人民法院经再审审理认为，原审裁判认定事实错误或者认定事实不清的，应当在查清事实后依法改判；若认为原审裁判适用法律错误的，适用正确的法律依法改判。有新的证据证明原裁判、裁定确有错误的，人民法院应当予以改判。

（3）裁定撤销原裁判，发回重审。人民法院适用第一审程序审理再审案件时，如果认为原审人民法院审理更便于查清事实，化解纠纷的，可以裁定撤销原判决，发回重审。此外，如果再审法院认为原审法院违反法定程序可能影响案件正确判决、裁定的情况下，应当裁定撤销一、二审判决，发回原审人民法院重审。

参考判例1：张桂×等与张全×不当得利纠纷案。

参考判例2：伍×诉甘×等民间借贷纠纷再审裁判案。

（4）按照第二审程序再审的案件，人民法院经审理认为不符合民事诉讼法规定的起诉条件或者符合《民事诉讼法》第124条规定不予受理情形的，应当裁定撤销一、二审判决，驳回起诉。

（5）《民事诉讼法解释》第422条规定："必须共同进行诉讼的当事人因不能归责于本人或者其诉讼代理人的事由未参加诉讼的，可以根据民事诉讼法第二百条第八项规定，自知道或者应当知道之日起六个月内申请再审，但符合本解释第四百二十三条规定情形的除外。人民法院因前款规定的当事人申请而裁定再审，按照第一审程序再审的，应当追加其为当事人，作出新的判决、裁定；按照第二审程序再审，经调解不能达成协议的，应当撤销原判决、裁定，发回重审，重审时应追加其为当事人。"

（6）根据《最高人民法院关于民事审判监督程序严格依法适用指令再审和发回重审若干问题的规定》第4条和第5条规定，"人民法院按照第二审程序审理再审案件，发现原判决认定基本事实不清的，一般应当通过庭审认定事实后依法作出判决。但原审人民法院未对基本事实进行过审理的，可以裁定撤销原判决，发回重审。原判决认定事实错误的，上级人民法院不得以基本事实不清为由裁定发回重审。""人民法院按照第二审程序审理再审案件，发现第一审人民法院有下列严重违反法定程序情形之一的，可以依照民事诉讼法第一百七十条第一款第（四）项的规定，裁定撤销原判决，发回第一审人民法院重审：（一）原判决遗漏必须参加诉讼的当事人的；（二）无诉讼行为能力人未经法定代理人代为诉讼，或者应当参加诉讼的当事人，因不能归责于本人或者其诉讼代理人的事由，未参加诉讼的；（三）未经合法传唤缺席判决，或者违反法律规定剥夺当事人辩论权利的；（四）审判组织的组成不合法或者依法应当回避的审判人员没有回避的；（五）原判决、裁定遗漏诉讼请求的。"

3. 再审的调解

调解是民事诉讼的基本原则，其不但在一审和二审程序中可以适用，在再审程序中也可以根据当事人自愿的原则进行调解。再审调解达成调解协议的，制作调解书送达后，原判决、裁定即视为撤销。根据《民事诉讼法解释》第412条的规定："部分当事人到庭并达成调解协议，其他当事人未作出书面表示的，人民法院应当在判决中对该事实作出表述；调解协议内容不违反法律规定，且不损害其他当事人合法权益的，可以在判决主文中予以确认。"

在再审审理中，人民法院如果发现原一审判决遗漏了应当参加诉讼的当事人，可以根据当事人自愿的原则予以调解，调解不成的，裁定撤销一、二审判决，发回原审人民法院重审。

此外，申请再审的当事人可以撤回再审申请。根据《民事诉讼法解释》第400条规定："审查再审申请期间，再审申请人撤回再审申请的，是否准许，由人民法院裁定。再审申请人经传票传唤，无正当理由拒不接受询问的，可以按撤回再审申请处理。"

> 参考判例：王云×、阜阳市××建材有限公司买卖合同纠纷案。

4. 对调解书的再审处理

（1）当事人提出的调解违反自愿原则的事由不成立，且调解书的内容不违反法律强制性规定的，裁定驳回再审申请。

（2）人民检察院抗诉或者再审检察建议所主张的损害国家利益、社会公共利益的理由不成立的，裁定终结再审程序。

5. 对一审原告的撤诉处理

一审原告在再审审理程序中申请撤回起诉，经其他当事人同意，且不损害国家利益、社会公共利益、他人合法权益的，人民法院可以准许。裁定准许撤诉的，应当一并撤销原判决。如果一审原告在再审审理程序中撤回起诉后重复起诉的，人民法院不予受理。

> 参考判例：方洁×、梁镜×买卖合同纠纷案。
>
> 参考法律文书：审判监督程序案件裁判文书样式。

拓展思考题

1. 当事人在法院判决、裁定生效 6 个月后，是否可以申请再审？

2. 人民法院针对甲乙离婚案件作出离婚判决，其中未涉及探望权问题。被告乙可否在提起上诉中主张探望权？

3.《婚姻法》第 46 条规定，有法定情形之一导致离婚的，无过错方有权请求损害赔偿。现甲因丈夫乙在婚姻存续期间实施家庭暴力，起诉离婚。但一审中甲并未请求乙承担损害赔偿责任，而是在第二审程序中提出，人民法院如何处理？

4. 当事人上诉后，原审原告是否可以放弃一审的诉讼请求？是否可以改变一审的诉讼请求？

5. 甲公司委托张律师作为诉讼代理人，授权类型为一般授权。一审判决后，张律师提起上诉，甲公司在上诉期届满后对张律师的上诉行为进行追认，人民法院如何处理？

6. A 县人民法院审理了甲乙之间借款纠纷一案，由审判员杜某独任审理，秦某为书记员。一审判决后甲向 B 市法院提起上诉，B 市法院由刘某、王某和蔡某组成合议庭，认为原审程序严重违法，发回 A 县人民法院重审。杜某、秦某是否需要回避？如果发回重审后，A 县法院再次作出判决，被告乙向 B 市人民法院提起上诉，刘某、王某和蔡某是否需要回避？

7. 当事人上诉后，二审法院发回重审，当事人是否可以变更、增加诉讼请求或者提出反诉？

8. 在第二审程序中，原审被告推翻其在第一审程序中进行的自认，人民法院如何处理？

9. 王某以 A 公司为被告起诉至杭州市中级人民法院。一审判决生效后 A 公司向浙江省高级人民法院申请再审。浙江省高级人民法院作出裁定，指令杭州市中级人民法院再审。杭州市中级人民法院作出判决后，王某和 A 公司均不服，向浙江省高级人民法院提起上诉。浙江省高级人民法院裁定发回杭州市中级人民法院重新审理。杭州市中级人民法院随后作出判决，王某和 A

公司均不服向浙江省高级人民法院提起上诉，浙江省高级人民法院随后作出判决，王某败诉。王某对该判决不服，向最高人民法院申请再审，最高人民法院裁定再审，并作出判决。本案中出现了哪些一审判决？出现了哪些二审判决？

10. 上题中最高人民法院拟裁定发回重审，此时应发回到哪一个人民法院？

11. 当事人申请人民检察院提起抗诉需要满足哪些条件？

12. 当事人同意调解协议签字盖章即生效后，人民法院可以不制作调解书。当事人可否对调解协议申请再审？

13. 在审判监督程序中当事人之间达成调解协议，人民法院应当如何处理？

本章练习题

登录"民事诉讼法通达翻转教学平台软件"，通过"练习与考试"进行本章在线练习。

诉讼实务训练

登录"民事诉讼法通达翻转教学平台软件"，通过"实验教学"进行本章诉讼实务训练。

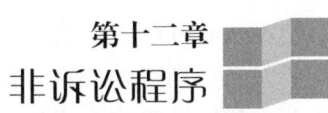

第十二章
非诉讼程序

学习目标

掌握非讼程序的含义、特点和适用范围；明确非讼程序与普通程序、简易程序之间的关系；熟悉我国民事诉讼法关于选民资格案件、宣告公民失踪和宣告公民死亡案件、认定公民无行为能力或限制行为能力案件、财产无主案件、司法确认案件以及实现担保物权案件的审理程序的具体规定。掌握特别程序、督促程序、公示催告程序三大非讼程序的含义、适用范围和特点；明确我国民事诉讼法关于支付令的申请、发出和对支付令的异议所作的具体规定；熟悉我国民事诉讼法关于公示催告申请的提起和受理。

结合各类学习资料，建议本章自学时间不少于5小时。

视频资源

登录"民事诉讼法通达翻转教学平台软件"，通过"视频教学"进行本章视频学习。

我国民事诉讼法除了解决民事主体之间的民事纠纷外，还可以处理一系列不属于纠纷的民事案件，即非诉讼案件。非诉讼案件不具有对立的双方当事人，利害关系人申请人民法院对某种法律事实或者权利进行确认，从而实现特殊利益的保护。非诉讼案件的审理程序，完全不同于之前学习的一审普通程序、简易程序以及二审程序和再审程序，属于较为独立且与普通程序在审理方式和方法上截然不同的审理程序。我国民事诉讼法规定的非诉讼案件，主要包括特别程序案件、督促程序案件和公示催告程序案件三个方面的内容，因此在程序上我们也将从上述三个角度进行学习。

一、特别程序

特别程序审理的案件并非单一一种，而是包含：审理选民资格案件、宣告失踪或者宣告死亡案件、认定公民无民事行为能力或者限制民事行为能力案件、认定财产无主案件、确认调解协议案件和实现担保物权案件这六类民事案件。根据《民事诉讼法》第十五章第一节的有关规定，特别程序案件共同性的诉讼规则有：

（1）特别程序案件实行一审终审，其生效裁判不得申请再审；

（2）特别程序案件不适用法院调解原则和辩论原则；

（3）特别程序案件中选民资格案件或者重大、疑难的案件，由审判员组成合议庭审理；其他案件由审判员一人独任审理。

（4）人民法院在审理特别程序案件的过程中，发现本案属于民事权益争议的，应当裁定终结特别程序，并告知利害关系人可以另行起诉。

（5）特别程序的管辖法院属于法定的专属性管辖方式，且不允许当事人提起管辖权异议。

> 参考判例：王某甲、王某乙申请宣告王某无民事行为能力案。

（6）适用特别程序作出的判决、裁定，当事人、利害关系人认为有错误的，可以向作出该判决、裁定的人民法院提出异议。人民法院经审查，异议成立或者部分成立的，作出新的判决、裁定撤销或者改变原判决、裁定；异议不成立的，裁定驳回。对人民法院作出的确认调解协议、准许实现担保物权的裁定，当事人有异议的，应当自收到裁定之日起15日内提出；利害关系人有异议的，自知道或者应当知道其民事权益受到侵害之日起6个月内提出。

特别程序案件中，对确认调解协议案件的程序，本书在第一章内容中进行了详细介绍，此处不再赘述。以下对其余五种特别程序案件的审理进行知识点的归纳总结：

1. 选民资格案件

根据《中华人民共和国全国人民代表大会和地方各级人民代表大会选举法》第 28 条规定："对于公布的选民名单有不同意见的，可以在选民名单公布之日起五日内向选举委员会提出申诉。选举委员会对申诉意见，应在三日内作出处理决定。申诉人如果对处理决定不服，可以在选举日的五日以前向人民法院起诉，人民法院应在选举日以前作出判决。人民法院的判决为最后决定。"选民资格案件是我国公民选举权和被选举权在民事诉讼中的实现方式，是人民法院审理的有关公民宪法性权利的非诉讼案件。选民资格案件的程序学习要点：

（1）前置程序。公民提起选民资格案件的起诉，必须先向选举委员会提出申诉，这是选民资格案件的前置程序。未经申诉直接起诉的，人民法院不予受理。

（2）起诉人。选民资格案件起诉人的范围非常广泛。既可以是选民本人，也可以是其他公民。凡是认为选民名单有错误的公民，无论是否与选举资格直接相关，都可以作为起诉人提起选民资格诉讼。起诉人不同于一般民事诉讼的原告，也不能将选举委员会视为被告。

（3）管辖法院。选区所在地基层人民法院。

（4）审理时限。人民法院受理选民资格案件后，必须在选举日前审结。

（5）裁判方式。从裁判的形式看选民资格案件应当适用判决而不得适用裁定。经过审理，人民法院对起诉人的起诉作出的裁断，是对其请求的实质内容的肯定或者否定，同时它关系到有关公民是否享有选举权和被选举权，因此，人民法院应当用判决对案件作出最终的裁断。从裁判的内容看，既要对起诉人的起诉作出裁断，又要对选举委员会的申诉处理决定作出裁断。经过审理，人民法院认为起诉人的起诉理由成立的应当以判决的方式直接纠正选举委员会的错误，而不是判决责令选举委员会重新处理；认为起诉人的起诉理由不成立的，应当判决驳回起诉人的起诉，肯定选举委员会的处理决定。从裁判的效力看，人民法院对选民资格案件所作的判决经送达就立即发生法律效力，不得提起上诉。

参考判例 1：罗荣×申请确定选民资格案。

参考判例 2：吴少×不服选民资格处理决定案。

参考法律文书 1：起诉书（申请确定选民资格用）。

参考法律文书 2：民事判决书（申请确定选民资格用）。

2. 宣告失踪、宣告死亡案件

（1）宣告失踪案件。宣告失踪是指经利害关系人申请，由人民法院对下落不明满一定期限的人宣告为失踪人的制度，目的是通过司法程序结束失踪人财产关系的不确定性，从而保护失踪人的利益，兼顾利害关系人的合法权益。宣告失踪案件程序的学习要点：

第一，申请人为下落不明公民的利害关系人，包括被申请人的近亲属和与其有民事权利义务关系的人。由于《民法总则》并未就宣告失踪的申请人顺序作出明确规定，因此在宣告失踪时，利害关系人的申请没有先后顺序要求，如果多个利害关系人同时提出申请，则列为共同申请人。

第二，管辖法院。下落不明人住所地的基层人民法院。

第三，申请条件。被申请人下落不明满 2 年，利害关系人向人民法院提交书面申请。申请书应当写明失踪的事实、时间和请求，并附有公安机关或者其他有关机关关于该公民下落不明的书面证明。

第四，法院审理。人民法院受理宣告失踪后，应当发出寻找下落不明人的公告，公告期间为 3 个月。公告期间届满，人民法院应当根据被宣告失踪的事实是否得到确认，作出宣告失踪的判决或者驳回申请的判决。人民法院判决宣告失踪的，应当指定失踪人的财产代管人。人民法院受理宣告失踪、宣告死亡案件后，作出判决前，申请人撤回申请的，人民法院应当裁定终结案件，但其他符合法律规定的利害关系人加入程序要求继续审理的除外。

第五，救济途径。人民法院判决宣告公民失踪，只是根据法律规定的条件认定该公民不知去向的事实，该公民完全有可能重新出现。根据法律规定，被宣告失踪的公民重新出现或者确知其下落的，本人或者利害关系人有权向原审人民法院提出申请，请求撤销宣告失踪的判决，以恢复其正常的权利义务状态。原审人民法院审查属实的，应当作出新判决，撤销原判决。宣告失踪的判决撤销后，财产代管人的职责终止，无权再代管财产，应对原代管的财产进行清理，返还原财产及其收益。为管理和保护失踪人财产所支出的必要费用，财产代管人有权要求偿付。

参考判例1：杨某、田燕×申请宣告公民失踪案。

参考判例2：李某1、李某2申请宣告公民失踪案。

（2）宣告死亡案件。宣告死亡是指经利害关系人申请，由人民法院对下落不明满一定期限的人宣告其死亡的法律制度。宣告死亡和公民生理死亡具有相同的法律后果，因此宣告死亡制度有利于处理失踪人的所有财产关系和人身关系，其利害关系人的合法权益也因此可以得到保障。宣告死亡案件程序的学习要点：

第一，申请人为下落不明公民的利害关系人，这一点与宣告失踪法律制度相同。

第二，管辖法院。下落不明人住所地的基层人民法院。

第三，申请条件。公民下落不明满4年，或者因意外事故下落不明满2年，或者因意外事故下落不明，经有关机关证明该公民不可能生存，利害关系人向人民法院提出书面申请。申请书应当写明下落不明的事实、时间和请求，并附有公安机关或者其他有关机关关于该公民下落不明的书面证明。

第四，法院审理。人民法院受理宣告死亡案件后，应当发出寻找下落不明人的公告。宣告死亡的公告期间为1年。因意外事故下落不明，经有关机关证明该公民不可能生存的，宣告死亡的公告期间为3个月。公告期间届满，人民法院应当根据被宣告死亡的事实是否得到确认，作出宣告死亡的判决或者驳回申请的判决。

第五，救济途径。被宣告死亡的公民重新出现，经本人或者利害关系人申请，人民法院应当作出新判决，撤销原判决。由于宣告死亡之后，被申请人的人身关系同时消灭，因此如果被宣告死亡的公民重新出现，其人身关系只有在可能恢复的情况下才可以恢复。例如，如果其配偶在其被宣告死亡之后再婚的，被宣告死亡的公民的婚姻关系不能自动恢复。

	被申请人情形	起算	公告期间
宣告失踪	下落不明满 2 年	通常从失踪人下落不明次日起算；意外事故下落不明从意外事故发生次日起算；战争期间下落不明，从战争结束次日起算	3 个月
宣告死亡	下落不明满 4 年		1 年
	因意外事故下落不明满 2 年		
	因意外事故下落不明，经有关机关证明不可能生存		3 个月

> 参考判例：陈翠×与钱琼×申请宣告公民死亡案。
> 参考法律文书 1：宣告失踪、宣告死亡案件申请书。
> 参考法律文书 2：宣告失踪、宣告死亡案件裁判文书。

3. 认定公民民事行为能力案件

认定公民民事行为能力案件是指，由利害关系人申请，人民法院依法定程序确认被申请人有无民事行为能力的案件，主要针对精神病人设置的一种特别程序。认定公民无民事行为能力或者限制民事行为能力案件程序的学习要点：

（1）不能辨认或者不能完全辨认自己行为的成年人，其利害关系人或者有关组织，可以向人民法院申请认定该成年人为无民事行为能力人或者限制民事行为能力人。有关组织包括：居民委员会、村民委员会、学校、医疗机构、妇女联合会、残疾人联合会、依法设立的老年人组织、民政部门等（《民法总则》第 24 条）。

（2）管辖法院。被申请人住所地的基层人民法院。

（3）审理过程。人民法院受理申请后，必要时应当对被请求认定为无民事行为能力或者限制民事行为能力的公民进行鉴定。申请人已提供鉴定意见的，应当对鉴定意见进行审查。根据《民事诉讼法解释》第 349 条规定，在诉讼中，当事人的利害关系人提出该当事人患有精神病，要求宣告该当事人无民事行为能力或者限制民事行为能力的，应由利害关系人向人民法院提出申请，由受诉人民法院按照特别程序立案审理，原诉讼中止。

（4）审理结果。人民法院经审理认定申请有事实根据的，判决该公民为无民事行为能力或者限制民事行为能力人，并根据申请指定监护人；认定申请没有事实根据的，应当判决予以驳回。

（5）救济途径。人民法院根据被认定为无民事行为能力人、限制民事行为能力人或者他的监护人的申请，证实该公民无民事行为能力或者限制民事行为能力的原因已经消除的，应当作出新判决，撤销原判决。

> 参考判例：凌×、窦××申请宣告公民无民事行为能力特别程序案。
> 参考法律文书 1：认定公民民事行为能力案件申请书。
> 参考法律文书 2：认定公民民事行为能力案件裁判文书。

4. 认定财产无主案件

认定财产无主案件是指人民法院依法判定某项财产为无主财产，并判决将其收归国家或集体所有的案件。该案件程序要点归纳：

（1）提出申请。公民、法人或者其他组织向财产所在地基层人民法院提出书面申请，申请书应当写明财产的种类、数量以及要求认定财产无主的根据。

> 参考法律文书：申请书（申请认定财产无主用）。

（2）法院审理。人民法院受理申请后，经审查核实，应当发出财产认领公告。公告满一年无人认领的，判决认定财产无主，收归国家或者集体所有；如果公告期间有人对财产提出请求的，人民法院应当裁定终结特别程序，告知申请人另行起诉，适用普通程序审理，但是在司法实践中，民事权利主体通过认定财产无主程序维护自己合法权益的案件也较为常见。

> 参考判例 1：柯桥区柯岩街道××村民委员会申请认定财产无主案。
> 参考判例 2：潘菊×申请认定财产无主案。
> 参考判例 3：宁波市江北区××股份经济合作社申请认定财产无主案。

（3）救济途径。判决认定财产无主后，原财产所有人或者继承人出现，在诉讼时效期间可以对财产提出请求，人民法院审查属实后，应当作出新判决，撤销原判决。

参考法律文书：认定财产无主案件裁判文书。

5. 实现担保物权案件

实现担保物权案件并非担保合同纠纷案件，而是担保物权人以及其他有权请求实现担保物权的人，向人民法院申请实现担保财产的非诉讼案件。因此，当事人在担保物权案件中，既可以选择通过起诉请求实现担保物权，也可以直接通过这一种特别程序实现担保物权。相对于诉讼程序，实现担保物权案件成本低、效率高，程序简便灵活，是 2012 年修改《民事诉讼法》增设的一种特别程序。

（1）申请人。实现担保物权案件的申请人是担保物权人以及其他有权请求实现担保物权的人。担保物权人具体包括：抵押权人、质权人、留置权人；其他有权请求实现担保物权的人，包括抵押人、出质人、财产被留置的债务人或者所有权人等。

（2）管辖法院：实现担保物权案件管辖法院为担保财产所在地或者担保物权登记地基层人民法院。《民事诉讼法解释》第 364 条规定："同一债权的担保物有多个且所在地不同，申请人分别向有管辖权的人民法院申请实现担保物权的，人民法院应当依法受理。"实现担保物权案件属于海事法院等专门人民法院管辖的，由专门人民法院管辖。

（3）法院审理。人民法院受理申请后，应当在 5 日内向被申请人送达申请书副本、异议权利告知书等文书。被申请人有异议的，应当在收到人民法院通知后的 5 日内向人民法院提出，同时说明理由并提供相应的证据材料。人民法院对被申请人提出的异议将进行审理。实现担保物权案件可以由审判员一人独任审查。担保财产标的额超过基层人民法院管辖范围的，并不影响法院级别管辖，但基层人民法院应当组成合议庭进行审理。

参考法律文书：实现担保物权申请书、异议书。

根据《民事诉讼法解释》第 372 条规定，人民法院审查后，可能出现三种处理情形：

第一，当事人对实现担保物权无实质性争议且实现担保物权条件成就的，裁定准许拍卖、变卖担保财产。

第二，当事人对实现担保物权有部分实质性争议的，可以就无争议部分裁定准许拍卖、变卖担保财产。

第三，当事人对实现担保物权有实质性争议的，裁定驳回申请，并告知申请人向人民法院提起诉讼。

对人民法院作出的准许实现担保物权的裁定，当事人有异议的，应当自收到裁定之日起 15 日内提出；利害关系人有异议的，自知道或者应当知道其民事权益受到侵害之日起 6 个月内提出撤销申请。

> 参考法律文书 1：实现担保物权裁判文书。
> 参考判例 1：孙×诉郭素×申请实现担保物权案。
> 参考判例 2：中国××银行股份有限公司桐庐县支行诉卢丽×等申请实现担保物权案。

二、督促程序

督促程序是督促债务人尽快清偿债务的一种简便迅速的非诉讼程序。人民法院根据债权人的申请向债务人发出支付令，支付令生效后，债权人可以向人民法院申请执行。督促程序本质上不属于民事纠纷的解决程序，尽管督促程序中有申请人（债权人）和被申请人（债务人），但督促程序不能处理双方的权利义务争议，因为一旦人民法院认为双方之间存在民事争议，则应当终结督促程序。督促程序的实质是人民法院根据债权人的申请向债务人发出支付令，因此对督促程序的学习，重点是围绕支付令的申请及其法律效力问题。

督促程序的特点有，实行一审终审，不适用法院调解和审判监督程序，而且审判组织实行独任制。

（一）支付令的申请与受理

督促程序由债权人向人民法院申请支付令开始，因此我们首先需要掌握申请支付令的条件。根据《民事诉讼法》第 214 条以及《民事诉讼法解释》第 429 条规定，支付令申请应当满足下列条件：

1. 债权人请求的内容限于给付金钱或有价证券

有价证券具体包括：汇票、本票、支票、股票、债券、国库券、可转让的存款单等。同时，请求给付的金钱或者有价证券已到期且数额确定，并写明了请求所依据的事实、证据。

2. 向有管辖权的人民法院提出申请

督促程序的管辖法院为债务人住所地的基层人民法院。此管辖类似专属管辖，不允许债权人和债务人协议变更，也不根据债权人和债务人之间合同的类型进行判断。

3. 债权人与债务人没有其他债务纠纷，债权人没有对待给付义务

督促程序是一种非诉讼程序，因此如果债权人和债务人围绕申请支付令中的给付内容存在民事争议，则应当通过诉讼程序进行审理。因此如果人民法院认为债权人和债务人之间有债务纠纷的，则不能受理支付令申请。

4. 支付令能够送达债务人

如果支付令不能送达给债务人，债务人便无法针对支付令提出异议，因此支付令能够送达给债务人也是申请支付令的必要条件。同时，债务人在我国境内未下落不明。

5. 债权人未向人民法院申请诉前保全

人民法院对债权人的支付令申请仅仅进行形式审查，这一点不同于诉讼程序中的起诉审查。债权人提出申请后，人民法院将围绕支付令申请是否符合上述法定条件进行审查，并应当在 5 日内通知债权人是否受理。但是如果人民法院在受理支付令申请后发现申请不满足上述条件的（例如支付令无法送达给债务人），则应当在受理之日起 15 日内裁定驳回申请，已经发出的支付令自行失效，督促程序终结。

参考法律文书 1：申请书（申请支付令用）。

参考法律文书 2：不予受理、驳回支付令申请文书。

参考判例 1：周×申请支付令不予受理。

参考判例 2：中国××银行股份有限公司衡南县支行支付令申请。

（二）法院审理

根据《民事诉讼法》第 216 条第 1 款规定："人民法院受理申请后，经审查债权人提供的事实、证据，对债权债务关系明确、合法的，应当在受理之日起十五日内向债务人发出支付令；申请不成立的，裁定予以驳回。"显然，人民法院受理支付令申请之后的审查属于实质性审查，即根据债权人在申请书中提供的事实和证据，确定债权债务关系是否明确合法。

根据《民事诉讼法解释》第430条规定，人民法院受理申请后，有下列情形之一的，裁定驳回申请："（一）申请人不具备当事人资格的；（二）给付金钱或者有价证券的证明文件没有约定逾期给付利息或者违约金、赔偿金，债权人坚持要求给付利息或者违约金、赔偿金的；（三）要求给付的金钱或者有价证券属于违法所得的；（四）要求给付的金钱或者有价证券尚未到期或者数额不确定的。"

人民法院受理支付令申请后，发现申请不满足受理条件的，应当在受理之日起15日内裁定驳回申请，已经发出的支付令自行失效，督促程序终结。

> 参考法律文书：不予受理、驳回支付令申请文书。
> 参考判例：申请人崔玉×等与被申请人杨旺×等支付令申请。

（三）支付令对债务人的效力

如果人民法院向债务人发出了支付令，债务人并非必须要履行支付令中的债务履行义务。对于收到支付令的债务人而言，其有四种选择：

（1）在收到支付令之日起15日内清偿债务，债权人和债务人之间的债务得到清偿。

（2）在收到支付令之日起15日内提出书面异议。根据《民事诉讼法解释》第437条规定，债务人针对支付令申请的书面异议的内容，具体包括：不予受理申请情形的；裁定驳回申请情形的；应当裁定终结督促程序情形的；人民法院对是否符合发出支付令条件产生合理怀疑的。另外根据《民事诉讼法解释》第438条规定，债务人对债务本身没有异议，只是提出缺乏清偿能力、延缓债务清偿期限、变更债务清偿方式等异议的，并不构成上述书面异议，不产生相应的法律后果。如果债务人及时提出了有效的书面异议，则意味着债权人和债务人之间存在民事争议，其后果是支付令自行失效，人民法院应当终结督促程序。

> 参考法律文书1：支付令（督促程序用）。
> 参考法律文书2：异议书（对支付令提出异议用）。
> 参考判例：××有色金属矿山公司与陕西××化工有限责任公司支付令申请案。

（3）在收到支付令之日起15日内既不清偿债务也不提出书面异议的，债权人可以向人民法院申请强制执行支付令。

（4）在收到支付令后向人民法院提起诉讼。债务人向人民法院提起诉讼，其行为并不属于针对支付令的书面异议，因此该起诉行为并不影响支付令的效力。

（5）向人民法院申请撤销支付令。支付令生效后，债务人可以向人民法院申请撤销支付令。本院审判委员会讨论决定后，对于确有错误的支付令裁定撤销，驳回债权人的申请；对于无错误的支付令，则裁定驳回撤销申请。

参考判例：驳回卜春×支付令申请案。

（四）支付令的失效

根据《民事诉讼法解释》第432条规定，有三种情形将导致人民法院裁定终结督促程序，已发出支付令的，支付令自行失效：人民法院受理支付令申请后，债权人就同一债权债务关系又提起诉讼的；人民法院发出支付令之日起30日内无法送达债务人的；债务人收到支付令前，债权人撤回申请的。

参考判例：刘×申请支付令案。

当然，债务人向人民法院及时提出了有效的书面异议，也会导致支付令失效（此处称之为"异议失效"）。支付令的异议失效和自行失效尽管都会导致督促程序的终结，但有一点显然不同：支付令因债务人异议失效的，督促程序将转入诉讼程序；支付令自行失效的，并不会引起督促程序自动转入诉讼程序的法律后果。

此外，人民法院受理支付令申请后发现申请不满足受理条件的，也应当裁定终结督促程序，支付令自行失效。

支付令因债务人书面异议失效后，督促程序就地转入诉讼程序，实现了督促程序和诉讼程序的对接机制，节约了司法资源。但同时，民事诉讼法也为支付令申请人设计了不同意转入诉讼的机会，以防止强行将当事人之间争议提交诉讼，违背不告不理原则。因债务人异议导致支付令失效的，申请支付令的一方当事人不同意提起诉讼的，应当自收到终结督促程序裁定之日起7日内向受理申请的人民法院提出。申请支付令的一方当事人自收到终结督促程序裁定之日起7日内未向受理申请的人民法院表明不同意提起诉讼的，视为向受理申请的人民法院起诉。当然，如果支付令申请人不同意提起诉讼，意思是指不同意在申请支付令的法院就地转入诉讼，或者理解为具有"撤回起诉"的法律意义，但并非指该当事人不同意向其他有管辖权的人民法院提起诉讼。

参考判例：方荣×与金晓×等民间借贷纠纷上诉案。

（五）支付令的救济

根据《民事诉讼法解释》第443条规定："人民法院院长发现本院已经发生法律效力的支付令确有错误，认为需要撤销的，应当提交本院审判委员会讨论决定后，裁定撤销支付令，驳回债权人的申请。"

参考判例：唐×申请撤销支付令。

参考法律文书：撤销支付令裁定书。

三、公示催告程序

可以背书转让的票据持有人，票据被盗、遗失或者灭失后，为了避免其合法权益受到损害，并且能够实现票据权利，可以选择向人民法院申请作出宣告该票据无效的判决。人民法院对上述申请，进行审查和审理，即为公示催告程序。

公示催告程序的特点有：

（1）分为公示催告和除权判决前后两个阶段，前者是后者的前提和基础。公示催告阶段，可由审判员一人独任审理；判决宣告票据无效的，应当组成合议庭审理。

（2）利害关系人有权在公告期间向人民法院申报权利，维护自己的合法权益。

（3）由票据支付地的基层人民法院管辖。

（一）公示催告程序的申请

（1）申请人的条件。申请主体必须是按照规定可以背书转让的票据持有人，即票据被盗、遗失、灭失前的最后持有人。我国《票据法》所指票据分为本票、支票和汇票。本票，是指由出票人签发的，承诺自己于见票时无条件支付一定款项给收款人或执票人的票据。本票是一种有价证券。它的重要特点是出票人即是付款人。支票，它是发票人签发，委托银行或其他金融机构在见票时无条件支付一定金额给收款人或持票人的一种票据。其特点一是付款人为银行或金融机构；二是见票即付。汇票，是发票人委托他人在指定期日向收款人或持票人无条件支付一定金额的票据。依不同标准可以对汇票进行分类，如即期汇票、远期汇票、银行汇票、商业汇票、记名式汇票和无记名式汇票。即期汇票是见票即付的汇票；远期汇票是指必须在指定期日才能付款的汇票。

以上三种票据又分为可以背书转让的票据和不可以背书转让的票据。法律规定，只有可以背书转让的票据才能适用公示催告程序。背书转让，专指持票人以转让票据权利为目的在票据背面或贴单上记载有关事项并签名的票据行为。签名的人为背书人，根据背书人的背书接受票据权利的人称为被背书人。

（2）申请公示催告的原因必须是可以背书转让的票据被盗、遗失或灭失，对其他事项申请公示催告必须有法律的明文规定。

（3）向票据支付地的基层人民法院提出申请。

（4）申请人应当向人民法院递交申请书，写明票面金额、发票人、持票人、背书人等票据主要内容和申请的理由、事实。

参考法律文书：申请书（申请公示催告用）。

（二）人民法院的审理

1. 通知停止支付

根据《民事诉讼法》第219条规定，人民法院决定受理申请，应当同时通知支付人停止支付。停止支付的目的，是为了避免给申请人带来难以挽回的损失，具有临时性保全的性质。

2. 发出公告

人民法院受理申请后，在3日内发出公告，催促利害关系人申报权利。公告应当在有关报纸或者其他媒体上刊登，并于同日公布于人民法院公告栏内。人民法院所在地有证券交易所的，还应当同日在该交易所公布。公示催告的期间，由人民法院根据情况决定，但不得少于60日。

> 参考法律文书1：停止支付通知书（通知支付人停止支付用）。
> 参考法律文书2：公告（催促利害关系人申报权利用）。
> 参考判例：许小×申请公示催告纠纷停止支付通知书。

（三）利害关系人申报权利

利害关系人在公示催告期间向法院主张对该项票据的权利的行为称申报权利。申报权利必须持有该项票据，手中无此票据不能申报权利；法院收到申报权利人的申报后，应当通知其向法院出示票据，并通知公示催告申请人在指定的期间查看该票据；该票据与申请公示催告的票据不一致的，应当裁定驳回利害关系人的申报。

申报权利的法律后果是终结公示催告程序。公示催告程序是一种非讼程序。既然出现了利害关系人对该项票据的申报，就表明，申请公示催告人与权利申报人之间存在票据争议，该争议应另行通过诉讼程序解决，公示催告程序自然应当终结。

> 参考法律文书：申报书（利害关系人申报权利用）。
> 参考判例：××泰山曲阜电缆有限公司申请公示催告特殊程序案。

（四）除权判决的申请

除权判决是指法院根据公示催告人的申请并经止付、公告阶段后而制作的宣告该票据无效的判决。失票人在无票据的情况下，根据法院的除权判决可以行使票据上的权利，因此民事诉讼法为除权判决规定了严格的条件。首先，公示催告期间届满；其次，公告期间内无人申报权利或虽有人申报权利但被法院裁定驳回；最后，申请人须在公示催告期间届满后1个月内提出申请，过期无效。此外，只有合议庭才能制作除权判决，不能实行独任审理。

除权判决一经公告将产生以下三方面的法律效力：①终结公示催告程序；②公示催告所指向的票据无效，任何人不能凭其作为支付的凭证；③公示催告人可凭借除权判决书要求支付人支付。在申报权利的期间无人申报权利，或者申报被驳回的，申请人应当自公示催告期间届满之日起1个月内申请作出判决。如果申请人逾期不申请判决的，人民法院将终结公示催告程序。

参考判例：××市华银标准件厂申请公示催告案。

参考法律文书：公示催告程序裁判文书。

（五）利害关系人的救济

《民事诉讼法》第223条规定："利害关系人因正当理由不能在判决前向人民法院申报的，自知道或者应当知道判决公告之日起一年内，可以向作出判决的人民法院起诉。"上述正当理由，需要满足《民事诉讼法解释》第460条规定的情形：①因发生意外事件或者不可抗力致使利害关系人无法知道公告事实的；②利害关系人因被限制人身自由而无法知道公告事实，或者虽然知道公告事实，但无法自己或者委托他人代为申报权利的；③不属于法定申请公示催告情形的；④未予公告或者未按法定方式公告的；⑤其他导致利害关系人在判决作出前未能向人民法院申报权利的客观事由。

对于利害关系人的起诉，人民法院可按票据纠纷适用普通程序审理。利害关系人仅诉请确认其为合法持票人的，人民法院应当在裁判文书中写明，确认利害关系人为票据权利人的判决作出后，除权判决即被撤销。

参考判例：邯郸市××电器有限公司诉盂县北娄××耐火材料有限公司撤销权案。

拓展思考题

1. 甲市范围内有A、B、C三县，A县的张某向C县的小额贷款公司贷款90万元，并用张某在B县的住房作为抵押。现在张某无力归还贷款，小额贷款公司通过特别程序实现担保物权。但是实现担保物权后仍有20万元债权未能实现，小额贷款公司是否可以对张某C县的商铺申请执行？

2. 实现担保物权案件中，作为担保财产的不动产，其所在地与登记地不一致，如何确定管辖法院？

3. 实现担保物权案件中，担保合同中明确约定了纠纷选择协议管辖法院，该协议管辖对实现担保物权案件是否适用？

4. 特别程序审理过程中，是否适用管辖权异议制度？

5. 如果债权人申请支付令的金钱数额超出了基层人民法院受理案件的范围，是否影响级别管辖？

6. 甲公司因为受到乙公司欺骗，票据被乙公司诈骗失去占有，甲公司可否向人民法院提起申请公示催告程序？

7. 支付令的送达，是否适用公告送达？

8. 督促程序因债务人书面异议转入诉讼程序，起诉的时间如何确定？

9. 甲公司申请公示催告程序，人民法院发出公告后无人申报权利，但是甲公司未能在规定时间内申请法院作出除权判决，甲公司能否再次申请公示催告程序？

本章练习题

登录"民事诉讼法通达翻转教学平台软件"，通过"练习与考试"进行本章在线练习。

诉讼实务训练

登录"民事诉讼法通达翻转教学平台软件"，通过"实验教学"进行本章诉讼实务训练。

第十三章
民事执行程序

学习目标

　　明确执行的含义、特点、原则以及执行程序与审判程序的关系；正确理解执行标的；掌握执行程序发生的条件、执行根据、执行对象和执行工作应当遵守的原则；掌握执行异议、执行回转等具体执行制度。明确执行措施的含义；掌握金钱债权执行和非金钱债权执行措施的具体运用

　　结合各类学习资料，建议本章自学时间不少于6小时。

视频资源

　　登录"民事诉讼法通达翻转教学平台软件"，通过"视频教学"进行本章视频学习。

参考法律文件	参考法律文书	参考判例

一、执行概说

　　执行是指法院的执行机构（执行局）依照法定程序，对生效的法律文书确定的给付内容，以国家强制力为后盾，依法采取强制措施，迫使义务人履行义务的行为。执行程序是基于人民法院的执行权，这一点与人民法院的审判程序具有本质区别。我国将执行权赋予人民法院，体现了执行过程中人民法院进行司法监督的必要性，能够更好地保护各方当事人利益、维护生效法

· 234 ·

律文件的权威性。

二、执行客体和执行根据

（一）执行客体

1. 物

作为执行客体的物包括：①债务人的现有财产；②债务人预期可取得的财产，即债权，也可作为执行客体。为此我国司法解释规定了代位执行制度；③债务人非法处分的财产。债务人为了逃避执行，与他人恶意串通进行虚假意思表示非法处分自己的财产，或者与他人恶意串通，通过诉讼、仲裁、调解等方式处分自己的财产，逃避履行法律文书确定的义务的，该处分无效；④执行依据限定的财产。

不得作为执行客体的物：①实体法禁止让与、扣押的财产。如土地、矿藏等；②诉讼法上禁止扣押的财产；③在性质上不得为执行客体的物或者权利。如健康权、姓名权、肖像权、名誉权，以及被执行人未公开的发明或者未发表的著作，都不得成为执行客体；④禁止流通物，如违禁品、淫秽品等。

2. 行为

行为作为执行客体，在法律上可以分为作为和不作为，而作为可进一步分为可以替代的作为和不可替代的作为。

（1）可以替代的作为。《民事诉讼法》第252条规定，对判决、裁定和其他法律文书指定的行为，被执行人未按执行通知履行的，人民法院可以强制执行或者委托有关单位或者其他人完成，费用由被执行人承担。

（2）不作为和不可替代的作为。债务人应当不作为（包括容忍行为）而违反生效法律文书的规定作为，或者债务人不履行生效法律文书的作为义务，但该项作为义务只能由被执行人完成，人民法院就不能对该执行客体直接执行。

（二）执行依据

人民法院执行的根据，是依法已经生效的具有给付内容的各类法律文书。具体包括：

（1）人民法院制作的具有执行内容的生效法律文书，包括民事诉讼判决、裁定、调解书与支付令；刑事诉讼判决裁定中的财产部分；具有给付内容的生效行政判决、裁定和调解书。

（2）其他机关制作的由法院执行的法律文书，包括公证机关依法赋予强制执行效力的债权文书，仲裁机构制作的依法由法院强制执行的仲裁裁决书，依法应当由人民法院执行的行政处罚决定和行政处理决定。

（3）人民法院制作的承认并执行外国法院判决、裁定或者外国仲裁机构的裁定书。

三、执行管辖

1. 管辖的确定

（1）法院裁判：生效的民事判决、裁定，以及刑事判决、裁定的财产部分，由第一审法院或者与第一审法院同级的被执行财产所在地法院执行；发生法律效力的实现担保物权裁定、确认调解协议裁定、支付令，由作出裁定、支付令的人民法院或者与其同级的被执行财产所在地的人民法院执行。认定财产无主的判决，由作出判决的人民法院将无主财产收归国家或者集体所有。

（2）法律规定由人民法院执行的其他法律文书，由被执行人住所地或者被执行的财产所在地人民法院执行。其中，当事人对仲裁机构作出的仲裁裁决或者仲裁调解书申请执行的，由被执行人住所地或者被执行的财产所在地的中级人民法院管辖。根据《最高人民法院关于人民法院办理仲裁裁决执行案件若干问题的规定》第2条规定，如果符合下列条件的，经上级人民法院批准，中级人民法院可以参照《民事诉讼法》第38条的规定指定基层人民法院管辖：①执行标的额符合基层人民法院一审民商事案件级别管辖受理范围；②被执行人住所地或者被执行的财产所在地在被指定的基层人民法院辖区内。

（3）共同管辖：两个以上法院都有管辖权的，当事人可以向其中一个法院申请执行，当事人向两个以上法院申请执行的，由最先立案的法院管辖，法院在立案前发现其他有管辖权的人民法院已经立案的，不得重复立案；立案后发现其他有管辖权的法院已经立案的，应当撤销案件；已经采取执行措施的，应当将控制的财产移交先立案的法院处理。

根据《最高人民法院关于执行案件立案、结案若干问题的意见》第2条规定，执行案件统一由人民法院立案机构进行审查立案，人民法庭经授权执行自审案件的，可以自行审查立案，法律、司法解释规定可以移送执行的，相关审判机构可以移送立案机构办理立案登记手续。

2. 执行管辖异议

根据《最高人民法院关于适用〈中华人民共和国民事诉讼法〉执行程序若干问题的解释》第3条规定，被执行人可以在人民法院受理执行申请后提出执行管辖异议。

（1）异议的提出。被执行人应当在收到执行通知书之日起10日内提出。

（2）异议的处理。异议成立的，人民法院应当撤销执行案件，告知当事人向有管辖权的法院申请执行；异议不成立的，人民法院应当裁定驳回，当事人对执行管辖权异议的裁定不服，可以向上一级人民法院申请复议。

比较：诉讼管辖和执行管辖的区别（见下表）

	诉讼管辖	执行管辖
共同管辖	先立案的法院管辖，后立案的法院裁定移送管辖	先立案的法院管辖，后立案的法院裁定撤销执行案件
提出管辖权异议的时间	提交答辩状期间	收到执行通知书10日内
异议成立后的处理	裁定移送管辖	裁定撤销案件
管辖权异议的救济	向上级人民法院提起上诉	向上级人民法院申请复议

四、执行程序的启动

1. 申请执行

发生法律效力的民事判决、裁定、调解书和其他应当由人民法院执行的法律文书，当事人必须履行。一方拒绝履行的，对方当事人可以向有管辖权的人民法院申请执行。

申请执行应当满足下列条件：①法律文书已经生效。②申请人是生效法律文书确定的权利人或其继承人、权利承受人。③当事人在法定期限内提出申请。《民事诉讼法》第239条规定，申请执行的期间为2年。申请执行时效的中止、中断，适用法律有关诉讼时效中止、中断的规定。但是《民事诉讼法解释》第483条将执行时效期间规定为当事人异议的对象："申请执行人超过申请执行时效期间向人民法院申请强制执行的，人民法院应予受理。被执行人对申请执行时效期间提出异议，人民法院经审查异议成立的，裁定不予执行。"因此，我们可以这样理解：被执行人未对申请执行期间提出异议的，

人民法院并不审查申请执行时效期间的问题。④生效法律文书应当具备下列条件：权利义务主体明确；给付内容明确。法律文书确定继续履行合同的，应当明确继续履行的具体内容。

> 参考法律文书：申请书（申请执行用）。

2. 移送执行

移送执行，是指法律文书生效后，债务人拒不履行义务，审判机关直接将案件移交执行机关，从而开始执行程序的制度。人民法院需要移送执行的案件主要包括：①人民法院制作的具有给付赡养费、扶养费、抚育费内容的生效法律文书；②人民法院制作的民事制裁决定书，包括对妨害民事诉讼行为的罚款决定书和民事制裁决定书；③人民法院制作的具有财产内容的刑事法律文书；④人民法院制作的财产保全和先予执行的裁定书；⑤人民法院制作的刑事附带民事判决、裁定、调解书等法律文书。

3. 委托执行

委托执行，是指有执行管辖权的人民法院遇到特殊情况，将本法院的执行案件委托其他人民法院代为执行的一种方式。具体委托执行的程序，参见《最高人民法院关于委托执行若干问题的规定》有关内容。

五、执行中止和执行终结

（一）执行中止

根据《民事诉讼法》第256条规定："有下列情形之一的，人民法院应当裁定中止执行：（一）申请人表示可以延期执行的；（二）案外人对执行标的提出确有理由的异议的；（三）作为一方当事人的公民死亡，需要等待继承人继承权利或者承担义务的；（四）作为一方当事人的法人或者其他组织终止，尚未确定权利义务承受人的；（五）人民法院认为应当中止执行的其他情形。"

中止的情形消失后，恢复执行。因此，类似于诉讼中止的效果，执行中止仅仅导致的是执行程序的暂时停止，而非结束。

（二）终结本次执行

根据《最高人民法院关于执行案件立案、结案若干问题的意见》第16条第1款规定："有下列情形之一的，可以以'终结本次执行程序'方式结案：（一）被执行人确无财产可供执行，申请执行人书面同意人民法院终结本次执行程序的；（二）因被执行人无财产而中止执行满两年，经查证被执行人确无财产可供执行的；（三）申请执行人明确表示提供不出被执行人的财产或财产线索，并在人民法院穷尽财产调查措施之后，对人民法院认定被执行人无财产可供执行书面表示认可的；（四）被执行人的财产无法拍卖变卖，或者动产经两次拍卖、不动产或其他财产权经三次拍卖仍然流拍，申请执行人拒绝接受或者依法不能交付其抵债，经人民法院穷尽财产调查措施，被执行人确无其他财产可供执行的；（五）经人民法院穷尽财产调查措施，被执行人确无财产可供执行或虽有财产但不宜强制执行，当事人达成分期履行和解协议，且未履行完毕的；（六）被执行人确无财产可供执行，申请执行人属于特困群体，执行法院已经给予其适当救助的。人民法院应当依法组成合议庭，就案件是否终结本次执行程序进行合议。"

根据《民事诉讼法解释》第 519 条规定，申请执行人发现被执行人有可供执行财产的，可以再次申请执行。再次申请不受申请执行时效期间的限制。

> 参考判例：陈×端诉黄建×等民间借贷纠纷案。

（三）执行终结

根据《民事是诉讼法》第 257 条规定："有下列情形之一的，人民法院裁定终结执行：（一）申请人撤销申请的；（二）据以执行的法律文书被撤销的；（三）作为被执行人的公民死亡，无遗产可供执行，又无义务承担人的；（四）追索赡养费、扶养费、抚育费案件的权利人死亡的；（五）作为被执行人的公民因生活困难无力偿还借款，无收入来源，又丧失劳动能力的；（六）人民法院认为应当终结执行的其他情形。"

另外根据《最高人民法院关于执行案件立案、结案若干问题的意见》第 17 条第 1 款规定："有下列情形之一的，可以以'终结执行'方式结案：（一）申请人撤销申请或者是当事人双方达成执行和解协议，申请执行人撤回执行申请的；（二）据以执行的法律文书被撤销的；（三）作为被执行人的公民死亡，无遗产可供执行，又无义务承担人的；（四）追索赡养费、扶养费、抚育费案件的权利人死亡的；（五）作为被执行人的公民因生活困难无力偿还借款，无收入来源，又丧失劳动能力的；（六）作为被执行人的企业法人或其他组织被撤销、注销、吊销营业执照或者歇业、终止后既无财产可供执行，又无义务承受人，也没有能够依法追加变更执行主体的；（七）依照刑法第五十三条规定免除罚金的；（八）被执行人被人民法院裁定宣告破产的；（九）行政执行标的灭失的；（十）案件被上级人民法院裁定提级执行的；（十一）案件被上级人民法院裁定指定由其他法院执行的；（十二）按照《最高人民法院关于委托执行若干问题的规定》，办理了委托执行手续，且收到受托法院立案通知书的；（十三）人民法院认为应当终结执行的其他情形。"

值得注意的是，根据《民事诉讼法解释》第 475 条规定："作为被执行人的公民死亡，其遗产继承人没有放弃继承的，人民法院可以裁定变更被执行人，由该继承人在遗产的范围内偿还债务。继承人放弃继承的，人民法院可以直接执行被执行人的遗产。"

终结执行和终结本次执行除了适用情形不同，法律后果也不相同。终结执行意味着本案执行的彻底结束，不存在恢复执行或继续执行的可能；终结本次执行仅仅表示"本次"执行程序的结束，仍然存在恢复执行或者继续执行的可能。

参考判例：余益×与陈明×其他合同纠纷普通执行终结执行案。

六、驳回执行申请和不予执行制度

（一）驳回执行申请

《最高人民法院关于人民法院办理仲裁裁决执行案件若干问题的规定》第 3 条明确规定了驳回申请执行仲裁裁决和调解书的立法依据。根据该条，仲裁裁决或者仲裁调解书执行内容具有下列情形之一导致无法执行的，人民法院可以裁定驳回执行申请：①权利义务主体不明确；②金钱给付具体数额不明确或者计算方法不明确导致无法计算出具体数额；③交付的特定物不明确或者无法确定；④行为履行的标准、对象、范围不明确；⑤仲裁裁决或者仲裁调解书仅确定继续履行合同，但对继续履行的权利义务，以及履行的方式、期限等具体内容不明确，导致无法执行的。

（二）不予执行

不予执行是指人民法院根据被申请人的申请，裁定不予执行仲裁裁决或公证债权文书。

1. 仲裁裁决的不予执行

根据《民事诉讼法》第 237 规定，被申请人（被执行人或案外人）提出证据证明仲裁裁决有下列情形之一的，经人民法院组成合议庭审查核实，裁定不予执行：①当事人在合同中没有订有仲裁条款或者事后没有达成书面仲裁协议的；②裁决的事项不属于仲裁协议的范围或者仲裁机构无权仲裁的；③仲裁庭的组成或者仲裁的程序违反法定程序的；④裁决所根据的证据是伪造的；⑤对方当事人向仲裁机构隐瞒了足以影响公正裁决的证据的；⑥仲裁员在仲裁该案时有贪污受贿，徇私舞弊，枉法裁决行为的；⑦人民法院认定执行该裁决违背社会公共利益的。

根据《最高人民法院关于人民法院办理仲裁裁决执行案件若干问题的规定》第8条和第9条规定，被执行人向人民法院申请不予执行仲裁裁决的，应当在执行通知书送达之日起15日内提出书面申请；有《民事诉讼法》第237条第2款第（四）、（六）项规定情形且执行程序尚未终结的，应当自知道或者应当知道有关事实或案件之日起15日内提出书面申请。本条前款规定期限届满前，被执行人已向有管辖权的人民法院申请撤销仲裁裁决且已被受理的，自人民法院驳回撤销仲裁裁决申请的裁判文书生效之日起重新计算期限。案外人向人民法院申请不予执行仲裁裁决或者仲裁调解书的，应当提交申请书以及证明其请求成立的证据材料，并符合下列条件：①有证据证明仲裁案件当事人恶意申请仲裁或者虚假仲裁，损害其合法权益；②案外人主张的合法权益所涉及的执行标的尚未执行终结；③自知道或者应当知道人民法院对该标的采取执行措施之日起30日内提出。

人民法院裁定不予执行仲裁裁决后，当事人对该裁定提出执行异议或者复议的，人民法院不予受理。当事人可以就该民事纠纷重新达成书面协议申请仲裁，也可以向人民法院起诉。

2. 公证债权及文书的不予执行

（1）申请不予执行公证债权文书。根据《民事诉讼法》第238条规定，公证债权文书确有错误的，人民法院裁定不予执行，并将裁定书送达双方当事人和公证机关。根据《最高人民法院关于公证债权文书执行若干问题的规定》第12条规定，有下列情形之一的，被执行人可以依照《民事诉讼法》第238条第2款规定申请不予执行公证债权文书：①被执行人未到场且未委托代理人到场办理公证的；②无民事行为能力人或者限制民事行为能力人没有监护人代为办理公证的；③公证员为本人、近亲属办理公证，或者办理与本人、近亲属有利害关系的公证的；④公证员办理该项公证有贪污受贿、徇私舞弊行为，已经由生效刑事法律文书等确认的；⑤其他严重违反法定公证程序的情形。

被执行人申请不予执行公证债权文书，应当在执行通知书送达之日起 15 日内向执行法院提出书面申请，并提交相关证据材料。公证债权文书被裁定不予执行后，当事人、公证事项的利害关系人可以就债权争议提起诉讼。

（2）起诉不予执行公证债权文书。根据《最高人民法院关于公证债权文书执行若干问题的规定》第 22 条第 1 款规定："有下列情形之一的，债务人可以在执行程序终结前，以债权人为被告，向执行法院提起诉讼，请求不予执行公证债权文书：（一）公证债权文书载明的民事权利义务关系与事实不符；（二）经公证的债权文书具有法律规定的无效、可撤销等情形；（三）公证债权文书载明的债权因清偿、提存、抵销、免除等原因全部或者部分消灭。"

七、执行和解与执行担保

（一）执行和解

1. 执行和解协议

执行过程中双方当事人自行达成和解协议，体现了当事人处分权，且并不影响生效法律文书的效力，因此民事诉讼法允许当事人在执行过程中就执行程序问题达成和解。委托诉讼代理人代为诉讼和解，则需要当事人的特别授权。

2. 执行和解的效力

（1）当事人达成和解协议后请求法院中止执行的，法院裁定中止执行。

（2）当事人达成和解协议后向法院申请撤回执行申请的，法院裁定执行终结。

（3）当事人之间的和解协议合法有效并已经履行完毕，法院应作执行结案处理（即裁定执行终结）。

> 参考判例：广东××建设集团有限公司与江门市新会××房地产有限公司其他合同纠纷案。

（4）根据《最高人民法院关于执行和解若干问题的规定》第 9 条规定，被执行人一方不履行执行和解协议的，申请执行人可以申请恢复执行原生效法律文书，也可以就履行执行和解协议向执行法院提起诉讼。

（5）根据《最高人民法院关于执行和解若干问题的规定》第 16 条规定，当事人、利害关系人认为执行和解协议无效或者应予撤销的，可以向执行法院提起诉讼。执行和解协议被确认无效或者撤销后，申请执行人可以据此申请恢复执行。

3. 恢复执行

根据《最高人民法院关于执行和解若干问题的规定》第11条规定："申请执行人以被执行人一方不履行执行和解协议为由申请恢复执行，人民法院经审查，理由成立的，裁定恢复执行；有下列情形之一的，裁定不予恢复执行：（一）执行和解协议履行完毕后申请恢复执行的；（二）执行和解协议约定的履行期限尚未届至或者履行条件尚未成就的，但符合合同法第一百零八条规定情形的除外；（三）被执行人一方正在按照执行和解协议约定履行义务的；（四）其他不符合恢复执行条件的情形。"

（二）执行担保

执行担保，是指在执行中，被执行人暂时确有困难而缺乏偿付能力时，向人民法院提供担保并经申请执行人同意，而暂缓执行的一种制度。

1. 适用条件

（1）执行程序中，被执行人向法院提供担保；具体可以由被执行人或者他人提供财产担保，也可以由他人提供保证。担保人应当具有代为履行或者代为承担赔偿责任的能力。他人提供执行保证的，应当向执行法院出具保证书，并将保证书副本送交申请执行人。被执行人或者他人提供财产担保的，应当参照物权法、担保法的有关规定办理相应手续。

（2）经申请执行人同意。

（3）法院可以决定暂缓执行以及暂缓执行的期限。

2. 法律后果

（1）在暂缓执行期间，被执行人或者担保人对担保财产有转移、隐藏、变卖、毁损等行为，可以恢复强制执行。

（2）被执行人在暂缓执行期限届满后仍不履行，可以直接执行担保财产或者裁定执行担保人财产，但应以担保人应当履行义务的部分为限。

八、执行回转

执行回转制度是人民法院针对执行发生的错误而采取的一种补救措施。根据《民事诉讼法》第233条规定，执行完毕后，据以执行的法律文书确有错误被法院撤销的，对已经执行的财产，法院应当作出裁定，责令取得财产人返还，拒不返还的，强制执行。正确的执行根据在执行完毕后，不会产生执行回转。一旦执行根据因有错误被撤销或者变更，那么法院就应当依法保护合法当事人的权益，使被执行人的利益回复到执行前的状态。

导致执行回转的情形主要有：

（1）人民法院作出的先予执行裁定，在执行完毕后，申请人在本院的生效判决或者二审法院的终审判决中败诉。

（2）人民法院制作的判决书、裁定书、调解书、除权判决书、支付令在执行完毕后，该生效法律文书被本法院或者上级人民法院经审判监督程序进行再审后被依法撤销或变更。

（3）其他机关制作的依法由人民法院执行的法律文书，在执行完毕后，由被制作机关或者制作机关的上级机关、监督机关撤销或者变更的。其他机关制作的依法由人民法院执行的法律文书，包括仲裁裁决书，公证机关所作的赋予强制执行效力的债权文书、行政机关制作的行政处罚和行政处理决定书。

> 参考判例：杨×执行回转裁定。

九、参与分配制度

根据《民事诉讼法解释》第 508 条规定："被执行人为公民或者其他组织，在执行程序开始后，被执行人的其他已经取得执行依据的债权人发现被执行人的财产不能清偿所有债权的，可以向人民法院申请参与分配。"显然，参与分配制度针对的是同一被执行人，存在多个已取得执行依据的债权人的执行案件，该制度对于保护多数债权人平等受偿权利，维护社会公平，提高诉讼效率，具有十分重要的意义。

参与分配制度的条件主要包括：①被申请人是公民或者其他组织；②有多个申请人对该被申请人享有债权；除了具有执行依据的债权人之外，对人民法院查封、扣押、冻结的财产有优先权、担保物权的债权人，也可以直接申请参与分配，主张优先受偿权；③被执行人的财产不足以清偿所有债权；④申请人已经取得执行依据；⑤参与分配只适用于金钱债权；⑥参与分配申请应当在执行程序开始后，被执行人的财产执行终结前提出。

参与分配执行中，执行所得价款扣除执行费用，并清偿应当优先受偿的债权后，对于普通债权，原则上按照其占全部申请参与分配债权数额的比例受偿。清偿后的剩余债务，被执行人应当继续清偿。债权人发现被执行人有其他财产的，可以随时请求人民法院执行。

> 参考判例：章关×诉陈法×等执行分配方案异议之诉。

十、执行救济

（一）对执行行为的异议

执行异议是指当事人和利害关系人对法院的执行行为提出异议，要求法院变更或停止执行行为。

（1）执行异议主体。当事人和利害关系人。

（2）执行异议理由。当事人和利害关系人认为执行行为违反法律规定。根据《最高人民法院关于人民法院办理执行异议和复议案件若干问题的规定》第 5 条规定："有下列情形之一的，当事人以外的公民、法人和其他组织，可以作为利害关系人提出执行行为异议：（一）认为人民法院的执行行为违法，妨碍其轮候查封、扣押、冻结的债权受偿的；（二）认为人民法院的拍卖措施违法，妨碍其参与公平竞价的；（三）认为人民法院的拍卖、变卖或者以物抵债措施违法，侵害其对执行标的的优先购买权的；（四）认为人民法院要求协助执行的事项超出其协助范围或者违反法律规定的；（五）认为其他合法权益受到人民法院违法执行行为侵害的。"

（3）执行异议申请程序：当事人、利害关系人应当在执行程序终结之前向负责执行的法院提出书面异议申请。执行异议符合法律规定条件的，人民法院应当在 3 日内立案，并在立案后 3 日内通知异议人和相关当事人。不符合受理条件的，裁定不予受理；立案后发现不符合受理条件的，裁定驳回申请。异议人对不予受理或者驳回申请裁定不服的，可以自裁定送达之日起 10 日内向上一级人民法院申请复议。上一级人民法院审查后认为符合受理条件的，应当裁定撤销原裁定，指令执行法院立案或者对执行异议进行审查。

> 参考法律文书：执行异议书（当事人、利害关系人提出异议用）。
> 参考判例：蔡荣×执行异议不予受理案。

（4）执行异议处理。《民事诉讼法》第 225 条规定："……当事人、利害关系人提出书面异议的，人民法院应当自收到书面异议之日起十五日内审查，理由成立的，裁定撤销或者改正；理由不成立的，裁定驳回。当事人、利害关系人对裁定不服的，可以自裁定送达之日起十日内向上一级人民法院申请复议。"

> 参考判例：陈×与王建×等民间借贷纠纷。

（二）对执行标的异议

对执行标的异议，是指在执行进行过程中，案外人对被执行的财产主张全部或部分的权利，并要求执行的人民法院停止或者变更执行的书面请求。

（1）异议主体：案外人。

（2）异议理由：案外人对执行标的主张权利。

（3）异议程序要求：案外人应当在执行程序终结前，向执行法院提交书面异议。

（4）异议审查：法院应当自收到案外人书面异议之日起 15 日内进行审查。

（5）异议处理：案外人对执行标的提出的异议，经审查，按照下列情形分别处理：①案外人对执行标的不享有足以排除强制执行的权益的，裁定驳回其异议，执行程序继续进行。但驳回案外人执行异议裁定送达案外人之日起 15 日内，人民法院不得对执行标的进行处分。②案外人对执行标的享有足以排除强制执行的权益的，裁定中止执行。申请执行人自裁定送达之日起 15 日内未提起执行异议之诉的，执行法院应当自起诉期限届满之日起 7 日内解除对该执行标的采取的执行措施。

（6）执行标的异议的救济。①案外人对执行异议裁定不服，认为原生效判决、裁定确有错误的，可以自执行异议裁定送达之日起 6 个月内，向作出原判决、裁定、调解书的人民法院申请再审。②案外人对执行异议裁定不服，认为与原生效判决、裁定无关的，可以自裁定送达之日起 15 日内向执行法院提起"执行异议之诉"。

> 参考法律文书：执行异议书（案外人提出异议用）。

（三）执行异议之诉

执行异议之诉是民事执行程序中包含的一种独立的民事诉讼类型，分为案外人执行异议之诉和申请执行人执行异议之诉两种。

1. 案外人执行异议之诉

案外人执行异议之诉是案外人对驳回执行标的异议的裁定不服，且与生效裁判无关的情况下向执行法院提起的诉讼，目的是阻止对执行标的的强制执行，维护自己的合法权益。与一般的诉讼程序相比较，案外人执行异议之诉有以下特点：

（1）诉讼请求的特殊性。案外人执行异议之诉的诉讼请求是请求法院停止对执行标的物的执行，诉讼的目的在于通过诉讼阻却对执行标的物的强制执行，而非单纯确认标的物所有权或者交付标的物。同时，案外人的诉讼请求应当与原判决裁定内容无关，否则应通过审判监督程序申请再审。

（2）诉讼提起的前置程序。案外人执行异议之诉的启动有法定的前置程序，即只有在执行终结前，案外人对执行标的提出书面异议，待执行法院对书面异议作出驳回其申请的裁定后，案外人才可以提起诉讼。同时，案外人应当在驳回其异议裁定送达之日起 15 日内提起执行异议之诉，否则人民法院不予受理。

（3）诉讼主体的特殊性。案外人执行异议之诉的原告为案外人，且案外人对执行标的物享有足以排除强制执行的实体权利。被告是申请执行人，在被执行人否认案外人权利时，可以将其列为被告。

（4）举证责任。案外人提起执行异议之诉的，案外人应当就其对执行标的享有足以排除强制执行的民事权益承担举证证明责任。

（5）审理结果。对案外人提起的执行异议之诉，人民法院经审理，按照下列情形分别处理：①案外人就执行标的享有足以排除强制执行的民事权益的，判决不得执行该执行标的，原执行异议裁定失效；②案外人就执行标的不享有足以排除强制执行的民事权益的，判决驳回诉讼请求。

> 参考法律文书 1：民事起诉状（案外人提起执行异议之诉用）。
> 参考法律文书 2：民事判决书（判决案外人执行异议之诉用）。

2. 申请执行人执行异议之诉

申请执行人执行异议之诉，是指人民法院对案外人执行标的的异议申请进行审查，依法裁定中止执行后，申请执行人为反对案外人对执行标的的主张权利而提起的诉讼。申请执行人执行异议之诉具有以下特点：

（1）诉讼当事人特定。申请执行人提起执行异议之诉的，以案外人为被告。被执行人反对申请执行人主张的，以案外人和被执行人为共同被告；被执行人不反对申请执行人主张的，可以列被执行人为第三人。

（2）诉讼事由特定。申请执行人反对案外人对执行标的主张的权利，认为并不存在阻却继续执行的法定情况，请求对执行标的物继续执行。

（3）起诉前置程序。申请执行人应当在人民法院根据案外人执行标的异议申请，认为案外人对执行标的享有足以排除强制执行的权益并依法裁定中止执行后，才可以提起执行异议之诉。同时，申请执行人应当在法院中止执行裁定送达之日起15日内提起异议之诉，逾期人民法院不予受理，同时人民法院应当自起诉期限届满之日起7日内解除对该执行标的采取的执行措施。

（4）举证责任。申请执行人提起执行异议之诉的，案外人应当就其对执行标的的享有足以排除强制执行的民事权益承担举证证明责任。

（5）审理结果。对申请执行人提起的执行异议之诉，人民法院经审理，按照下列情形分别处理：①案外人就执行标的不享有足以排除强制执行的民事权益的，判决准许执行该执行标的，原中止执行裁定失效，执行法院可以根据申请执行人的申请或者依职权恢复执行；②案外人就执行标的享有足以排除强制执行的民事权益的，判决驳回诉讼请求。

> 参考法律文书1：民事起诉状（申请执行人提起执行异议之诉用）。
> 参考法律文书2：民事判决书（判决申请执行人执行异议之诉用）。
> 参考判例1：孙昌×与江苏××集团有限公司等案外人执行异议纠纷案。
> 参考判例2：张×执行异议之诉。

（三）向上一级法院申请执行

1. 申请的提出

人民法院自收到申请执行书之日起超过6个月未执行的，申请执行人可以向上一级人民法院申请执行。此处所规定的6个月期间，不计算执行中的公告期间、鉴定评估期间、管辖争议处理期间、执行争议协调期间、暂缓执行期间以及中止执行期间在内。

2. 上一级人民法院的处理

上一级人民法院经审查有下列情形之一的，可以根据申请执行人的申请，责令执行法院限期执行或者变更执行法院：①债权人申请执行时被执行人有可供执行的财产，执行法院自收到申请执行书之日起超过 6 个月对该财产未执行完结的；②执行过程中发现被执行人可供执行的财产，执行法院自发现财产之日起超过 6 个月对该财产未执行完结的；③对法律文书确定的行为义务的执行，执行法院自收到申请执行书之日起超过 6 个月未依法采取相应执行措施的；④其他有条件执行超过 6 个月未执行的。

十二、执行措施

（一）对财产的执行措施

1. 查询、扣押、冻结、划拨、变价被执行人的金融性财产

《民事诉讼法》第 242 条规定："被执行人未按执行通知履行法律文书确定的义务，人民法院有权向有关单位查询被执行人的存款债券股票、基金份额等财产情况。人民法院有权根据不同情形扣押、冻结、划拨、变价被执行人的财产。人民法院查询、扣押、冻结、划拨、变价的财产不得超过被执行人应当履行义务的范围。人民法院决定查询、扣押、冻结、划拨、变价财产，应当作出裁定，并发出协助执行通知书，有关单位必须办理。"

2. 扣留、提取被执行人的收入

《民事诉讼法》第 243 条规定，被执行人未按执行通知履行法律文书确定的义务，人民法院有权扣留、提取被执行人应当履行义务部分的收入。扣留，是指人民法院通知存有被执行人收入的单位，不准被执行人提取或转移该项收入；提取，是指人民法院将被执行人应当履行义务部分收入从保存单位取出，以便交付给债权人。被执行人的收入主要有：工资、奖金、稿酬、农副业收入、股息或红利收益等。

3. 查封、扣押、冻结、拍卖、变卖被执行人的非金融性财产

被执行人未按执行通知履行法律文书确定的义务，人民法院有权查封、扣押、冻结、拍卖、变卖被执行人应当履行义务部分的财产。但应当保留被执行人及其所扶养家属的生活必需品。

4. 强制迁出房屋和强制退出土地

强制迁出房屋和强制退出土地，是针对不动产的主要执行措施。具体而言，是指人民法院的执行组织搬迁被执行人在房屋内或者特定土地上的财物，并将腾出的房屋和土地交给权利人的一种执行措施。强制迁出房屋，可以适

用于房屋拆迁、买卖、租赁案件的执行；强制退出土地可以适用于强占耕地、宅基地纠纷、土地使用权纠纷、相邻关系中阻塞通道及排除妨碍等案件的执行。法院强制迁出房屋和强制退出土地，是一项比较重大、复杂的执行措施，政策性强，社会影响大，必须严格依据《民事诉讼法》和相关的司法解释的规定。

5. 不得强制执行的财产

（1）被执行人及其所扶养家属生活所必需的物品、必需的生活费用、完成义务教育所必需的物品、荣誉表彰的物品；

（2）未公开的发明或未发表的著作；

（3）金融机构交存在人民银行的存款准备金和备付金、营业场所。

（二）对行为的执行措施

（1）强制交付法律文书指定的财物或者票证。具体可以由执行员传唤双方当事人当面交付，或者由执行员转交，并由被交付人签收。有关单位持有该项财物或者票证的，应当根据人民法院的协助执行通知书转交，并由被交付人签收。有关公民持有该项财物或者票证的，人民法院通知其交出，拒不交出的，强制执行。

（2）办理有关财产权证照手续。办理有关财产权证照手续，是指人民法院根据生效法律文书，强制被执行人履行办理有关财产权证照转移手续或禁止办理该财产权证照转移手续的行为，以实现执行目的的执行措施。财产权证照是表示具有财产内容的各项证明文书和执照，如房产证、土地证、林权证、专利证书、商标证书、车辆执照等。在执行中，对大部分不动产，某些动产及无体物，要达到转移其财产权或禁止转移其财产权的目的，必须通过办理有关证照转移手续或禁止办理该财产权证照转移手续才能得到实现。

（3）强制履行法律文书指定的行为。强制履行法律文书指定的行为，是指人民法院根据生效法律文书，强制被执行人完成法律文书规定的行为的执行措施。法律文书指定的行为，包括作为和不作为。

（三）执行保障性措施

1. 财产报告制度

（1）适用。被执行人未按照执行通知履行法律文书确定的义务，应当报告当前及收到执行通知之日起前一年的财产情况；拒绝或者虚假报告，可以对被执行人或者其法定代理人、有关单位主要负责人予以罚款、拘留；

（2）补充报告。报告财产后，财产情况发生变动的，应当自变动之日起10日内补充报告；

（3）程序终结。被执行人在报告期间履行全部债务的，应当裁定终结报告程序。

> 参考判例：王计×申请执行王林×返还财产纠纷报告财产令。

2. 强制支付迟延履行期间债务利息及迟延履行金

被执行人未按判决、裁定及其他法律文书指定的期间履行给付义务，应当加倍支付迟延履行期间的债务利息；被执行人未履行其他义务的，应当支付迟延履行金。另根据《民事诉讼法解释》第507条规定："被执行人未按判决、裁定和其他法律文书指定的期间履行非金钱给付义务的，无论是否已给申请执行人造成损失，都应当支付迟延履行金。已经造成损失的，双倍补偿申请执行人已经受到的损失；没有造成损失的，迟延履行金可以由人民法院根据具体案件情况决定。"

3. 对于赔礼道歉、恢复名誉等判决内容的执行

侵权人拒不执行生效判决，不为对方恢复名誉、消除影响的，法院可以采取公告、登报等方式，将判决书的主要内容与相关情况公布于众，费用由被执行人负担，并可以追究其妨碍执行的责任。

4. 限制出境

（1）适用条件。被执行人未履行法律文书确定的义务，且又有逃避履行法定义务的可能；被执行人或者执行单位的法定代表人、负责人出境可能造成案件无法执行。

（2）适用。根据申请执行人的申请，必要时可以依职权。

（3）对象。被执行人；被执行人为单位，可以对其法定代表人、主要负责人或者影响债务履行的直接责任人员采取；被执行人是无民事行为能力人、限制民事行为能力人，可以对其法定代理人采取。

（4）解除。被执行人履行全部义务，执行法院应当及时解除；被执行人提供充分、有效担保，可以解除；申请执行人同意的，可以解除。

（5）复议。被限制出境的人认为对其限制出境错误的，可以自收到限制出境决定之日起10日内向上一级人民法院申请复议。上一级人民法院应当自收到复议申请之日起15日内作出决定。复议期间，不停止原决定的执行。

> 参考判例：丁杨×申请执行叶正×借款合同案。

（五）征信系统记录

被执行人不履行法律文书确定的义务的，人民法院除对被执行人予以处罚外，还可以根据情节将其纳入失信被执行人名单，将被执行人不履行或者不完全履行义务的信息向其所在单位、征信机构以及其他相关机构通报。

（六）媒体公布信息

被执行人拒不履行法律文书确定的义务，执行法院可以依职权或依申请将被执行人不履行法律文书确定的义务的信息通过媒体公布，公布费用由被执行人负担，申请执行人申请的，应当垫付。

（七）执行他人到期债权

人民法院执行被执行人对他人的到期债权，可以作出冻结债权的裁定，并通知该他人向申请执行人履行。该他人对到期债权有异议，申请执行人请求对异议部分强制执行的，人民法院不予支持。利害关系人对到期债权有异议的，人民法院应当按照《民事诉讼法》第227条规定处理。对生效法律文书确定的到期债权，该他人予以否认的，人民法院不予支持。

（八）继续执行制度

根据《民事诉讼法》第254条规定，人民法院采取《民事诉讼法》第242条、第243条、第244条规定的执行措施后，被执行人仍不能偿还债务的，应当继续履行义务。债权人发现被执行人有其他财产的，可以随时请求人民法院执行。

（九）搜查被执行人隐匿的财产

根据《民事诉讼法》第248条规定，被执行人不履行法律文书确定的义务，并隐匿财产的，人民法院有权发出搜查令，对被执行人及其住所或者财产隐匿地进行搜查。采取前款措施的，由院长签发搜查令。

（十）限制被执行人高消费

被执行人未按执行通知书指定的期间履行生效法律文书确定的给付义务的，人民法院可以限制其高消费，禁止被执行人或者被执行单位的法定代表人、主要负责人、影响债务履行的直接责任人员以被执行人的财产支付下列行为：乘坐交通工具时，选择飞机、列车软卧、轮船二等以上舱位；在星级以上宾馆、酒店、夜总会、高尔夫球场等场所进行高消费；购买不动产或者新建、扩建、高档装修房屋；租赁高档写字楼宾馆、公寓等场所办公；购买非经营必需车辆；旅游度假；子女就读高收费私立学校；支付高额保费购买保险理财产品；其他非生活和工作必需的高消费行为。

> 参考判例：周永×申请执行王少×借款合同纠纷限制高消费令案。

拓展思考题

1. 在执行过程中，申请执行人为公民去世的，人民法院如何处理？

2. 在执行过程中，作为被执行人的合伙企业，无力履行生效法律文书确定的赔偿责任的，人民法院如何处理？

3. 仲裁裁决执行终结以后，当事人可否申请人民法院裁定不予执行仲裁裁决？

4. 人民法院审查当事人提出的不予执行仲裁裁决申请，是否适用独任制？

5. 人民法院审查当事人提出的不予执行公证债权文书申请，是否适用独任制？

6. 为何参与分配制度只适用于被执行人为公民和其他组织的情况，而不包括法人？

7. 案外人在人民法院执行开始之前，认为生效裁判损害其合法权益，是否可以提起执行异议之诉？

本章练习题

登录"民事诉讼法通达翻转教学平台软件"，通过"练习与考试"进行本章在线练习。

诉讼实务训练

登录"民事诉讼法通达翻转教学平台软件"，通过"实验教学"进行本章诉讼实务训练。

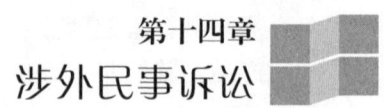

学习目标

学生了解涉外案件和涉外民事诉讼的特点，初步掌握民事涉外程序的基本知识和基本理论，能够处理与国内诉讼和涉外诉讼之间关联的实际问题。了解涉外民事诉讼的基本原则和一般特征、涉外民事诉讼中的期间、管辖、送达、财产保全，司法协助的一般含义、种类、具体的协助制度。

结合各类学习资料，建议本章自学时间不少于 5 小时。

视频资源

登录"民事诉讼法通达翻转教学平台软件"，通过"视频教学"进行本章视频学习。

参考法律文件

一、涉外民事案件与涉外民事诉讼

（一）涉外民事案件

所谓涉外民事案件，通常是指具有涉外因素的案件。一般认为，涉外因素包括以下几种情况：

（1）诉讼主体涉外。诉讼当事人一方或双方是外国人、无国籍人、外国的企业或组织；当事人一方或者双方的经常居所地在中华人民共和国领域外的。

（2）诉讼标的或法律事实涉外。产生、变更或者消灭当事人双方争议民事关系的法律事实发生在中华人民共和国领域外的。例如，合同的签订地或履行地在国外。

（3）诉讼标的物涉外。例如，当事人双方虽同为中方当事人，合同的签订与履行也是在国内进行的，但合同的标的物在国外。

（4）可以认定为涉外民事案件的其他情形。

只要具有上述其中一个涉外因素的案件即为涉外民事案件。

（二）涉外民事诉讼

涉外民事诉讼，是指人民法院在当事人和其他诉讼参与人的参加下，审理和解决涉外民事案件的活动。涉外民事诉讼所解决的涉外民事案件的特殊性决定了涉外民事诉讼具有以下特点：

（1）涉外民事诉讼均涉及国家主权。在涉外民事诉讼中，当事人间民商事纠纷的解决，必须在相互尊重对方国家主权和当事人利益的前提下，通过司法协助完成。

（2）涉外民事诉讼的诉讼周期较长。因为涉外民事案件所具有的涉外性，在送达、传唤等程序上会花费较长的时间，法律也一般对涉外民事诉讼的诉讼周期作了较长的规定。

（3）涉外民事诉讼存在法律适用的选择问题。既包括程序法的选择也包括实体法的选择。就程序法而言，原则上应适用我国民事诉讼法，但如果我国参加或缔结的国际条约中有关于程序的特殊规定时，除我国声明保留的，应信守国际条约原则要求的，优先适用该项国际条约。就适用实体法而言，应按我国实体法律规定选择案件应当适用的准据法。

二、涉外民事诉讼的原则

涉外民事诉讼的基本原则，是人民法院审理涉外民事案件的基本准则，也是涉外民事诉讼的当事人和其他诉讼参与人进行诉讼必须遵守的基本规范。

（一）国家主权原则

1. 坚持我国法院对涉外民事案件的管辖权

管辖权根据其取得的依据不同可分别称为属人管辖权和属地管辖权。按照属地管辖权，一国法院对处于其国内的所有人和物均有管辖权，即使是外国人和外国人所有的物也不例外；按照属人管辖权，一国法院对其本国公民和法人均具有管辖权，即使其处于国外也不影响对其的管辖权，但属人管辖权的行使一般不得损害他国法院属地管辖权的优先行使。坚持我国法院对涉外民事诉讼的管辖权，要求人民法院对属于我国管辖的案件，要尽量行使管辖权。对于我国法律规定的由人民法院专属管辖的案件，不允许和承认外国法院对其行使管辖权，也不允许当事人协议选择外国法院管辖。

2. 当事人进行诉讼必须使用中国通用的语言文字

语言文字与国家的主权密切相关，使用法院地国家通用的语言文字是尊重国家主权的必然要求。当事人向人民法院提交的书面材料是外文的，应当同时向人民法院提交中文翻译件。当事人对中文翻译件有异议的，应当共同委托翻译机构提供翻译文本；当事人对翻译机构的选择不能达成一致的，由人民法院确定。

3. 委托中国律师代理诉讼的原则

律师制度是一国司法制度的重要内容，并与国家主权紧密相关，因而在涉外民事诉讼中禁止外国律师在本国出庭诉讼，外国人委托律师代理诉讼必须委托中国的律师。根据我国《民事诉讼法》第 264 条规定，在中华人民共和国领域内没有住所的外国人无国籍人、外国企业和组织委托中华人民共和国律师或者其他人代理诉讼，从中华人民共和国领域外寄交或者托交的授权委托书，应当经所在国公证机关证明，并经中华人民共和国驻该国使领馆认证，或者履行中华人民共和国与该所在国订立的有关条约中规定的证明手续后，才具有效力。外国人外国企业或者组织的代表人在人民法院法官的见证下签署授权委托书，委托代理人进行民事诉讼的，人民法院应予认可。外国人、外国企业或者组织的代表人在中华人民共和国境内签署授权委托书，委托代理人进行民事诉讼，经中华人民共和国公证机构公证的，人民法院应予认可。

4. 外国法院的裁判非经我国法院承认，在我国不产生效力，更不能在我国强制执行

人民法院如果认为外国法院的裁判损害我国的国家主权、安全和社会公共利益或违背我国缔结与参与的国际条约，可以拒绝承认和执行。

（二）适用我国民事诉讼法的原则

人民法院审理涉外民事案件，当事人和其他诉讼参与人参加涉外民事诉讼均应遵守民事诉讼法的规定。根据特别法优于一般法的原则，涉外民事诉

讼有规定的适用特殊规定，没有明确规定的适用民事诉讼法的一般规定。

（三）司法豁免原则

司法豁免权是指国家根据本国法律或缔结参加的国际条约对居住在本国的外国代表和组织赋予的免受司法管辖的权利。司法豁免权的给予以平等原则和对等原则为基础，只能相互给予，不能单方给予。我国民事诉讼法规定了司法豁免原则，并对司法豁免的范围作了规定。我国人民法院不受理对享有司法豁免权的个人和组织提起的民事诉讼，但是下列情形除外：①享有司法豁免权的人，其所属国主管机关明确宣布放弃司法豁免权的；②外交代表以私人身份进行的遗产继承诉讼；③享有司法豁免权的人向驻在国法院主动提起诉讼而引起反诉的。

（四）信守国际条约的原则

国际条约属于国际法范畴。国际法如何在本国实施，世界各国有两种做法：一是制定与条约相应的国内法，通过国内法的方式反映条约内容，以保证贯彻实施；二是在国内法中规定承认和适用国际条约和原则，凡符合该原则的，必须承认其效力，并履行义务。我国采用第二种方式，对我国缔结或者参加的国际条约同民事诉讼法有不同规定的适用该国际条约的规定，但我国声明保留的条款除外。

（五）平等互惠原则

平等互惠原则亦称对称原则，在国际民事诉讼中具体表现为：①在当事人诉讼地位方面，一国应当赋予外国当事人与内国当事人同等的诉讼权利。若该外国对内国公民的诉讼权利加以限制时，内国也对该外国所属公民的诉讼权利加以限制；②在司法协助方面实行互惠原则。

（六）便利诉讼和司法原则

此原则充分考虑到争论当事人和受理案件的法院可能面对的困难，要求涉外民事诉讼的立法和实践应便利当事人诉讼和法院司法，以保障涉外案件的顺利审理。比如在涉外时效方面，一般认为其时限通常是国内诉讼的两倍；在诉讼适用的语言文字上，要求采用法院地国的语言和文字，这些都属于便利法院司法原则的体现。

三、涉外民事诉讼管辖

涉外民事诉讼管辖，是指我国人民法院对一定范围涉外民事案件的审判权限和各级人民法院受理第一审涉外民事案件的分工和权限。

（一）普通管辖

涉外民事诉讼中的普通管辖是以被告住所地确定管辖法院的管辖种类。对涉外民事诉讼中的普通管辖，涉外民事诉讼程序未作专门规定，按照普通管辖，只要被告在我国境内有住所，不论其国籍如何，我国法院对其均有管辖权。

（二）特殊地域管辖

涉外民事诉讼中的特殊地域管辖主要适用于合同纠纷和其他财产权益纠纷。根据《民事诉讼法》第265条规定，因合同纠纷或者其他财产权益纠纷，对在中华人民共和国领域内没有住所的被告提起的诉讼，如果合同在中华人民共和国领域内签订或者履行，或者诉讼标的物在中华人民共和国领域内，或者被告在中华人民共和国领域内有可供扣押的财产，或者被告在中华人民共和国领域内设有代表机构，可以由合同签订地、合同履行地、诉讼标的物所在地、可供扣押财产所在地、侵权行为地或者代表机构住所地人民法院管辖。

（三）专属管辖

专属管辖是指，某些案件只能由某个特定国家的法院管辖。凡属专属管辖的案件，该国法院享有绝对的管辖权，不承认他国法院的管辖权，也不允许双方当事人以协议方式改变管辖法院。根据《民事诉讼法》第266条的规定，因在中华人民共和国履行中外合资经营企业合同、中外合作经营企业合同、中外合作勘探开发自然资源合同发生纠纷提起的诉讼，由中华人民共和国人民法院管辖。

（四）协议管辖

协议管辖是由涉外民事案件的双方当事人在纠纷发生后，以书面协议方式约定诉讼的管辖法院。在具有涉外因素的民事关系中，当事人既可以协议选择我国人民法院，也可以选择其他国家或地区的法院，只要选择的法院所在地与争议有实际联系即可。协议管辖制度，一直规定有"与争议有实际联系"的限制性条件。当然，协议管辖不得违反级别管辖和专属管辖的规定。

四、涉外民事诉讼的期间与送达

（一）涉外民事诉讼的期间

1. 答辩期间

《民事诉讼法》第 268 条和第 269 条分别规定了一审和二审的答辩期间。根据第 268 条的规定，若被告在中华人民共和国领域内有住所的，提出答辩期间为 15 日。若被告在中华人民共和国领域内没有住所的，人民法院应当将起诉状副本送达被告，并通知被告在收到起诉状副本后 30 日内提出答辩状。根据第 269 条的规定，被上诉人在收到上诉状副本后，应当在 30 日内提出答辩状。当事人不能在法定期间提起上诉或者提出答辩状，申请延期的，是否准许，由人民法院决定。

2. 上诉期间

对在中华人民共和国领域内有住所的当事人，适用《民事诉讼法》第 164 条规定的期限，即上诉期限为 15 日；对在中华人民共和国领域内没有住所的当事人，适用《民事诉讼法》第 269 条规定的期限，即上诉期限为 30 日。对方当事人居住在国内，另一方当事人居住在国外的案件，当事人的上诉期分别适用民事诉讼法的一般规定和涉外民事诉讼的特别规定。双方的上诉期均已届满时，第一审人民法院的判决和裁定才能生效。

3. 审理期间

根据《民事诉讼法》第 270 条规定人民法院审理涉外民事案件的期间，不受《民事诉讼法》第 149 条、第 176 条规定的限制。因此人民法院审理涉外民事案件不存在时间限制。这主要是因为涉外民事诉讼案件在调查取证传唤当事人、送达诉讼文书等方面都具有一定的难度和复杂性，期间上必然会花费更多的时间。

（二）涉外民事诉讼的送达

根据我国《民事诉讼法》的规定，在我国没有住所的当事人可以采用下列方式送达。

1. 直接送达

外国人或者外国企业、组织的代表人、主要负责人在中华人民共和国领域内的，人民法院可以向该自然人或者外国企业组织的代表人、主要负责人送达。外国企业组织的主要负责人包括该企业、组织的董事监事、高级管理人员等。

2. 按条约规定的方式送达

该种送达方式仅适用于受送达人所在国与我国有共同缔结或参加的国际条约的情形。根据我国与其他国家签订的司法协助协议和 1991 年参加的《关于向国外送达民事或商事司法文书和司法外文书公约》的规定，我国法院在向缔约国当事人送达诉讼文书时，一般由我国法院先将请求书送交有关的高级人民法院转交最高人民法院，再转交到我国指定的中央机关和有权接受外国通过领事途径转递的文书的机关——司法部，由司法部根据公约规定的格式制作请求书、被送达文书概要和空白证明书，并与文书一并送交受送达人所在国的中央机关，再由该机关按照本国法的规定选择适当的方式送达。

3. 通过外交途径送达

该种送达方式适合于我国与受送达人所在国已建立外交关系，但与我国没有签署有关司法协助的双边国际条约，也没有共同参加的多边国际条约的情形。根据《最高人民法院、外交部、司法部关于我国法院和外国法院通过外交途径相互委托送达法律文书若干问题的通知》的规定，通过外交途径送达的具体程序为：经我国省、自治区、直辖市的高级人民法院，将应送达的诉讼文书送交我国的外交机关。由我国外交部领事司送交受送达人所在国驻我国的外交机构。再由其转交给本国的外交机关。最后由受送达人所在国的外交机关，按其本国法律规定的方式送达。在审理涉外案件的人民法院将申请依外交途径送达时，必须注明受送达人的姓名、性别、年龄、国籍及其在国外的详细地址，并应将该案的基本情况函告外交部领事司，并附有送达委托书和送达回执。

4. 委托我国驻外使领馆代为送达

对住在国外的中国当事人送达诉讼文书，如果审理法院不能直接送达，也不能依外交途径送达，可以由我国司法机关直接委托我驻受送达人所在国的使领馆代为送达。

5. 向受送达人的诉讼代理人送达

如果受送达人委托了在中国有住所的诉讼代理人，或者受送达人对诉讼代理人有接受诉讼文书的授权，人民法院可以直接向其代理人送达。

6. 向受送达人在我国领域内设立的代表机构或者有权接受送达的分支机构、业务代办人送达

该种送达方式主要适用于受送达人是外国的企业或组织，且其在中国没有住所的情形。法院的诉讼文书可以向其代表机构送达，也可以向有权接受诉讼文书的分支机构业务代办人送达。

7. 邮寄送达

受送达人所在国允许邮寄送达的，人民法院可以邮寄送达。邮寄送达时应当附有送达回证。受送达人未在送达回证上签收但在邮件回执上签收的，视为送达，签收日期为送达日期。

8. 采用传真、电子邮件等能够确认受送达人收悉的方式送达

9. 公告送达

无法用上述方式送达的，可以公告送达，自公告之日起满 3 个月，即视为送达。

对在中华人民共和国领域内没有住所的当事人，经用公告方式送达诉讼文书，公告期满不应诉，人民法院缺席判决后，仍应当将裁判文书依照《民事诉讼法》第 267 条第（八）项规定公告送达。自公告送达裁判文书满 3 个月之日起，经过 30 日的上诉期当事人没有上诉的，一审判决即发生法律效力。

拓展思考题

1. 各国相互承认和执行外国法院裁判的一般条件有哪些？
2. 相互承认和执行外国法院裁判的意义是什么？
3. 涉外民事诉讼中财产保全的措施有何特别规定？
4. 涉外民事诉讼中期间的特殊规定有哪些？
5. 涉外民事诉讼证据的特殊规定有哪些？
6. 域外调查取证的特殊规定有哪些？
7. 涉外民事诉讼中送达的特殊规定有哪些？
8. 涉外民事案件的管辖规定有哪些？
9. 比较涉外民事诉讼的财产保全、协议管辖与国内财产保全、协议管辖。
10. 民事诉讼法关于特殊司法协助有哪些规定？

本章练习题

登录"民事诉讼法通达翻转教学平台软件",通过"练习与考试"进行本章在线练习。

诉讼实务训练

登录"民事诉讼法通达翻转教学平台软件",通过"实验教学"进行本章诉讼实务训练。

后　记

本书的编写开创了两个先河：

第一是将纸质教材与互联网教学资源充分融合。随着教学手段越来越受到信息技术的影响，法学专业学生的学习空间早已超越了纸质教材，大量专业知识信息的数字化为学生提供了更为广阔的学习视野。本教材并非作为学生唯一的学习对象，而更接近于民事诉讼法学的学习引导。编者拟通过嵌入二维码的纸质教材为载体，结合教学视频、实务模拟训练系统、测试系统等数字资源，实现立体化教学，探索互联网+教学环境下法学教材编写的一种崭新模式。

第二是将民事诉讼的实务训练内容与理论知识充分结合。无论是"统编教材"还是"规划教材"，由于过分强调系统性与全面性，针对性的训练手段和训练方法较为缺失。民事诉讼法学是实践性较强的应用法学，如果离开了诉讼程序流程化的学习思路，割裂开的知识点难以形成有机的整体。例如学习起诉制度，不仅要学习起诉法定条件，而且还必须掌握民事起诉状的书写方法和技巧；了解诉讼保全的制度，也必须同时学习在一个具体案件中诉讼保全申请、裁定以及复议程序的基本流程和参考法律文书的制作。尽管案例和习题集的出版填补了这一空白，但是由于与教材相分离，效果不尽如人意。因此本教材将理论知识和诉讼技能训练相结合，实现了法学实验教学的目的。

本教材始终将自己定位于向导——学习民事诉讼法学的指引者，为学习者提供学习的方法、方向和思路。因此，本书的内容并不详实，但却精炼；结构并不复杂，但却清晰；观点并无冗长的论述，但务求准确。

　　浙江财经大学教务处、浙江财经大学法学院为本人实践民事诉讼法学在线教学提供了必备的环境和条件；杭州法源软件开发有限公司陈浩先生为相关网络资源建设提供了很多建设性意见；中国政法大学出版社丁春晖主任为本教材的出版提供了便利和帮助，在此对以上单位和个人一并致谢。

编　者

2019 年 3 月 31 日